Carmen M. Enss, Gerhard Vinken (Hg.)
Produkt Altstadt

D1665491

Urban Studies

Carmen M. Enss, Gerhard Vinken (Hg.)

Produkt Altstadt

Historische Stadtzentren in Städtebau und Denkmalpflege

[transcript]

Die an der Otto-Friedrich-Universität Bamberg im Mai 2015 durchgeführte Tagung »Produkt Altstadt. The Making of the Old Town« wurde großzügig gefördert von der Deutschen Forschungsgemeinschaft (DFG), der Oberfrankenstiftung, dem Universitätsbund Bamberg e.V. und der internen Forschungsförderung (FNK) der Universität Bamberg. Die Drucklegung dieses Bandes wurde dankenswerterweise unterstützt von der Oberfrankenstiftung und aus Mitteln des Kompetenzzentrums Denkmalwissenschaften und Denkmaltechnologien (KDWT) der Universität Bamberg.

Bibliografische Information der Deutschen Nationalbibliothek

Die Deutsche Nationalbibliothek verzeichnet diese Publikation in der Deutschen Nationalbibliografie; detaillierte bibliografische Daten sind im Internet über http://dnb.d-nb.de abrufbar.

Umschlaggestaltung: Kordula Röckenhaus, Bielefeld
Umschlagabbildung: vesersenior / Photocase.de (Detail)
Korrektorat & Satz: Svenja Hönig
Englisches Lektorat und Übersetzung der Zusammenfassungen
   Enss und Vinken: Dr. Johanna Blokker
Printed in Germany
Print-ISBN 978-3-8376-3537-9
PDF-ISBN 978-3-8394-3537-3

Gedruckt auf alterungsbeständigem Papier mit chlorfrei gebleichtem Zellstoff.
Besuchen Sie uns im Internet: *http://www.transcript-verlag.de*
Bitte fordern Sie unser Gesamtverzeichnis und andere Broschüren an unter:
info@transcript-verlag.de

Inhalt

Einführung

Im Namen der Altstadt

Stadtplanung zwischen Modernisierung
und Identitätspolitik: Einführung in eine
wechselhafte Geschichte

In the Name of the Old Town
Urban Planning Between Modernization and Identity Politics:
Introduction to a Chequered History

GERHARD VINKEN

English Summary

Appreciation for the qualities of ›old town‹ centres is growing worldwide, and is doing so in two ways. On the one hand there is evidence of a renewed interest in and attention to existing historic cities, and on the other, efforts to create new urban areas with »old town« character are observable in many locations. These two phenomena are usually discussed separately, but are they in fact connected, and if so, how? The distinguishability of historic city centres from their replicas and surrogates appears in any case to be fading or becoming irrelevant. At the same time, it is apparent that this broad movement aims at achieving very different qualities and draws on a variety of very different sources. The palette ranges from desires to recapture and recreate visual effects or to exploit historically-themed architecture for purely marketing purposes, to more complex efforts to revive the qualities of the traditional European city, in the manner of postmodern corrective interventions and critical reconstructions, or along New Urbanist lines. Site-specific and typological approaches are juxtaposed with simple copies of facades and reconstructions of all kinds. The role of architectural conservation in all of this likewise calls for reassessment, given the discipline's highly ambivalent involvement in the emergence of ›new‹ and ›manufactured‹ old towns both in the past and today, from the Heimatschutz movement to Postmodernism.

Die Wertschätzung für das Altstädtische scheint weltweit zuzunehmen – und das auf zweifache Art und Weise. Einerseits gibt es – von San Salvador in Brasilien[1] bis Buckchon in Südkorea (siehe dazu den Beitrag von You Jin Jang in diesem Band) – eine neue Aufmerksamkeit für die historische Stadt;[2] und andererseits entstehen vielerorts als noch recht neues Phänomen ganz neue Stadtviertel ›altstädtischen‹ Charakters. Neben Sanierung und Restaurierung steht so zunehmend auch der Neubau altstädtischer Ensembles und Viertel. Das Thema gewinnt so über den europäischen Kontext hinaus an Relevanz in dem international zu verzeichnenden Boom einer ›historischen‹Themenarchitektur, die weniger die kleinteilige Heterogenität historischer Städte zum Vorbild nimmt, als dass sie versucht, mit bildhaften Montagen von altstädtischen Typologien auf dem Immobilienmarkt zu reüssieren (vgl. dazu auch den Beitrag von Robert Kaltenbrunner in diesem Band). Hängen diese in der Regel getrennt verhandelten Phänomene zusammen, und wenn ja, wie? Die Unterscheidbarkeit zwischen historischen Stadtzentren und deren Repliken und Surrogaten scheint jedenfalls zu schwinden oder zumindest unerheblich zu werden, so wie es Jean Baudrillard bereits 1978 vorausgesagt hat.[3] Sichtbar ist, dass diese breite Bewegung auf sehr unterschiedliche Qualitäten abzielt und dass sie sich aus sehr unterschiedlichen Quellen speist. Die Palette reicht, wie auch die folgenden Beiträge exemplarisch zeigen, von bildhaften Rekonstruktionswünschen und reinen Marketingprojekten, die sich einer altstädtischen Themenarchitektur bedienen, bis hin zu komplexeren Wiederbelebungen der Qualitäten der europäischen Stadt, etwa in der Tradition (postmoderner) Stadtreparaturen und kritischer Rekonstruktion oder im Namen eines *New Urbanism*. Ortspezifische und typologische Ansätze stehen neben simplen Fassadenkopien und Rekonstruktionen aller Art. Nach einer neuen Verortung verlangt auch die Rolle der Denkmalpflege, die von der Heimatschutzbewegung bis zur Postmoderne auf höchst ambivalente Weise an der Herausbildung des Phänomens der ›neuen‹ und ›gemachten‹ Altstädte beteiligt war und ist.

Dieser Aufsatzband zielt darauf, vor dem Hintergrund des derzeitigen Booms von altstädtischen und historisierenden Architekturen, die ›Produktion‹ von Altstadt genauer in den Blick zu nehmen und ihre historischen Wurzeln freizulegen. Drei Phänomene und Zeitschichten bieten sich in diesem Zusammenhang für eine nähere Betrachtung an:

- Heimatschutz. Die Reformzeit um 1900 mit der Entstehung der Heimatschutzbewegung brachte mit der Entdeckung des Ensembles auch erste Bemühungen um eine ganzheitliche, auch städtebauliche Denkmalpflege, die
  ihre Entsprechung bald in einer historisch informierten Stadtplanung fand.
  Stadtmodernisierung und »Altstadtgesundung« gingen Hand in Hand – mit
  einem ersten Höhepunkt in den 1930er und 1940er Jahren.
- Wiederaufbau. Bereits nach dem Ersten Weltkrieg dominierte – etwa in
  Flandern und Ostpreußen – ein historisierender, heimatschutzbeseelter
  ›Wieder‹-Aufbau. Nach 1945 etablierten sich nicht nur in Deutschland re-
  konstruktive Ansätze als festes Muster, die nach 1989 unter veränderten
  Bedingungen eine Revitalisierung erfahren haben.
- Postmoderne. Nach der Entzauberung der funktionalistischen Moderne und
  des Fortschrittsparadigmas ist eine neue intensive Auseinandersetzung mit
  historischer Architektur, ihren Typologien und Strukturen, zu beobachten.
  In der Folge etablierten sich städtebauliche Praktiken, die wieder ge-
  schichtsbezogen agieren, die aber auch weltweit die oben skizzierten Phänomene wie Rekonstruktionen und historische Themenarchitektur salonfä-
  hig gemacht haben.

PRODUKT ALTSTADT: FRANKFURT AM MAIN UND LÜBECK

Das Phänomen der ›gemachten‹ Altstädte ist nicht neu. Oder besser gesagt, in
vieler Hinsicht ist das Phänomen Altstadt ein Gemachtes und sind Altstädte von
Beginn an Produkte von städtebaulichen und gestalterischen Entscheidungen –
mehr noch als von Schutzbestimmungen im engeren Sinne. Diese bereits in einer
Monografie zur »Altstadt im modernen Städtebau« ausgearbeitete These[4] wird
von mehreren hier versammelten Beiträgen aus sehr unterschiedlichen Perspektiven eindrucksvoll untermauert. Darüber hinaus wird derzeit das ›Machen‹ von
Altstädten nicht nur in Deutschland in einem sehr konkreten Sinn aufgefasst –
und zwei sehr sprechende Beispiele für diesen Trend sollen im Folgenden etwas
ausführlicher vorgestellt und in Bezug auf die historisch-begrifflichen Grundlagen und die gesellschaftlichen Implikationen analysiert werden.

In Frankfurt am Main lässt sich die Genese einer neu geplanten Altstadt gut stu-
dieren. Dort wird derzeit zwischen der Kunsthalle Schirn und dem Dom ein
Stadtquartier in historischen Formen neu errichtet, das Dom-Römer-Areal, wie
es offiziell betitelt wird. »Wir planen die Altstadt«, hieß es aber schon 2010
selbstbewusst.[5] Was steht hinter einem solchen Versprechen, worauf zielt es ab?

Anlass zu den Neuplanungen war der 2005 gefasste Beschluss, das sperrige Technische Rathaus, einen in der Stadt wenig geliebten Bau des Brutalismus, abzureißen und hier ein Stück City zu gewinnen.[6] Nach dem ersten Wettbewerb mit den zu erwartenden austauschbaren Vorschlägen aus Stahl und Glas aus dem internationalen Baukasten für Cities und Malls liefen einige Bürger Sturm. Die nun für das Areal geforderte Rekonstruktion der 1945 verbrannten Altstadt wurde unterstützt von mehreren *Pressure Groups*, wie den Freunden Frankfurts (organisiert seit 1966 in Fortführung des 1922 gegründeten Bund tätiger Altstadtfreunde), dem Einzelhandelsverband Frankfurt, dem Stadtmarketingverband City Forum ProFrankfurt e.V. und der Agentur EQUIPE Marketing GmbH. Schließlich machte sich die CDU die Sache zu eigen, und die Dinge nahmen ihren Lauf. Hatten die Altstadtfreunde die Komplettrekonstruktion des Vorkriegszustands gefordert, wurde schließlich ein Kompromiss beschlossen: Kleinteilige Bebauung (mehr oder weniger) innerhalb der ›historischen‹ Fluchtlinien und Parzellenstruktur, durchsetzt von acht Totalrekonstruktionen kriegszerstörter Häuser. Für die übrigen Häuser wurde ein rigider Wettbewerb ausgeschrieben, der den Architekten enge Fesseln anlegte und auf historische Kubatur und Typologie, traditionelle Materialien etc. zielte, wie wir das aus den Gestaltungssatzungen des Wiederaufbaus kennen. Seit 2015 entsteht auf diesem zentralen Grundstück unweit des Römers, das durch den Abriss des Technischen Rathauses freigeworden ist, wieder ein Stück Altstadt in traditionsbezogenen Formen, insgesamt entwickelt und betreut von der eigens dafür gegründeten städtischen DomRömer GmbH, die das Projekt auch vermarktet.

Für die Authentizität des Ganzen stehen neben den Rekonstruktionen auch einige Architekturspolien, die nach dem Krieg vorsorglich eingelagert worden waren und nun im Dom-Römer-Areal verbaut werden. Einer der einflussreichsten Fürsprecher des Altstadt-Projekts war der Frankfurter Journalist Dieter Bartetzko, der auch Mitglied der Jury war; er stilisierte die Spolien in der Frankfurter Allgemeinen Zeitung zum »Gütesiegel der Frankfurter Altstadt« und zu »lebendigen Zeugen des Vergangenen«[7] – pathetische Wendungen, die aus der Nachkriegszeit und dem Wiederaufbau allzu vertraut sind. Schaut man genau hin, zeigt sich, dass hier geborgene Architekturteile aus der gesamten zerstörten Frankfurter Altstadt verbaut werden, nicht nur aus diesem Areal oder von den ursprünglich hier vorhandenen Häusern – ganz ähnlich wie dies in vielen Städten nach dem Krieg geschehen ist. So übernimmt das Haus »Zu den drei Römern« (Entwurf Jordi&Keller, Berlin) nicht nur wie selbstverständlich den vor dem Krieg mit dieser Adresse verbundenen Hausnamen, es schmückt sich auch mit durchaus falschen Federn: Für die künftige Schaufront sind »drei herrliche

Abbildung 1: Altstadt mit Tiefgarage, Neubau von Haus »Junger Esslinger« im Dom-Römer-Viertel, Frankfurt am Main (Foto DomRömerGmbH 2015)

Rotsandsteinarkaden der Renaissance vorgesehen, deren Kragsteine fein gemeißelte Löwenmasken zeigen. Sie wurden 1950 aus den Trümmern der parallelen Saalgasse geborgen. [...] Auch für die langgezogenen Seitenfronten ihres Neubaus »Zu den drei Römern« haben Jordi&Keller zahlreiche ortstypische Spolien eingeplant: barocke Fensterlaibungen, im Giebel einen kleinen Altan der Renaissance, weitere barocke Konsolsteine.«[8]

Gegen die Tatsache, dass diese wenigen Straßenzeilen ja von Grund auf und erst sieben Jahrzehnte nach ihrer Zerstörung neu errichtet werden, wird ein ganzes Arsenal von Behauptungen der Kontinuität und Authentizität aufgefahren – und dies ist, wie in den folgenden Beiträgen noch deutlich werden wird, eine Strategie, die sich bei Altstadt-Produktionen immerzu wiederfindet. Bezeichnenderweise heißt es in Frankfurt ja nicht, was zutreffend wäre, der Hühnermarkt würde neu angelegt, sondern es wird »am Hühnermarkt« gebaut – so, als ob es das Plätzchen noch geben würde, immer gegeben hätte, das doch zunächst der Krieg und dann der Koloss des Technischen Rathauses vollständig zum Verschwinden gebracht hat. Hier entstehen die Häuser ›wieder‹, deren sprechende Namen bereits Alter und Aura verbürgen: Goldene Waage, Goldenes Lämmchen, Junger Esslinger (Abb. 1) etc. Und als »Gütesiegel« und substanziell greifbare Authentizitätsanker müssen schließlich die bereits erwähnten, irgendwo in Frankfurt geborgenen Architekturteile herhalten.

In den allgegenwärtigen Renderings ist der altstädtische Charme im Herzen der Bankenstadt trefflich eingefangen, die konsumfreundliche Alltagstauglichkeit, der immer wieder zitierte »Mix« aus neu und alt – (genauer wäre wohl: neu und fake), der ein fast kleinstädtisch idyllisches Pendant zur Skyline der Hochhausstadt bieten soll. Bei einer Besichtigung der Großbaustelle tritt der ins Absurde spielende Charakter des Projekts indessen offen zu Tage: »Komplettrekonstruktionen« wie das einst prächtige Haus ›Zur Waage‹ sollen wieder im vollen Glanz erstrahlen. Noch zeigt die wüste Mischung aus frisch gesetzten Betonarkaden und Verschalungen, jüngst geschnitzten Holzbalken in Renaissanceformen und geborgenen Sandsteinspolien die ganze Ambiguität des Unternehmens. Das Emblem des Frankfurter Kompromisses, das diese neue Altstadt ja ist, sind weniger die aufwendig hergestellten historischen Details als die so überaus praktische Tiefgarage, auf der alle diese mehr oder weniger schönen, mehr oder weniger historischen Häuschen nun errichtet werden.

Mit dem Dom-Römer-Projekt wird klar, dass das Thema Altstadt heute nicht nur eines des Denkmalschutzes ist, sondern mehr denn je auch ein Thema der Stadtplanung und Stadtentwicklung. Altstädte sind nicht mehr nur Modernisierungen unterworfen, unter Namen wie Sanierung oder Vitalisierung, sondern explizit Neubauprojekte mit antimoderner Stoßrichtung, wie in Frankfurt, oder, ganz aktuell, in Lübeck. In der Altstadt von Lübeck, immerhin Weltkulturerbe, entsteht derzeit ebenfalls ein ganz neues Viertel in einem historisierenden Ambiente.[9] Auch hier bot der Abriss von Nachkriegsarchitektur die Gelegenheit zu einer städtebaulichen Revision. Das Gründungsviertel oder Kaufmannsviertel im Herzen der Stadt war 1942 bei Luftangriffen zerstört und 1954 bis 1961 in aufgelockerter Bauweise wieder aufgebaut worden. Unter anderem entstanden hier weitläufig angelegte Schulen in »ortstypischem« Backstein und modernen Formen, die in der SZ als »einfallsloser, schnurgerader Backsteinstil der 50er Jahre« geschmäht worden sind.[10] Deren Abriss bot nun einerseits die Chance, dieses zentrale Stadtgebiet, die »Keimzelle der mit Abstand ältesten Stadt an der Ostsee«, wie es auf der Welterbe-Seite unter »Welterbe des Monats 2013« heißt, archäologisch zu erforschen und das Gebiet andererseits im Folgenden städtebaulich neu zu ordnen.[11]

Nach einem vorbildlich partizipativen Verfahren waren sich Öffentlichkeit, die Expertenrunden und der Lübecker Welterbe- und Gestaltungsbeirat einig, hier wieder »im historischen Maßstab« zu bauen. Straßenführung und historische Parzellen seien wiederzubeleben und die neu angelegten Straßen mit Giebelhäusern entsprechend dem »historischen Vollbild« zu bebauen, wobei die nun

Abbildung 2: Historische Themenarchitektur,
Preisgekrönter Entwurf für das Gründungsviertel
in Lübeck (Christoph Mäckler Architekten 2015)

auch für Wohnungen vorgesehenen Höfe weniger dicht bebaut sein werden als die historischen. Inzwischen hat ein international ausgeschriebener Wettbewerb stattgefunden. Auch hier handelt es sich um einen Fassadenwettbewerb mit unmissverständlich straffen Richtlinien für giebelständig zur Straße hin ausgerichtete Häuser mit hohen Fassaden, wie sie sich in Lübeck »seit der Gotik durch alle Zeiten [als] ortstypisch« entwickelt hätten. Als Material vorgeschrieben sind Putz oder Ziegel. Die Preisträger stehen jetzt fest; die Bauherren sind allerdings nicht an die prämierten Entwürfe gebunden; sie können sich einen von den vielen Einreichungen auswählen oder aber auch Kopiebauten der Vorkriegshäuser erstellen lassen.

Wie bewerten wir das, wie sollen wir das einordnen? Wie immer fallen die Bewertungen sehr unterschiedlich aus. Im Baunetz hieß es in einer Überschrift: »Ein Wettbewerb als Kostümfilm«.[12] Und tatsächlich fällt auf, wie wenig die prämierten Entwürfe sich um einen konkreten Ortsbezug bemühen. Einige liefern »wortgetreu gotische Giebel aus Stralsund bzw. Wismar«, andere »gemütvolle Heimatschutzarchitektur«.[13] In der Süddeutschen Zeitung dagegen begrüßte Till Briegleb das neue Innenstadtquartier als »kleinteilig, abwechslungsreich und dicht«, als begründet »in der Stadtgeschichte und gewachsenen Struktur« und spricht von »Wieder-Erringung« von Heimat.[14] Angesichts der wenig ortsspezifischen Entwürfe (Abb. 2) wächst wieder die Sehnsucht nach der Kopie:

»dazwischen sollte es möglich sein, die eine oder andere echte«, 1942 zerstörte historische Fassade zu rekonstruieren: »[...] als authentischer Anknüpfungspunkt an die Geschichte des Viertels«.[15]

REKONSTRUKTION ALS WIEDERAUFBAU?

Ohne Zweifel sind Projekte wie diese auch Ausläufer der Rekonstruktionsdebatte, die seit der Wende 1989 immer neue Höhepunkte erreichte. Seit den 1980er Jahren gilt vielerorts pseudohistorische Architektur als eine Alternative zu modernen Formen. Ein Dammbruch in dieser Hinsicht war die Ostzeile des Frankfurter Römerbergs.[16] Die Reihe von Fachwerkhäusern auf der Ostseite des Römerbergs war im Krieg mit einem Großteil der Frankfurter Altstadt verbrannt. Das »Wiederhaben-Wollen«, die Wiederherstellung und Komplettierung des »Frankfurter Schatzkästleins« (Walter Wallmann) konnte sich nur deshalb so deutlich artikulieren, weil der Wiederaufbau an dieser zentralen Stelle tatsächlich unvollendet geblieben war und die Stadt allzu lange eine adäquate städtebauliche Lösung vor sich hergeschoben hatte. Im Rahmen einer größeren – im Kern postmodernen – städtebaulichen Maßnahme, die die neu errichtete Kunsthalle Schirn auf nicht ungeschickte Art anband, entstand auch die umstrittene Ostwand aus kopierten Vorkriegsfassaden vor modernen Häusern mit neu zugeschnittenen Grundrissen. Die vorgeblendeten Fassaden zeigen nun durchweg Sichtfachwerk und übertreffen mit ihrer pseudohistorisch-heimeligen Bildproduktion die historischen Vorkriegshäuser mit ihren verschieferten Fassaden leicht. Heute zählt die Ostzeile, deren Echtheit kaum ein Tourist zu hinterfragen scheint, zu den meist fotografierten Motiven der Mainmetropole.

Fast zeitgleich hat man in Hildesheim das im Krieg zerstörte Knochenhaueramtshaus als handwerklichen Kopiebau wieder errichtet – und dann im Anschluss große Teile des »historischen« Marktes rekonstruiert, dann allerdings oft einfach mit vorgehängten Blendfassaden.[17] Auch die in den Details ihrer wechselhaften Geschichte so absurde wie aufschlussreiche Rekonstruktion des Mainzer Marktplatzes zeigt, dass zwischen Kopiebauten und Fassadismus kaum noch unterschieden wird: nach mehreren Rekonstruktionsphasen unterschiedlicher Stoßrichtung finden sich hier Seit an Seit die unterschiedlichsten Nachbauten, ›Klone‹ und Fassadenkopien von Häusern, die vor dem Krieg so oder so ähnlich einmal hier oder auch anderswo bestanden haben.[18]

Wenn sich gerade in Deutschland historisierende Pseudoarchitekturen als eine geläufige Antwort auf städtebauliche Fragen etabliert haben, liegt das sicherlich

auch daran, dass Rekonstruktionen hier als »Wiederaufbau« begriffen werden.
Wenn Till Briegleb in dem bereits zitierten Artikel vom »neuen Lübecker Wiederaufbau« spricht, benennt er einen wichtigen Aspekt des Rekonstruktivismus:
diese Projekte sehen sich als eine Revision des (ersten, als fehlgeleitet wahrgenommenen) Wiederaufbaus, dem sie einen neuen (diesmal historisch informierten
bzw. als Wiederholung des Vorkriegszustands angelegten) ›richtigen‹ Wiederaufbau folgen lassen wollen.

Dass die neuen Altstadt-Projekte in Deutschland durchweg vom Pathos des
Wiedergewinnens, des Wiederaufbaus getragen sind, ist in vieler Hinsicht aufschlussreich. Es macht die Emotionalität des Themas erklärlich und legt seinen
revisionistischen Charakter offen.[19] Als Wiederaufbau wird dieser Revisionismus
als ein Ausnahmefall gerechtfertigt, als notwendige Reparatur nach katastrophalen Störungen, nämlich der Brutalität des Krieges und dem Brutalismus der Moderne. Dies alles ist aber weniger Wiederaufbau als Revision und Korrektur. Es
ist eine Revision der älteren historischen Architektur, die in aller Regel nicht
präzise, sondern selektiv und geschönt wiederholt wird, und es ist eine Revision
der jüngeren Architekturgeschichte, indem ein davon als unpassend empfunde-
nes Kapitel zum Schweigen gebracht wird. In Dresden wie in Frankfurt, in
Lübeck wie in Mainz oder Hildesheim geht den beschriebenen historisierenden
Maßnahmen ja der Abriss der Nachkriegsbebauung voraus. Die Revision des
modernen Städtebaus ist oft gar das Hauptziel der geschilderten Maßnahmen.

Kritische Rekonstruktion

Die Einordnung dieser Maßnahmen als verzögerter Wiederaufbau (und als Stadtreparatur) greift mithin viel zu kurz. Historisch liegt es näher, einen Bezug zu
einer anderen Epochenwende herzustellen, nämlich zur Postmoderne und der
»kritischen Rekonstruktion«. Nicht, dass die Postmoderne einem Rekonstruktivismus das Wort geredet hätte, aber mit ihr kam das Historische in seiner ganzen
Komplexität und Widersprüchlichkeit wieder zu Wort, als eine Antithese zum
Funktionalismus. Seit den 1960er Jahren formulierte sich tatsächlich ein aufre-
gender Umbruch in der Art, auf die Stadt zu sehen.[20] Nach Stichworten wie
»Die Grenzen des Wachstums« (Club of Rome) oder »Die Unwirtlichkeit der
Städte« (Mitscherlich) suchte Kevin Lynch mit »Das Bild der Stadt« Bild- und
Zeichenhaftigkeit wieder als eine Qualität in Architektur und Städtebau zu etab-
lieren.[21] Aldo Rossis »Architektur der Stadt« redete einer ortsspezifischen Architektur das Wort, wo individuelle städtische Typologien, Strukturen und Monumente die neue Architektur anleiten sollten.[22] In Deutschland markiert die IBA

Berlin (1977–87) den Umbruch zu einer historisch informierten Stadtplanung und Architektur, – die unter der Leitung von Joseph Kleihues eine »kritische Rekonstruktion« in Szene setzte und sogar eine sogenannte Altbau-IBA erfand. Auch von diesem Aufbruch im Städtebau, der unter den Stichworten »Behutsame Stadterneuerung« und Stadtreparatur stand,[23] führen Rezeptionslinien zum Frankfurter Römerbergprojekt, das sich hinter der Fachwerkzeile ja tatsächlich um eine im Sinne der Postmoderne historisch informierte Architektur müht, die sich räumlich und formal vielfach auf lokale historische Strukturen bezieht.

Wenn nun in Bezug auf das Dom-Römer-Areal oder eben das Lübecker Projekt von einer »Neubelebung« der Kritischen Rekonstruktion gesprochen wird,[24] wäre zu fragen, worauf sich der Begriff »kritisch« hier beziehen soll. Joseph Kleihues verstand unter Kritischer Rekonstruktion mit Bezug auf Rossi eine »Analyse der geschichtlichen und gestalterischen Werte des Bestehenden«.[25] Der Begriff der Kritik bezog sich darauf, dass das Bestehende einer urteilenden, abwägenden Wertung zu unterziehen sei, um Anknüpfungspunkte, Hinweise und Kriterien für eine nachhaltige (das Wort kam erst später in Mode) Gestaltung zu finden. Selbst wenn Frankfurt und Lübeck sich mit ihren Planungen auf »historische« lokale Parzellenstruktur und Typologien beziehen, kann nicht übersehen werden, dass das konkret Bestehende nicht Ausgangspunkt einer wie auch immer gearteten »kritischen« Auseinandersetzung gewesen ist, sondern dass die Nachkriegsarchitektur dort einfach plattgemacht worden ist.

GEPLANTE ALTSTÄDTE

Zumindest zwei weitere Felder müssen näher beleuchtet werden, um das Phänomen der Altstadt-Produktion genauer zu bestimmen. Zum einen gibt es nicht nur in Deutschland eine lange Traditionslinie von gemachten Altstädten, die erst in ihren Grundzügen erforscht ist. Und zum anderen wäre das Verhältnis zu verschiedenen internationalen Strömungen in Stadtplanung und Architektur der letzten Dekaden zu klären, insbesondere zum *New Urbanism* und der lose damit verbundenen jüngsten Konjunktur historischer Themenarchitekturen, beides Phänomene, die sich nicht in das Pattern »Wiederaufbau« einordnen lassen.

Zum ersten hier genannten Feld versammelt dieser Band eine Reihe substantieller Beiträge. Spätestens um 1900 wurden in verschiedenen Ländern städtebauliche Ansätze entwickelt, die – auch in Auseinandersetzung mit der Heimatschutzbewegung – die überfällige Modernisierung der Städte in einen Bezug zur Tradition setzen wollten (siehe die Beiträge von Klaus Tragbar, Melchior Fischli, Carmen M. Enss und anderen in diesem Band). Diese Ansätze sind dann in der

*Abbildung 3: Ab 1936 »gesundet und entschandelt«, nach
1945 wiederaufgebaut: Auf dem Rothenberg, in Köln
(Foto Willy Horsch 2009)*

Stadtplanung in dem Maße ins Abseits geraten, in dem sich ein modernistischer funktionaler oder fordistischer Städtebau international durchgesetzt hat. Erst mit der Krise der Moderne und ihren Funktions- und Planungsparametern gewann, wie bereits kurz ausgeführt, wieder ein traditionsbezogener Städtebau an Relevanz (siehe auch die Beiträge von Sigrid Brandt und Hans Rudolf Meier in diesem Band). Oft übersehen wird in dieser Lesart der Geschichte aber, dass es auch über den Bruch des 2. Weltkriegs hinaus erstaunliche Kontinuitäten in Bezug auf die Produktion von Altstadt gegeben hat.[26] Die Stadtsanierung, also die Modernisierung und Umgestaltung der städtischen Kernbereiche, war eines der wichtigen Felder des Städtebaus wie der Denkmalpflege über weite Phasen des 20. Jahrhunderts (siehe die Beiträge von Małgorzata Popiołek und Andreas Putz in diesem Band). Hier speziell hat sich eine Heimatschutzästhetik und eine Bildproduktion tradiert, die in den 1930er Jahren ausbuchstabiert worden ist (siehe den Beitrag von Paul Zalewski in diesem Band) und die über den Wiederaufbau hinaus weit in das 20. Jahrhundert und bis heute ausstrahlt (siehe den Beitrag von Jakob Hofmann in diesem Band).

Auch das Beispiel von Köln belegt eindrucksvoll die Kontinuität von den Planungen der frühen 1930er Jahre über die NS-Zeit hinweg bis zum Wiederaufbau.[27] Das rheinnahe Martinsviertel, das heute bei Touristen wie Einheimischen als Kölner Altstadt gilt, ist in dieser Form erst unter NS-Herrschaft entstanden. Das überbevölkerte und heruntergekommene Viertel war »gesundet und entschandelt« (und in diesem Zusammenhang auch »arisiert«) worden. Mit den damals etablierten Methoden wie Entkernung und Auflockerung wollte man bessere hygienische wie ästhetische Zustände herbeiführen. Die heute so beliebten Plätzchen wie der Eisenmarkt wurden erst damals in das eng bebaute Viertel geschlagen. Nicht nur die Hinterhofbebauung fiel den Maßnahmen zum Opfer, ein Großteil der alten Häuser wurde abgebrochen und durch historisierende Neubauten in einem Anpassungsstil ersetzt. Die übrigen Häuser wurden unter Rückbau aller störenden Elemente »entschandelt« und dabei teilweise eingreifend verändert. Dieses synthetische und sozial wie ästhetisch homogenisierte Altstadt-Viertel war dann paradoxerweise das einzige, das nach dem Krieg einem rekonstruktiven Aufbau unterzogen worden ist (Abb. 3), während die übrige Stadt zwar in Rekurs auf die Straßennetz- und Parzellenstruktur, aber in modernen Formen wieder entstand. Die Traditionsinsel Martinsviertel und vor allem das »wiedererstandene« Rheinpanorama ist heute ein zentrales Element für das Branding Kölns und dient z.B. als Dauerkulisse für die Schlussszene des Kölner »Tatorts« mit der berühmten Pommes-Bude.

Andere Beispiele zeigen, dass Kriegszerstörung für das ›Produkt Altstadt‹ keineswegs konstitutiv ist. Auch die beeindruckende Altstadt von Basel, die seit Jahrhunderten ohne nennenswerte Kriegsschäden davongekommen ist, hat ihre prägnante Gestalt erst durch fortwährende gestalterische Maßnahmen erhalten.[28] Genauer gesagt ist sie in ihren charakteristischen Zügen Produkt von Bauzonenregelungen und einer fortwährenden bildorientierten Denkmal- und Stadtbildpflege, anders gesagt, von einer seit den 1930er Jahren bis heute anhaltenden ästhetischen Homogenisierung im Heimatschutzsinn, die die Eliminierung ›störender‹ und ›fremder‹ Elemente einschließt. Köln, Basel und viele andere Städte bezeugen so, dass dem Kern europäischer Städte im Zuge ihrer Modernisierung häufig in einer kompensatorischen Bewegung eine Traditionsinsel eingeräumt worden ist, die als Herz oder Seele fungiert, als identitätsstiftender Raum, als Heimat. Die jüngeren Altstadtproduktionen wie Frankfurts Dom-Römer-Areal oder Hildesheims ›Alter‹ Markt zeigen indessen, dass diese Funktionen nunmehr nicht mehr durch Sanierung oder Stadtbildpflege gewonnen werden sollen, sondern dass Traditionsinseln als Neubauprojekte geplant und durchgesetzt werden können.

THEMENARCHITEKTUR

Mit dieser Diagnose sind wir bei der zweiten zu befragenden Deutungsebene für die jüngere Konjunktur von Altstadt-Produktionen. Diese Ebene, die zumindest in der deutschen Debatte ebenso unterbelichtet wie die Wiederaufbaurhetorik überschätzt ist, kann hier kurz nur skizziert werden.[29] An dem Punkt der vollständigen Entkopplung der Altstadt von Alt-Sein scheint die Nähe dieser Projekte zu einem anderen Feld des Immobiliensektors auf, das international große Erfolge feiert, nämlich die historisierende Themenarchitektur. Entstanden ist sie wohl in den Konsumwelten der Vergnügungsparks und Spielerparadiese. Ikonen der Themenarchitektur sind Las Vegas, mit Seufzerbrücke, Eiffelturm und Pyramiden, und natürlich Mainstreet in Disney-Land als immerwährende Wiederaufführung des amerikanischen Heile-Welt-Kleinstadt-Traums. Doch sind als historische Kulissen des Konsums erdachte Szenerien längst in der realen Welt angekommen. Shopping-Malls haben Konkurrenz bekommen durch Outlet-Villages, die heute in der Regel in organisch unregelmäßigen, vage historischen Formen angelegt werden. Die tiefen Verkaufsräume der Konzerne des Outlet Village Wertheim etwa reihen sich Seit an Seit hinter kleinteiligen Store-Fronten, die mit Giebeln und Gauben bewehrt sind. Diese Architektur-Pastiches sind mit wenigen, eher groben Elementen hergestellt. Die historischen Verweise sind auf das Allernotwendigste beschränkt, städtische Elemente und Versatzstücke nur mehr skizzenhaft zitiert. Vergleichbar ist aber die angestrebte heimelige Gestimmtheit und konsumfreundliche Wirkung dieser kleinstädtisch dimensionierten Räume, die gewachsene Strukturen imitieren, die sicher sind und überschaubar – und irgendwie vertraut.

Eine andere Wurzel der Themenarchitektur, die erfolgreich auf vage historische Architekturformen von hohem Wiedererkennungswert setzt, ist der *New Urbanism*. Die räumliche und ästhetische Reaktivierung kleinstädtisch oder vorindustriell organisierter Nachbarschaften entstand in den 1980er Jahren in den USA und richtete sich gegen die Landschafts- und Ressourcenverschwendung des *Urban sprawl*.[30] Ein neues verdichtetes und traditionsbezogenes Bauen sollte ein Gegenmodell zu der Anonymität und der formlosen Großflächigkeit der suburbanen Wohngegenden etablieren. Erfolgreich war Themenarchitektur vor allem auf dem gehobenen Immobiliensektor, etwa mit »Seaside« in Florida, das

Abbildung 4: Authentisch Altenglisches vom Reißbrett, Markthalle in Poundbury bei Dorchester (Foto Richard Ivey 2011)

bezeichnenderweise auch als Kulisse für den Film »Truman Show« diente, sowie mit der von der Disney Company errichteten Stadt Celebration. Das vielleicht spektakulärste Beispiel in Europa hat Leon Krier, unterstützt von Prince Charles persönlich, seit 1993 nahe Dorchester angelegt.[31] Poundbury (Abb. 4) ist eine großflächige Vorstadtsiedlung in gediegen-vorindustriellen Formen. Eine gutbürgerliche Vorstadt in Form einer altenglischen Kleinstadt, die aufgrund der großen Nachfrage derzeit beträchtlich erweitert wird. Bezeichnenderweise sehen Frankfurts Altstadtfreunde in diesem künstlichen – und ganz ohne »Rekonstruktion« auskommenden – Alt-England-Klon durchaus ein Vorbild. Auf ihrer Homepage weisen sie auf Leon Kriers Projekte als gelungene Beispiele eines traditionsbezogenen und »antimodernistischen« Bauens hin.[32]

Wenig überraschend ist auch, dass die zentral gelenkte Stadtplanung der Boom-Städte in China sich dieses erfolgreiche Konzept nicht entgehen lässt. Rings um Shanghai, einer 18-Millionen-Metrople, entstehen unter dem Projektnamen »One City«. Nine villages zahlreiche Satellitenstädte nicht nur im altenglischen Stil, sondern nach einer ganzen Palette europäischer Architekturthemen. Die in Nordchina errichtete Grachtenstadt Neu-Amsterdam ist dagegen inzwischen eine Investitionsruine, weil fundamentale Bedürfnisse des chinesischen Wohnens in diesem Pattern unberücksichtigt blieben.[33] »Citytainment« hat Dieter Hassenpflug die chinesischen Satellitenstädte im alteuropäischen Stil genannt.[34] Und das trifft wohl auch auf Frankfurt, Lübeck und andere Städte zu, wo Wohlfühlviertel geschaffen werden, mit vorindustriell-kleinstädtischem Flair, überschaubaren Ausmaßen und Dimensionen, vertrauten Angeboten; aufgerüstet mit nostalgischen Architekturklonen, die sich praktischerweise bruchlos in die renditestarke, saubere, heimelige Welt einfügen. Altstadt wird hier vollends zum Produkt, ein jederzeit und überall aufrufbares Architekturpattern, das bestimmte Stimmungswerte reproduziert, hoch konsensfähig scheint und gewinnbringend vermarktet werden kann. Die komplexe Geschichte dieses so erfolgreichen Modells und seiner vielfältigen Erscheinungsformen werden in diesem Buch zu »Historischen Stadtzentren in Städtebau und Denkmalpflege« einer ersten umfassenden Besichtigung unterzogen.

1   Vinken, Gerhard: Der Pranger von Bahia, das Kreuz von Pommersfelden. Globa-
    lisierungsdiskurse und lokale Aushandlungsprozesse als Herausforderungen für die
    Denkmalwissenschaften, in: Das Erbe der Anderen. Denkmalpflegerisches Handeln
    im Zeichen der Globalisierung / The Heritage of the Other. Conservation Considera-
    tions in an Age of Globalization, Forschungen des Instituts für Archäologie,
    Denkmalkunde und Kunstgeschichte, hg. v. Gerhard Vinken, Bamberg 2015.
2   Kurz vor Drucklegung dieses Bandes machte mich Carmen Enss auf einen italie-
    nischen Tagungsband aufmerksam, der diese These nachdrücklich belegt, aber für
    meinen Text leider nicht mehr ausgewertet werden konnte: Giambruno, Mariacristina:
    Per una storia del restauro urbano: piani, strumenti e progetti per i centri storici, No-
    vara 2007.
3   Baudrillard, Jean: Hyperreal und imaginär, in: Baudrillard, Jean: Agonie des Realen
    (franz. 1978), hg. v. Jean Baudrillard, Berlin 1978, S. 24–26.
4   Vgl. Vinken, Gerhard: Zone Heimat. Altstadt im modernen Städtebau, München /
    Berlin 2010.
5   Vgl. DomRömer Zeitung, 1, Oktober 2010, S. 1. Zitiert aus: http://www.domroemer.
    de/sites/default/files/files/field_download_file/drz_ausgabe_1.pdf (15.April 2015).
6   Zum Dom-Römer-Areal vgl.: Deutscher Werkbund Hessen (Hg.): Standpunkte. Zur
    Bebauung des Frankfurter Römerbergs, Frankfurt/Main 2007; Hansen, Astrid: Die
    Frankfurter Altstadtdebatte - Zur Rekonstruktion eines »gefühlten Denkmals«, in: Die
    Denkmalpflege, Bd. 65, Nr. 1, 2008, S. 5–17; Marek, Katja: Rekonstruktion und Kul-
    turgesellschaft: Stadtbildreparatur in Dresden, Frankfurt am Main und Berlin als
    Ausdruck der zeitgenössischen Suche nach Identität (Dissertation, Kunsthochschule
    Kassel 2009), S. 53–98 (online einsehbar unter http://kobra.bibliothek.uni-kassel.
    de/bitstream/urn:nbn:de:hebis:34-2009101330569/7/DissertationKatjaMarek.pdf);
    Vinken, Gerhard: Unstillbarer Hunger nach Echtem. Frankfurts neue Altstadt zwi-
    schen Rekonstruktion und Themenarchitektur, in: Forum Stadt. Zeitschrift für
    Stadtgeschichte, Stadtsoziologie, Denkmalpflege und Stadtentwicklung, 40. Jg., H. 2,
    2013, S. 119–136.
7   Frankfurter Allgemeine Zeitung, 22.04.2015. Zitiert aus: http://www.faz.net/aktuell/
    feuilleton/kunst/spolien-ein-guetesiegel-der-frankfurter-altstadt-13551074.html (30.
    April 2015). Vgl. auch: Vgl. Bartetzko, Dieter: Aus alt macht neu. Plädoyer für eine
    wahrhaft alte Altstadt, in: Standpunkte. Zur Bebauung des Frankfurter Römerbergs,
    hg. v. Deutscher Werkbund Hessen, Frankfurt/Main, 2007, S. 52–55.
8   Bartetzko, Dieter 2015 (wie Anm. 7).
9   Dokumentationen zum Gründungsviertel und mehrere Beiträge zum Neubauprojekt
    finden sich in: Bürgernachrichten. Zeitschrift der Bürgerinitiative Rettet Lübeck, z.B.
    Jge. 38–40, Nrn. 113–115, 2013–2015.
10 Briegleb, Till, in: Süddeutsche Zeitung, 16.02.2015, S. 9.
11 Zitiert aus: http://www.welterbeprogramm.de/INUW/DE/WelterbeMonat/Archiv/Lue
    beck_WEM.html (31. Mai 2015). Die ergrabenen und dokumentierten mittelalterli-
    chen Keller sind im Zuge der Ausschachtarbeiten für die neue Altstadt komplett
    abgetragen worden.
12 Zitiert aus: http://www.baunetz.de/meldungen/Meldungen-Ein_Wettbewerb_als_Kos
    tuemfilm_4234983.html (31. Mai 2015).
13 M.(anfred) F.(inke): Ein ungewohntes Ereignis: Müssen wir ein solches Gründer-
    viertel wollen?, in: Bürgernachrichten. Zeitschrift der Bürgerinitiative Rettet Lübeck,
    39. Jg., Nr. 115, März / April / Mai 2015, S. 5.
14 Briegleb, Till 2015 (wie Anm. 10).
15 F.(inke), M.(anfred) 2015 (wie Anm. 13), S. 5.
16 Vgl. Maaß, Philipp: Die moderne Rekonstruktion. Eine Emanzipation der Bürger-
    schaft in Architektur und Städtebau, Regensburg 2015, hier S. 436–440.

17 Vgl. Falser, Michael S.: Geschichtsbild - Stadtbild - Denkmalpflege. Postmoderne Komplexitätsreduktion und die Rekonstruktion des Hildesheimer Marktplatzes, in: Stadtbild und Denkmalpflege. Konstruktion und Rezeption von Bildern der Stadt, hg. v. Sigrid Brandt / Hans-Rudolf Meier, Berlin 2008, S. 196–207.

18 Die aufschlussreich kommentierte Fotostrecke von Georg Peter Karn sollte jeder Städtebauer und Denkmalpfleger sich einmal in aller Ruhe zu Gemüte führen. Vgl. Karn, Georg Peter: Geschichte im Rückwärtsgang. Eine Fotodokumentation der Nordzeile des Mainzer Marktplatzes von 1978 bis 2008, in: Die Denkmalpflege, Bd. 65, Nr. 1, 2008, S. 34–38. Vgl. auch: Glatz, Joachim: Die Rekonstruktion der Rekonstruktion. Fallbeispiel Mainzer Markt, in: ebd., S. 28–33.

19 Vgl. Vinken, Gerhard 2013 (wie Anm. 6), S. 124–127.

20 Vgl. Brichetti, Katharina: Die Paradoxie des postmodernen Historismus: Stadtumbau und städtebauliche Denkmalpflege vom 19. bis zum 21. Jahrhundert am Beispiel von Berlin und Beirut, Berlin 2009, S. 138–152.

21 Lynch, Kevin A.: Image of the City, Cambridge MA 1960.

22 Rossi, Aldo: L'architettura della città, Padua 1966.

23 Bauausstellung Berlin GmbH (Hg.): Internationale Bauausstellung Berlin 1987, Projektübersicht, Offizieller Katalog, Berlin 1987.

24 Vgl. Briegleb, Till 2015 (wie Anm. 10).

25 Vgl. Brichetti, Katharina 2009 (wie Anm. 20), S. 162f.

26 Vgl. Franz, Birgit / Meier, Hans-Rudolf (Hg.): Stadtplanung nach 1945 – Zerstörung und Wiederaufbau. Denkmalpflegerische Probleme aus heutiger Sicht (Veröffentlichungen des Arbeitskreises Theorie und Lehre der Denkmalpflege), Bd. 20, Holzminden 2011.

27 Vgl. Vinken, Gerhard 2010 (wie Anm. 4); Ders.: Neue Heimat or Constructing the Old Town. The Example of Cologne, 1930–1960, erscheint demnächst in: Studies in Urban Humanities, ed. Institute for Urban Humanities. The University of Seoul, vol. 8/1, April 2016, S. 67–95.

28 Vgl. Vinken, Gerhard 2010 (wie Anm. 4), S. 91–110; vgl. auch: Ders.: Zone Heimat. Gegenbild –Traditionsinsel – Sonderzone. Altstadt im modernen Städtebau, in: Echt – alt – schön – wahr. ZeitSchichten der Denkmalpflege, hg. v. Ingrid Scheurmann / Hans-Rudolf Meier, Bd. 2, Berlin / München 2006, S. 190–201.

29 Ausführlich in: Vinken, Gerhard 2013 (wie Anm. 6), hier S. 134–136.

30 Vgl: Walker, Alissa: Why is New Urbanism So Gosh Darn Creepy? Online Beitrag auf Gizmodo, 18.04.2014. Zitiert aus: http://gizmodo.com/why-is-new-urbanism-so-gosh-darn-creepy-1564337026 (15. April 2015); Bodenschatz, Harald: Alte Stadt – neu gebaut, in: Die alte Stadt, 25 Jg., Nr. 4, 1998, S. 299–317.

31 Vgl. HRH Charles, Prince of Wales: A Vision of Britain. A Personal View of Architecture, New York 1989; Krier, Leon: Architecture. Choice or Fate, Winterbourne (UK) 1998.

32 Zitiert aus: http://www.freunde-frankfurts.de/projekte/altstadt/altstadt.html (15. April 2015).

33 Hassenpflug, Dieter: Der urbane Code Chinas, Basel 2008.

34 Hassenpflug, Dieter: Citytainment oder die Zukunft des öffentlichen Raums, in: Metropolen, Laboratorien der Moderne, hg. v. Dirk Matejovski, Frankfurt am Main / New York 2000, S. 308–320.

BILDNACHWEIS

1 Pressefoto DomRömerGmbH, 27.7.2015
2 Mit freundlicher Genehmigung von © CHRISTOPH MÄCKLER ARCHITEKTEN.
3 Horsch, Willy: Foto 2009. Zitiert aus: Wiki Commons.
4 Ivey, Richard: Foto 2011. Zitiert aus: http://www.princes-foundation.org/sites/default/files/poundbury_richard_ivey_6844_0.jp.

Anfänge

Die Entdeckung des *ambiente*
Gustavo Giovannoni und sein
europäischer Kontext

The Discovery of *ambiente*
Gustavo Giovannoni and His European Context

KLAUS TRAGBAR

English Summary

During the 19th and 20th centuries, town planning evolved in Europe as an independent scientific discipline dealing with issues such as the rapid growth of cities due to industrialization and the relationship between the historic town and modernity. In this context, problems such as the adaptation of historic city centres to the modern needs of traffic and hygiene, the building of new structures in old settings and the preservation of monuments were discussed.

Italy, with its distinctive urban culture and its rich architectural heritage, played a unique role in these discussions. In 1913 the Roman architect, architectural historian, monuments conservator and author Gustavo Giovannoni first published his concept of »ambientismo«, which understands architecture and urban planning as a historical continuity and allows ambiance to exert a direct influence on design. As a professor, consultant and author, Giovannoni was one of the most influential personalities of his time; his »ambientismo« laid the foundation for modern architectural theory in Italy.

Im 19. und 20. Jahrhundert entwickelte sich der Städtebau in Europa als eine eigenständige wissenschaftliche Disziplin, die sich neben dem exponentiellen Wachstum der Stadt im Zuge der Industrialisierung auch mit der Rolle der historischen Stadt in der Moderne zu beschäftigen hatte. Dazu zählten Probleme wie die Anpassung der historischen Stadtzentren an die modernen Bedürfnisse von Verkehr und Hygiene, architektonische wie das neue Bauen in der alten Stadt und denkmalpflegerische wie der Umgang mit der bestehenden Bausubstanz.

Italien mit seiner ausgeprägt urbanen Kultur und seinem reichen baulichen Erbe kommt hier eine besondere Rolle zu. 1913 formulierte der römische Architekt, Bauhistoriker, Denkmalpfleger und Autor Gustavo Giovannoni seine Idee des *ambientismo*, einer literarisch-poetischen Entwurfshaltung, die Architektur und Städtebau in historischer Kontinuität verstand und der Umgebung (ital. *ambiente*) unmittelbaren Einfluß auf den Entwurf zubilligte.[1] Giovannoni zählte als Hochschullehrer, Gutachter und Publizist zu den einflussreichsten Persönlichkeiten seiner Zeit; Elemente seines im künstlerischen Städtebau des 19. Jahrhunderts wurzelnden *ambientismo* sind in allen Strömungen der italienischen Moderne und bis in die Nachkriegszeit nachweisbar.[2]

DIE PERSON

Gustavo Giovannoni (Abb. 1) wurde am 1. Januar 1873 in Rom geboren, studierte an der dortigen Facoltà di Ingeneria Bauingenieurwesen und erhielt 1895 sein Diplom.[3] Anschließend studierte er Kunst- und Architekturgeschichte bei Adolfo Venturi. 1914 erhielt er den Ruf auf den Lehrstuhl für Architektur (*Architettura generale*) an der Facoltà d'Ingegneria. 1921[4] gründete er gemeinsam mit Marcello Piacentini die Zeitschrift Architettura e Arti decorative, 1937 die Zeitschrift Palladio. Er war Initiator und von 1927 bis 1935 Direktor der 1920 gegründeten Scuola Superiore di Architettura di Roma und lehrte dort Entwurf und Restaurierung (*Composizione architettonico* und *Restauro dei monumenti*). Giovannoni war Mitbegründer des Istituto di studi romani und gründete 1935 den Centro di studi di storia dell'architettura,[5] er war, unter anderem, Mitglied der Associazione artistica tra i cultori dell'architettura, der Accademia di S. Luca und des Consiglio superiore dell'antichità e belle arti. Am 15. Juli 1947 starb Gustavo Giovannoni im Alter von 74 Jahren in Rom, der Stadt, die er praktisch nie verlassen hatte und die das Zentrum seines Schaffens und Wirkens war.

Auch sein nicht sehr umfangreiches architektonisches Werk befindet sich größtenteils in Rom. Zu nennen sind hier vor allem die eklektizistische Brauerei Peroni (1908–1912),[6] die Chiesa degli Angeli Custodi im Stadtteil Monte Sacro

*Abbildung 1: Gustavo Giovannoni
(1873–1947)*

(1923/24) sowie die Chiesa del Sacro Cuore in Salerno (1922). Bedeutender sind die städtebaulichen Arbeiten Giovannonis. Bei dem weitgehend realisierten Entwurf für den Quartiere Piazza d'Armi (1915) überarbeitete er ein Projekt von Hermann Josef Stübben,[7] im Quartiere Garbatella (ab 1920) entwarf er die Einzelbauten als Rezeption einfacher Häuser aus Renaissance und Barock und prägte so den später *barochetto* genannten Stil.[8] Seine *città-giardino* Aniene (ab 1920) ist von der Gartenstadtidee Ebenezer Howards beeinflußt,[9] lässt allerdings deren sozialreformerische und genossenschaftliche Komponenten unbeachtet und konzentriert sich auf formale Aspekte. Auch begreift Giovannoni die Gartenstadt weniger als ein ideales, die Vorteile der Stadt wie des Landes vereinendes Gebilde, sondern als eine Möglichkeit der Stadterweiterung. Von nachhaltiger Wirkung war seine Mitarbeit am Bebauungsplan der Stadt Rom (*Piano regolatore generale*); 1916, 1919, 1920 und 1931 war er maßgeblich an dessen Aufstellung beziehungsweise Überarbeitung beteiligt.[10] Die 1931 verabschiedete Fassung des *Piano regolatore generale* überdauerte das Ende des faschistischen Regimes und bildete noch 1951 die planungsrechtliche Grundlage für einen Durchbruch in der Via Vittoria, der allerdings nach massiven Protesten nicht durchgeführt wurde.[11]

Seine größte Wirkung entfaltete Giovannoni freilich als Hochschullehrer, Gutachter und Publizist: In nahezu allen wichtigen Wettbewerben war er als Preisrichter tätig, sein Schriftenverzeichnis enthält über 700 Titel.[12] Auch wenn sich darunter etliche Pflichtarbeiten wie die Jahresberichte der Gremien und Akademien befinden, denen Giovannoni vorstand, bildeten seine Publikationen einen wesentlichen Bestandteil die Architekturdebatte in Italien zwischen den beiden Weltkriegen. Seine zentralen Themen waren Theorie und Praxis der Denkmalpflege, die Ausbildung der Architekten und der Umgang mit der alten Stadt; die beiden 1913 publizierten Aufsätze »Vecchie città ed edilizia nuova«[13] und »Il diradamento edilizio dei vecchi centri«[14] gelten als die ersten Beiträge zu einer italienischen Städtebautheorie.[15]

DIE IDEE

1909 erklärte Filippo Tommaso Marinetti (1876–1944) in seinem Futuristischen Manifest, er wolle »[...] dieses Land von dem Krebsgeschwür der Professoren, Archäologen, Fremdenführer und Antiquare befreien. [...] Wahrlich, ich erkläre euch, dass der tägliche Besuch von Museen, Bibliotheken und Akademien [...] für die Künstler ebenso schädlich ist wie eine zu lange Vormundschaft der Eltern für manche Jünglinge [...] Für die Sterbenden, für die Kranken, für die Gefangenen mag das angehen: – die bewundernswürdige Vergangenheit ist vielleicht ein Balsam für ihre Leiden, da ihnen die Zukunft versperrt ist [...] Aber wir wollen von der Vergangenheit nichts wissen, wir jungen und starken Futuristen!«[16]

Nur wenige Jahre später, 1913, schwärmte zwar auch Giovannoni von den neuen, schnellen Verkehrsmitteln Eisenbahn, Tram und Automobil und schrieb: »Ein neues Element beginnt [...] die baulichen Systeme zu revolutionieren: das *kinematische* (im Original kursiv, Verf.) Element«,[17] mit seiner Idee des *ambientismo* und seinem Verständnis von Architektur und Städtebau in historischer wie topographischer Kontinuität bot er aber der historischen Stadt zumindest eine Chance, ihre Rolle in der Moderne zu finden. Giovannoni schrieb ihr sowohl einen Museums- wie einen Gebrauchswert zu und hatte begriffen, dass es längst nicht mehr um das »Ob« ihrer Modernisierung ging, sondern nur noch um das »Wie«.

In dem ersten der beiden genannten Aufsätze postuliert Giovannoni, nach einem Rekurs auf den durch Papst Sixtus V. initiierten radikalen Stadtumbau Roms und den von Napoleon I. geforderten Abriß des Palazzetto Venezia, es habe immer zwei Tendenzen im Umgang mit der alten Stadt gegeben, »für die eine bedeuten, mit Ausnahme wichtiger Einzelbauten und ehrwürdiger Monumente, alle anderen Überbleibsel der Vergangenheit nichts als Hindernisse in der baulichen Neuordnung, für die andere indes bilden diese unveränderliche Fixpunkte [...]. Diese Meinungsverschiedenheit hat ganz den Anschein eines unauflöslichen Gegensatzes [...]. Die Erneuerer sagen: Die Städte sind keine Museen [...] wir wollen Luft, Licht, Bequemlichkeit, Hygiene! [...] Die Bewahrer entgegnen: Das

Leben kann nicht von materiellen, utilitaristischen Begriffen allein bestimmt werden [...]«,[18] bei rationaler Betrachtung, so Giovannoni, sei jedoch ein Ausgleich beider Konzepte fast immer möglich. Doch leider lägen derartige Planungsaufgaben in den Händen von Verwaltungsbeamten, die in der Regel Laien und städtebauliche Dilettanten seien; mit den Worten Georges-Eugène Haussmanns (1809–1891) fordert er für diese Aufgabe daher »einen Organisator und Künstler, bewährt in allen großen Dingen, Liebhaber des Schönen [...] aber aus Erfahrung wissend, dass auch Zweitrangiges nicht vernachlässigt werden darf.«[19]

Den geometrischen Stadtgrundrissen Haussmanns indes stand er skeptisch gegenüber und warf ihnen Monotonie, vor allem aber das Fehlen der dritten Dimension vor. In diesem Sinne kritisierte Giovannoni auch den Bebauungsplan Roms von 1908, insbesondere die streng geometrisch bestimmten Planungen der neuen Quartiere S. Pietro, S. Pancrazio und Piazza d'Armi, die sämtliche lokale Gegebenheiten ignorierten.[20] Wichtig bei Haussmann war ihm freilich die Betonung des »Zweitrangigen«, der privaten, unscheinbaren Architektur. Auch John Ruskin (1819–1900) schrieb 1849 in seinem »Leuchter der Erinnerung«: »Bis zum heutigen Tage bleibt die Bedeutung ihrer (Frankreichs und Italiens, Verf.) stattlichsten Städte nicht etwa abhängig von dem vereinzelten Reichtum ihrer Paläste, sondern von dem in Ehren gehaltenen Schmuck selbst der geringsten Wohnungen in den Perioden ihrer Blüte.«[21] Am Vorschlag für die Neugestaltung des Coronari-Viertels in Rom konkretisierte Giovannoni seine Idee. Eine neue Straße sollte sich von Nord nach Süden durch das Quartier winden, Baufluchten begradigt und Blickbeziehungen innerhalb des Quartiers bzw. aus ihm heraus geschaffen werden (Abb. 2).

Beeinflusst wurde Giovannoni auch von Camillo Sitte (1843–1903) und dessen künstlerischem Städtebau.[22] Für Sitte hatte die Industrialisierung und Verstädterung in der modernen Großstadt seiner Zeit die Einheit des Lebens und Handelns der Menschen mit ihrer Umgebung aufgehoben. Seine Vorbilder fand er in der historischen Stadtbaukunst; vor allem in der Stadt des Mittelalters, die nach seiner Überzeugung exakt das soziale Gefüge ihrer Bewohner wiedergebe. Sittes Denken spiegelte sich in einem 1904 publizierten Aufsatz wider, der den *am-bientismo* Giovannonis fast vorwegnimmt. Sitte forderte »[...] ein natürliches Straßennetz [...] ein dem Charakter nach altstädtisches Straßenbild. Wenn die einzelnen Hauptstraßen noch modern stark verbreitert würden und die Hausbauten ebenfalls mit allen Errungenschaften neuester Technik ausgeführt würden, entstünde so eine Vereinigung von modernem Komfort mit alter Behaglichkeit und Schönheit.«[23] Das Prinzip der Isolierung historischer Monumente lehnte

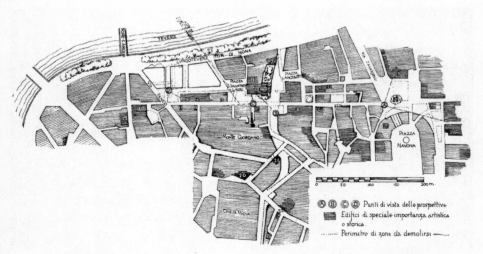

Abbildung 2: Gustavo Giovannoni, Projekt für den Quartiere Coronari in Rom, 1913

Sitte ebenso ab wie Giovannoni. Im selben Sinne äußerte sich auch der junge Marcello Piacentini, der 1916 im Zusammenhang mit der Stadtentwicklung Roms schrieb, die Stadt habe eher einen pittoresken als einen grandiosen Charakter, »[...] es genügt nicht, die Monumente zu bewahren [...] die Erhaltung muss umfassend sein: Es ist das Ambiente, das erhalten werden muss [...]«[24]

In einem zweiten, nur einen Monat später erschienen Aufsatz[25] führte Giovannoni seinen Gedankengang fort und fordert einen vorsichtigen Umbau des Bestehenden, nicht wie beim Corso Vittorio Emanuele II. in Rom oder der Piazza della Repubblica in Florenz, die durch die Methode der Entkernung (*sventramento*) entstanden und primär von der privaten Spekulation bestimmt worden seien, sondern vielmehr durch die sensiblere Methode des *diradamento*, die mehr Rücksicht auf die bestehende Substanz nehme.

Diese beiden Begriffe, *sventramento* und *diradamento*, spielen in der Argumentation von Giovannoni eine große Rolle. Das Verb *sventrare* entstammt dem Fleischerhandwerk und bedeutet ausweiden, ausnehmen, im übertragenen Sinne auch einreißen.[26] Erstmals verwendet wurde der Terminus 1884 durch den damaligen Ministerpräsidenten Cav. Agostino Depretis (1813–1887), der angesichts der katastrophalen hygienischen Zustände in Neapel forderte: »Bisogna sventrare Napoli«: »Und ich spreche ein Wort aus, das vielleicht barbarisch ist wie der Abgeordnete Tegas sagte, das Wort ausweiden: Aber der Abgeordnete Tegas und auch die Kammer mögen ruhig glauben, dass man mit diesem Wort die barbarischsten und unmenschlichsten Umstände beschreibt, die man sich nur vorstellen kann.«[27] Dem martialischen Begriff *sventrare* stellte Giovannoni das *diradare* gegenüber, das dem Gartenbau entstammt und auslichten, beschneiden, entflechten bedeutet.[28] Die mit diesem Begriff verbundene Vorstellung, dass dem sorgfältigen Auslichten ein umso kräftigeres Wachstum des Verbleibenden folgt, war durchaus beabsichtigt.

Drei Grundregeln gebe es nach Giovannoni beim Umgang mit der alten Stadt im Sinne des *ambientismo* zu beachten: »I. Keine vorgefaßten Meinungen über gerade Straßenzüge und feste Abschnitte [...] II. Man folge beim Entwurf dem *Charakter* (im Original kursiv, Verf.) des alten Quartiers [...] III. Man respektiere, wo man die neue Bebauung in die bestehende einfügt, das bauliche Gefüge des Ortes.«[29] Zum letzten Punkt präzisiert Giovannoni: »Auch als stilistischer Eindruck müßte eine Harmonie zwischen dem Alten und dem Neuen verbleiben [...]. Das bedeutet nicht, daß die neuen Fassaden leblose Kopien bestehender Werke sein müssen [...] nichts ist z. B. weiter entfernt vom richtigen architektonischen Gefühl als die Alben mit den ›im Sinne der Alten‹ (im Original deutsch, Verf.) entworfenen Projekten [...] die als beliebige Muster für Bauten in Städten mit historischem Charakter dienen. Denn jede Stadt hat eine eigene künstlerische ›Atmosphäre‹, hat also ein Gespür für Proportionen, für Farben, für Formen, das als dauerhaftes Element durch die Entwicklung der verschiedenen Stile geblieben ist, und von diesem darf man nicht absehen; dieses muß den neuen Werken den Ton vorgeben, auch den allerneuesten und kühnsten Ideen.«[30] Dazu sei es allerdings erforderlich, das Viertel nicht auf dem Plan, »[...] sondern in seinen nämlichen Straßen, Ecke für Ecke, Haus für Haus, Kreuzung für Kreuzung [...]«[31] zu analysieren und sorgfältig noch das kleinste Detail zu registrieren. Ein solches Werk sei erst vollständig, wenn gleichzeitig sorgfältige Restaurierungen und sensible Umbauten vor sich gingen.

Der Gedanke eines Gesamtkonzeptes, den Giovannoni hier vertritt, aus städtebaulichen, architektonischen und denkmalpflegerischen Elementen war zu seiner Zeit keineswegs selbstverständlich. Es geht einerseits zurück auf den Philosophen Hermann Lotze (1817–1881), der bereits 1868 die Idee von der Stadt als Gesamtkunstwerk formuliert hatte, hinter dem individuelle Ansprüche zurückzustehen hätten,[32] andererseits auf den Philosoph und Kunsthistoriker Georg Simmel (1858–1918), der 1903 erkannte, dass es nicht einen höchsten, sondern viele gleichberechtigte, einander auch ausschließende Werte gebe.[33] Giovannonis Ablehnung des Historismus und die Forderung nach der Berücksichtigung und Weiterentwicklung lokaler Architekturmotive erinnert auch an den Architekten und Kunstkritiker Camillo Boito (1836–1914), der 1872 im Kontext der Diskussion um einen nationalen Stil für Italien geschrieben hatte, diese könne nicht neu erfunden werden, sondern »müsse sich frei an einen der italienischen Stile der

Abbildung 3: Bergamo Alta, Sanierungsplanung, Luigi Angelini, ab 1927, Stand 1934

Vergangenheit anlehnen; er müsse dessen archäologischen Charakter verlieren um gänzlich modern zu werden.«[34]

Mit seiner Idee des *ambientismo*, die er freilich nie zu einer umfassenden Theorie ausbaute, befand sich Giovannoni auf der Höhe der urbanistischen und architektonischen Diskussion seiner Zeit. Fast gleichzeitig regte Patrick Geddes (1854–1932) in Großbritannien an, sich mit der Geschichte und dem Geist einer Stadt zu beschäftigen: »[...] wir dürfen nicht zu einfach beginnen [...] vor allem aber müssen wir versuchen, den Geist unserer Stadt, ihren historischen Kern und ihre fortdauernde Existenz in uns aufzunehmen«,[35] Hermann Josef Stübben (1845–1936) ergänzte die zweite Auflage seiner Publikation zum Städtebau 1907 um die Forderung »[...] alle solche Maßnahmen sind nicht bloß den neuzeitlichen Bedürfnissen anzupassen, sondern nach Möglichkeit mit dem Schutz des Alten [...] in Einklang zu bringen«,[36] und der Österreicher Eugen Faßbender (1854–1923) drückte sich 1912 noch deutlicher aus: »Alte Bauwerke und Denkmäler sind, insofern sie historischen oder künstlerischen Wert besitzen, für immer zu erhalten. Die bodenständige Bauweise soll gepflegt und eine fremde hintangehalten werden. Trotz der Schonung des Alten dürfen aber keineswegs

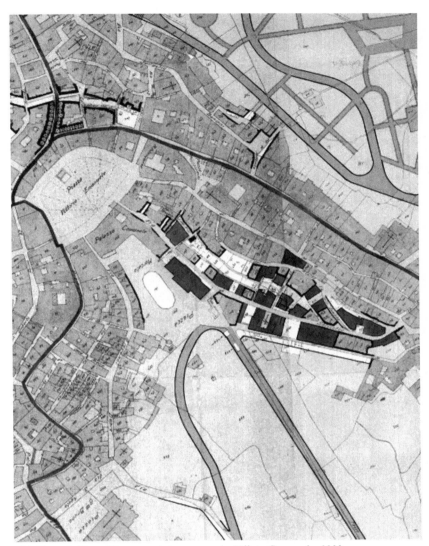

Abbildung 4: Siena, Piano regolatore generale, Ufficio Comunale, 1932;
Ausschnitt mit dem Quartiere Salicotto

die Anforderungen an modernen Fortschritt und Zeitgeist außeracht gelassen werden.«[37]

1931 fand der *ambientismo* trotz der ihm innewohnenden Kritik an den Großprojekten der faschistischen Regierung Eingang in die Carta italiana di restauro. Im gleichen Jahr fasste Giovannoni seine Idee nochmals zusammen;[38]

unmittelbar umgesetzt wurden freilich nur wenige Projekte, darunter die Sanierung von Bergamo Alta (Abb. 3)[39] und die des Quartiere Salicotto in Siena (Abb. 4).[40]

FAZIT

Der *ambientismo* war Teil einer europäischen Planungskultur, die sich auf wertkonservativer Basis um eine kontextuelle Einbindung der Architektur bemühte. Er erweist sich damit als ein unverzichtbarer und, nach der propagandistisch-radikalen Ablehnung jeglicher Vergangenheit durch die Futuristen, vor allem realistischer Beitrag zur behutsamen Adaption der alten Stadt an die Moderne, der ihren historischen Wert und die modernen Bedürfnisse gleichermaßen berücksichtigt. Auch wenn der *ambientismo* in Italien mit seiner langen urbanen Tradition und seinem reichen baulichen Erbe gewissermaßen zum kulturellen Substrat gehörte, war es doch Gustavo Giovannoni, der diese Idee formulierte, zu einer Entwurfsmethode ausbaute und damit die moderne städtebauliche Theorie in Italien begründete.

1   Vgl. Grande Dizionario Enciclopedio, Bd. 1, Turin 1994, S. 657–658. Bereits Galileo Galilei verwendete den Begriff *ambiente* 1623 als »spazio nel quale si trovano una persona o un oggetto«, vgl. Cortelazzo, Manlio / Zolli, Paolo: Dizionario etimologico della lingua italiana, Bd. 1, Bologna 1979, S. 45.

2   Vgl. dazu zusammenfassend Conforto, Cina / de Giorgi, Gabriele / Muntoni, Alessandra / Pazzaglini, Marcello: Il dibatto architettonico in Italia 1945–1975, Rom 1977.

3   Die biographischen Angaben nach: Enciclopedia italiana di scienze, lettere ed arti, Bd. 17, Mailand 1933, S. 270; de Angelis d'Ossat, Guglielmo: Gustavo Giovannoni, storico e critico dell'architettura, Rom 1949; Salmi, Mario: Commemorazione di Gustavo Giovannoni, in: Atti del V. Convegno nazionale di storia dell'architettura, Florenz 1957, S. 1–10; Dizionario enciclopedico di architettura e urbanistica, Bd. 2, Rom 1968, S. 482–483; Cederna, Antonio: Mussolini urbanista. Lo sventramento di Roma negli anni del consenso, Rom 1979, S. XVIII–XIX; Curuni, Alessandro: Riordino delle carte di Gustavo Giovannoni. Appunti per una biografia, Rom 1979; del Bufalo, Alessandro: Gustavo Giovannoni, Rom 1982; The dictonary of art, Bd. 12, London 1996, S. 718–719; Dizionario biografico degli Italiani, Bd. 56, Rom 2001, S. 392–396. – Der vorliegende Beitrag stellt einen Ausschnitt aus einer in Vorbereitung befindlichen Studie des Verfassers zur Idee des *ambientismo* im europäischen Kontext dar.

4   Portoghesi setzt die Gründung 1922 an, vgl. Portoghesi, Paolo: L'eclettismo a Roma 1870–1922, Rom o.J. (1968), S. 163.

5   Zum Verhältnis des Centro di studi di storia dell'architettura zur Associazione Artistica tra i Cultori di Architettura vgl. Spagnesi, Piero: Alcuni aspetti della formazione storica di Gustavo Giovannoni, in: Bollettino del Centro di studi per la Storia dell'Architettura, Nr. 36, Rom 1990, S. 139–141.

6   Rossi, Piero Ostilio: Roma. Guida all'architettura moderna 1909–1984, Bari / Rom 1984, S. 4.

7   Ebd., S. 20–23.

8   Ebd., S. 27–29.

9   Ebd., S. 30–32; vgl. Howard, Ebenezer: Tomorrow, London 1898.

10 Ebd., S. 37–39, 59–67, 143–145.

11 Vgl. Cederna, Antonio: I vandali in casa, Bari 1956.

12 Eine erste Bibliographie legte Guiglielmo de Angelis d'Ossat 1949 vor (wie Anm. 3, S. 17–30), es folgten Curuni, Alessandro 1979 (wie Anm. 3) und del Bufalo, Alessandro 1982 (wie Anm. 3, S. 80–81). 1996 konnte Giuseppe Bonnaccorso die Bibliographie Giovannonis auf nunmehr 719 Titel erweitern, vgl. Zucconi, Guido (Hg.): Dal capitello alla città, Mailand 1996, S.189–229.

13 Giovannoni, Gustavo: Vecchie città ed edilizia nuova, in: Nuova Antologia 48. Jg., H. 995, 1913, S. 449–472.

14 Giovannoni, Gustavo: Il diradamento edilizio dei vecchi centri, in: Nuova Antologia 48. Jg., H. 997, 1913, S. 53–76.

15 Vgl. Piccinelli, Alessandro: Monneret de Villard e la versione italiana, in: Zucconi, Guido (Hg.): Camillo Sitte e i suoi interpreti, Mailand 1992, S. 33; Albers, Gerd: Zur Entwicklung der Stadtplanung in Europa. Begegnungen, Einflüsse, Verflechtungen, Braunschweig / Wiesbaden 1997, S. 152.

16 »[...] vogliamo liberare questo paese dalla sua fetida cancrena di professori, d'archeologhi, di ciceroni e d'antiquarii. [...] In verità io vi dichiaro che la frequentazione quotidiana dei musei, delle biblioteche e delle accademie [...] è, per gli artisti, altrettanto dannosa che la tutela prolungata dei parenti per certi giovani [...] Per i moribondi, per gl'infermi, pei prigionieri, sia pure: – l'ammirabile passato è forse un balsamo ai loro mali, poiché per essi l'avvenire è sbarrato [...] Ma noi non vogliamo più saperne, del passato, noi, giovani e forti futuristi!« Filippo Tommaso Marinetti:

Fondazione e manifesto del futurismo, in: Figaro, 20. Februar 1909. Die Übersetzung nach: Propyläen Kunstgeschichte Bd. 12, Berlin 1977, S. 78–79.

17 »Un nuovo elemento comincia [...] a portare una rivoluzione nei sistemi edilizi: l'elemento *cinematico*.« Giovannoni, Gustavo 1913 (wie Anm. 13), S. 456. – Diese und alle weiteren Übersetzungen stammen, wenn nicht anders angegeben, vom Verfasser.

18 [...] »per l'uno, ove si escludano le opere d'importanza singolare ed i monumenti altamente venerandi, tutti i resti del passato non rappresentano che ›ostacoli‹ nella nuova sistemazione edilizia, per l'altro sono invece ›capisaldi‹ immutabili [...] Questa divergenza di criteri ha tutta l'apparenza di un contrasto irreducibile [...] I novatori dicono: Le città non sono musei [...] Aria, luce, comodità, igiene, questo noi vogliamo! [...] Rispondono i conservatori: Non può la vita esser mossa soltanto da un materiale concetto utilitario [...]«, Giovannoni, Gustavo 1913 (wie Anm. 13), S. 450.

19 »Un administrateur doublé d'artiste, épris de toutes les grandes choses, passioné par le Beau [...], mais sachant pour expérience que les choses secondaires ne sont pas à nègliger«, Haussmann, Georges-Eugène: Mémoires, Bd. 1, Paris 1890, S. 12, nach Giovannoni, Gustavo 1913 (wie Anm. 13), S. 451.

20 Ebd., S. 468 f., Abb. 6–9; S. 471, Abb. 10 und 11.

21 Ruskin, John: Die sieben Leuchter der Baukunst, Dortmund 1994 (Dresden 1900), S. 341.

22 Sitte, Camillo: Der Städtebau nach seinen künstlerischen Grundsätzen, Wien 1889.

23 Sitte, Camillo: Enteignungsgesetz und Lageplan, in: Der Städtebau 1. Jg., Nr. 1, 1904, S. 5–8; Nr. 2, 1904, S. 17–19; Nr. 3, 1904, S. 35–39, nach Mönninger, Michael (Hg.): Vom Ornament zum Nationalkunstwerk. Zur Kunst- und Architekturtheorie Camillo Sittes, Braunschweig, Wiesbaden 1998, S. 209–218, hier S. 215.

24 [...] »non basta salvare i monumenti [...] la conservazione deve essere integrale: è l'ambiente che dev' essere conservato [...]«, Piacentini, Marcello: Sulla conservazione della bellezza di Roma e sullo sviluppo della città moderna, Rom 1916, S. 9.

25 Vgl. Giovannoni, Gustavo 1913 (wie Anm. 14).

26 Vgl. Cortelazzo, Manlio / Zolli, Paolo 1979 (wie Anm. 1), Bd. 5, Bologna 1988, S. 1303.

27 »Ed io ho pronunziato una parola, forse barbara come disse l'onorevole Tegas, la parola di sventramento: ma creda pure l'onorevole Tegas, e lo creda la Camera, con questa parola si provvede alla piú barbara e inumana condizione di cose che si possa immaginare.« Depretis, Agostino: Discorsi parlamentari di Agostino Depretis, raccolti e pubblicati per deliberazione della Camera dei Deputati, Bd. 8, Rom 1892, S. 501–506.

28 Vgl. Cortelazzo, Manlio / Zolli, Paolo 1979 (wie Anm. 1), Bd. 2, Bologna 1980, S. 342.

29 »I. Non preconcetti di rettifili e di sezione costante [...] II. Si segua in questo tracciato la *fibra* del vecchio quartiere [...] III. Si rispetti, là dove la nuova costruzione si innesta alla preesistente, il sistema di edificazione del vecchio abitato.« Giovannoni, Gustavo 1913 (wie Anm. 14), S. 58–59.

30 »Anche come senso stilistico dovrebbe rimanere un'armonia tra il vecchio ed il nuovo [...] Esso non vuol dire che i nuovi prospetti debbano essere fredde copie di opere preesistenti [...] nulla ad es. di più lontano dal giusto senso dell'architettura di quegli Albums di progetti ideati ›im Sinne der Alten‹ [...] per servire come modelli da applicare agli edifici nelle città di carattere storico. Ma ogni città ha una sua ›atmosfera‹ artistica, ha cioè un senso di proporzioni, di colore, di forme, che è rimasto elemento permanente attraverso l'evoluzione dei vari stili, e da esso non si deve prescindere; deve esso dare il tono alle nuove opere, anche nelle ispirazioni più nuove ed audaci.« Giovannoni, Gustavo 1913 (wie Anm. 14), S. 59. Zur Anwendung dieser Ideen in der

Architektenausbildung vgl. ders.: Gli architetti e gli studi di architettura in Italia, Rom 1916, S. 24.

31 [...]»ma nelle vie medesime, angolo per angolo, casa per casa, crocicchio per crocicchio.« Rubbiani, Antonio / Pontoni, Giovanni: Progetto di una via tra la piazza centrale e le due torri, Bologna 1910, S. 11, nach Giovannoni, Gustavo 1913 (wie Anm. 14), S. 63.

32 Lotze, Hermann: Geschichte der Ästhetik in Deutschland, München 1868, S. 548–549.

33 Simmel, Georg: Die Großstädte und das Geistesleben, in: Brücke und Tür, hg. v. dems., Stuttgart 1957, S. 227–242.

34 [...]»deve liberamente annodarsi ad un unico stile italiano del passato; deve perdere il carattere archeologico di quello stile per diventare tutta moderna«, Boito, Camillo: L'architettura del nuova Italia, in: Nuova Antologia 7. Jg., Bd. 19, 1872, S. 755–773, hier S. 771. Vgl. Tragbar, Klaus:»Der Geist der Tradition«. Anmerkungen zu Historizität und Erinnerung in der italienischen Moderne, in: Geschichtsbilder und Erinnerungskultur in der Architektur des 20. und 21. Jahrhunderts, hg. v. Kai Kappel / Michael Müller, Regensburg 2014, S. 59–74.

35 »[...] we must not too simply begin [...] but above all things, seek to enter into the spirit of our city, its historic essence and continous life.« Geddes, Patrick: Cities in Evolution, London 1915, S. VI.

36 Stübben, Hermann Joseph: Der Städtebau, Darmstadt 1907, S. 227.

37 Faßbender, Eugen: Grundzüge der modernen Städtebaukunde, Leipzig, Wien 1912, S. 18.

38 Giovannoni, Gustavo: Vecchie città ed edilizia nuova, Turin 1931.

39 Angelini, Luigi: Studio di piano regolatore di Bergamo alta 1928, Bergamo 1929; ders.: Il piano di risanamento di Bergamo alta. Le opere realizzate ed in corso. Prefazione di Gustavo Giovannoni: Una sana teoria ben applicata. Il risanamento di Bergamo, in: Urbanistica 12. Jg., Nr. 3, 1943, S. 4–12; ders.: I lavori compiuti per il risanamento di Bergamo alta 1936–1943, 1950–1960, Bergamo 1963. Für weitere Beispiele vgl. Giovannoni, Gustavo 1931 (wie Anm. 38), S. 266–280; Stockel, Giorgio: Risanamento e demolizioni nel tessuto delle città italiane negli anni trenta, in: Qua-derni dell'Istituto di Storia dell'Architettura, 1990/92, Nr. 15–20, S. 859–872, ferner Choay, Françoise: Das architektonische Erbe, eine Allegorie. Geschichte und Theorie der Baudenkmale, Braunschweig / Wiesbaden 1997, S. 151.

40 Vgl. Tragbar, Klaus: Der Quartiere Salicotto in Siena. Eine Stadtsanierung der 1930er Jahre in Italien, in: Neue Tradition 3. Europäische Architektur im Zeichen von Traditionalismus und Regionalismus, hg. v. Kai Krauskopf / Hans-Georg Lippert / Kerstin Zaschke, Dresden 2012, S. 143–166.

BILDNACHWEIS

1 Archiv des Verfassers.

2 Giovannoni, Gustavo 1913 (wie Anm. 14), S. 69.

3 Angelini, Luigi 1963 (wie Anm. 39), S. 53.

4 Archivio Comunale di Siena, Archivio Postunitario, cart. X.B, cat. X, b. 45/8 (Bearbeitung Universität Innsbruck, Arbeitsbereich Baugeschichte und Denkmalpflege, Silvano Patton).

Die Restaurierung der Stadt
Stadtmorphologische Denkfiguren in der
deutschen Altstadtdebatte um 1900

The Restoration of the Old Town
The Morphology of the City as a Concept in the German
Altstadt-Debate Around 1900

Melchior Fischli

English Summary

When, in the years around 1900, Europe's old towns began to attract the inter-est of the conservation movement, the objective – as is well known – was any-thing but the integral conservation of these urban structures. Rather, in an in-creasingly wide-ranging debate, conservationists and urbanists searched for possibilities to reconcile conservation with urban renewal, the latter being seen as necessary for the improvement of both traffic flow and sanitary conditions. The proposed solution consisted in preserving the ›townscape‹ or ›character‹ of old towns while accepting often rigorous interventions into their built fabric. Centred on the German debate in the first years of the 20th century, the paper analyses urban restoration as a concept crucial to this early (and enduring) practice of townscape conservation. The discovery of the townscape as a work of art in its own right led to the ascription of specific characteristics that could then be reproduced in interventions in particular historic centres. A central cre-do of this practice was that reconstruction projects should merely ›follow‹ and ›continue‹ the existing townscape without literally ›imitating‹ it. However, the paper shows that exactly this claim – in a way that may seem paradoxical at first glance – often resulted in an even stronger trend toward transforming the exist-ing townscape, as single buildings were made to compete with the abstract mor-phologic-al qualities seen in the townscape as a ›whole‹.

Als die alten Städte in den Jahren um 1900 in den Blick der Denkmalpflege rückten, bedeutete dies bekanntlich keineswegs, dass man sie nun integral erhalten wollte. Hatte man sie schon im 19. Jahrhundert als potentielles Ziel städtebaulicher Modernisierung gesehen, sollte sich der Druck in den Jahren nach 1900 angesichts der Forderungen von Wohnhygiene und Verkehr gar noch verstärken. In einer zunehmend breiten Debatte suchten Vertreter des Städtebaus und der Denkmalpflege in dieser Situation nach Möglichkeiten, Erneuerung und Erhaltung der alten Städte zu vereinbaren. Die vorgeschlagene Lösung bestand allgemein darin, ›Stadtbild‹ oder ›Charakter‹ von Altstadtquartieren zu bewahren, während man deren Bausubstanz sehr weitgehend zur Disposition stellte.[1] Der Aufsatz fragt nach den Denkfiguren, welche diese frühen (und langlebigen) Konzepte der städtebaulichen Denkmalpflege anleiteten. Er soll dabei zeigen, wie sich der Wunsch nach der Erhaltung von ›Stadtbild‹ und Stadtmorphologie seinerseits in der Überformung der alten Städte niederschlug.

»NICHT DAS AEUSSERLICHE UNSERER ALTEN STÄDTEBILDER, SONDERN DIE GESINNUNG, AUS DER SIE ENTSTANDEN SIND«

Fragen des Umgangs mit der Altstadt waren in den 1890er Jahren zunächst in einzelnen Städten aufgebracht worden. Ihren Schwerpunkt fand die Altstadtdebatte aber wenig später in den Verhandlungen des Tags für Denkmalpflege, wo Themen der städtebaulichen Denkmalpflege seit 1902 praktisch in jedem Jahr auf der Tagesordnung standen.[2] Als sich die Vertreter der deutschen Denkmalpflege 1903 in Erfurt zur vierten Ausgabe dieser Jahresversammlung trafen, verabschiedeten sie eine Reihe von ›Leitsätzen‹ für Bebauungspläne in der Altstadt. Diese waren vom bekannten Städtebauer und Theoretiker Joseph Stübben vorbereitet worden und formulierten ein Prinzip, das von da an zum Grundbestand der städtebaulichen Denkmalpflege gehören sollte: städtebauliche Eingriffe so zu gestalten, dass sie gleichzeitig die bestehende Stadtmorphologie bewahrten, um auf diese Weise Erhaltung und Erneuerung der Stadt zu vereinbaren. Die Forderungen bestanden etwa darin, Fluchtlinien so festzulegen, dass »die Eigenart alter Strassenzüge erhalten bleibt«; ähnlich galt es die »Geschlossenheit alter Straßen- und Platzwandungen […] nach Möglichkeit zu schonen«, und schließlich sprach man sich auch gegen die kurz zuvor noch beliebte Freilegung von Monumentalbauten aus.[3] In weiteren drei Leitsätzen hatte sich Stübben zwar auch zur Integration erhaltenswerter Einzelbauten geäußert. Gemeint waren damit aber einige wenige Ausnahmen, keineswegs die große Mehrheit der einfacheren

Altstadthäuser. Als erhaltenswert galten nicht einmal die exakten bestehenden Baufluchten, sondern vielmehr die morphologischen Eigenheiten der Altstadt auf einer gewissen Abstraktionsstufe, welche man mit der Monotonie des zeitgenössischen Städtebaus kontrastierte: »Die Unregelmäßigkeiten, Abwechselungen und Gruppierungen nicht in allgemeiner Gleichmacherei untergehen zu lassen, ist unser Bestreben.«[4] Freilich beschränkten sich die Forderungen der Altstadtdebatte nicht auf den Stadtgrundriss, sondern bezogen sich auch auf die Gestaltung von Neubauten in der Altstadt. Schon ein Jahr vor Stübbens Vortrag hatte man auf dem Denkmalpflegetag von 1902 in Düsseldorf eine entsprechende Resolution verabschiedet und dabei ein weiteres Prinzip der städtebaulichen Denkmalpflege formuliert, das sich in seiner allgemeinsten Form ebenfalls bis heute halten sollte: dass nämlich »Neu- und Umbauten […] in Übereinstimmung mit der Umgebung stehen und nicht das Straßenbild verunstalten.«[5]

Was mit den Forderungen nach einer Bewahrung der Stadtmorphologie und nach einer architektonischen Anpassung an die Altstadt in jenen Jahren gemeint war, lässt sich am Beispiel der Braubachstraße in Frankfurt am Main zeigen. Auf diesen zeitgenössisch viel diskutierten Straßendurchbruch durch die Frankfurter Altstadt verwies denn auch Stübben, als er den Erfurter Vortrag von 1903, um

Abbildung 1: Frankfurt a.M., Römerberg-Nordzeile des Römerbergs, Neubauten nach Projekt von Friedrich Sander (Eckhaus links) und Franz von Hoven (anstoßende zwei Häuser), 1905–09, Aufnahme um 1935

Beispiele ergänzt, in die 1907 erschienene Neuausgabe seines bekannten Handbuchs integrierte.[6] Um den seit 1893 geplanten Durchbruch an seine Umgebung anzupassen, hatte man ihm »nicht nur einen gekrümmten Verlauf gegeben; auch führte man ihn tangential am Römerberg vorbei, um die Geschlossenheit dieses symbolträchtigsten Platzes von Frankfurt zu wahren.[7] Die Zeile, die sich zu diesem Zweck zwischen den Römerberg und die neue Straße schob, wurde dabei allerdings nicht etwa erhalten, sondern nach dem Durchbruch ex novo wieder errichtet (Abb. 1). Um Musterprojekte für die Neubebauung der Straße zu finden, veranstaltete man 1903 einen jener Fassadenwettbewerbe, wie sie vor allem nach dem Vorbild der Stadt Hildesheim in den Jahren zwischen 1898 und etwa 1905 kurzfristig eine hohe Konjunktur erlebten.[8] Nach einem zweiten Wettbewerb und einer weiteren Überarbeitung einiger Siegerprojekte nahm man einige Jahre später die Neubebaung in Angriff.[9] Im Vergleich zu den ursprünglichen Wettbewerbsprojekten waren die Neubauten in ihrem Formenreichtum bereits etwas zurückgenommen, aber gleichwohl noch einem vergleichsweise üppigen Späthistorismus verpflichtet, und die historisierende Kulisse von Neubauten, welche die Nordzeile des Römerbergs ersetzte, zitierte mit verschieferten Giebeln und einer barocken Hausfront entsprechend freizügig aus dem Fundus frankfurtischer Architekturmotive.

Diese damals oft so genannte ›altdeutsche‹ Architektur war zwar ein junges Phänomen; wenige Jahre später war sie aber bereits wieder vollkommen passé. Eine zaghafte Kritik hatte sich schon am Denkmalpflegetag von 1902 vernehmen lassen. Während der Hauptredner, der Hildesheimer Oberbürgermeister Gustav Struckmann, die Fassadenwettbewerbe für ihren »Reichtum der verschiedenartigen Motive« lobte, äußerte der Chefredakteur der Zeitschrift »Die Denkmalpflege«, Oskar Hoßfeld, die Befürchtung, »daß wir in eine gewisse falsche Romantik hineinkommen«.[10] Seine Auffassung war es vielmehr, dass mit Neubauten in der Altstadt »nur bescheidentlich die Folie gebildet werden soll für die kostbaren Denkmäler aus der Vergangenheit«.[11] In den darauffolgenden Jahren sollte sich diese neuere Überzeugung zunächst in der Theorie und dann auch in der Praxis durchsetzen. »Durch diese das Alte täuschend nachahmenden Neubauten wird ein altes Stadtbild nicht erhalten, sondern verdorben«, meinte 1904 der Jenenser Kunsthistoriker Paul Weber in der Zeitschrift »Der Städtebau« zur Architektur der Fassadenwettbewerbe.[12] Ähnlich betonte im selben Jahr Stübben auf dem Denkmalpflegetag in Mainz, das Wichtigste seien nicht die Einzelformen, sondern »die Einordnung aller Gebäude in das Gesamtbild, das ›sich anpassen‹, ›sich anschließen‹.«[13] In einer Kontroverse über Fassadenwettbewerbe schließlich, die sich über mehrere Hefte der »Denkmalpflege« hinzog, war 1903 der Bezug auf das Gesamtbild mit der Forderung auf den Punkt gebracht worden: »Erhalten oder wiederbeleben wollen wir nicht das Aeußerliche unserer alten Städtebilder, sondern die Gesinnung, aus der sie entstanden sind.«[14]

Durchwegs führte man so gegen das wörtliche Zitat historischer Motive etwas ins Feld, das man vielleicht als die zentrale Denkfigur der städtebaulichen Denkmalpflege im 20. Jahrhundert betrachten kann: die Forderung nach einer Architektur, die vor allem auf das Gesamtbild zielte, in ihren Detailformen die wörtliche Imitation aber vermeiden sollte. Wie groß diese Differenz freilich ausfallen sollte und wie deutlich die Neubauten durch betont zeitgenössische Formen ihre moderne Entstehung dokumentieren sollten, wurde von den verschiedenen Exponenten der Altstadtdebatte durchaus mit gewissen Nuancen beantwortet.[15] Der scharfe Kontrast von Alt und Neu war damit aber jedenfalls nie gemeint, nicht einmal bei Cornelius Gurlitt, der innerhalb des Spektrums von Haltungen zur Anpassungsarchitektur das ›moderne‹ Ende markiert und auf dem Denkmalpflegetag von 1908 für die Anpassungsarchitektur kurz und bündig die Parole ausgab: »Der Lebende hat Recht!«[16] Nicht etwa ein Verzicht auf die Aufnahme historischer Bauformen überhaupt war entsprechend das Ziel; vielmehr wandelte sich der Zugriff auf die Geschichte: Hatten die ›altdeutschen‹ Stile des Späthistorismus ihre ›Motive‹ weiterhin der historischen Monumentalarchitektur entliehen, war im Sinn des Heimatstils nun der ›Anschluss‹ an die vernakuläre, d.h. ›heimatliche‹ Bautradition gesucht, und gefordert war nicht mehr das eklektizistische Zitat, sondern die Evokation einer Ensemblewirkung.

Eingelöst sah man diese Forderungen etwa in der Sanierung des Stuttgarter Geißplatzviertels, die in der zeitgenössischen Fachpresse ebenso breiten wie ungeteilten Zuspruch erhielt. In den Jahren 1905–09 wurde hier ein ganzes Stadtviertel abgebrochen und durch eine Neubebauung ersetzt, die sich in Stadtmorphologie und Architektur eng an den vorherigen Bestand anlehnte, ohne diesem exakt zu folgen, während sie in ihrer Substanz vollkommen neu war (Abb. 2a/b).[17] Verfasser des Projekts war der außerhalb Stuttgarts damals wie heute weitgehend unbekannte Karl Hengerer, der später nach Straßburg ging, um dort am »Großen Durchbruch« mitzuarbeiten;[18] unverkennbar orientieren sich die Bauten aber an der Architektur Theodor Fischers und seines näheren Umfelds. Auch wenn dies aus heutiger Sicht vielleicht erstaunen mag, sahen zeitgenössische Kommentatoren gerade hier eine Architektur gefunden, welche wie gefordert an die Tradition anschloss, die wörtliche Imitation historischer Bauformen aber vermied. Der Architekt habe hier »die Eigenart dieser alten, süddeutschen Stadtgebilde in ihrer geistigen Wurzel erfasst«, meinte etwa der Architekturkritiker Joseph August Lux begeistert. Damit sei sichergestellt, dass »das liebenswerte

Abbildung 2a/b: Stuttgart, der Geißplatz vor und nach der Neubebauung nach Projekt von Karl Hengerer, 1905–09

Bild in einer neuen Form erstand, die keine Wiederholung, keine äußerliche Stilnachahmung des Vergangenen darstellt und trotzdem die lokale Charakteristik verkörpert«.[19]

LERNEN VON ROTHENBURG

Als Grundüberzeugung der städtebaulichen Denkmalpflege etablierte sich damit die Position eines traditionalistischen Weiterbauens am Bestand, welche die historische Stadt als morphologisch bestimmtes Artefakt betrachtete, um deren allgemeine Merkmale nahtlos in der Neubebauung zu reproduzieren. Seine Vorgeschichte hatte dieser Blick auf die Stadt im 19. Jahrhundert. Von der romantischen Reiseliteratur vorgeprägt, hatte sich nach der Jahrhundertmitte vor allem im Umfeld eines populärer werdenden Tourismus ein eigentlicher Topos der ›malerischen‹ mittelalterlichen Stadt entwickelt. Was man in einem zunehmend breiteren Kanon von Städten suchte, war nicht etwa der bauarchäologische Befund; mit einer Sensibilität für das Malerische galt das Interesse vielmehr dem ›Stadtbild‹ in seiner Gesamtwirkung, in dem man ebenso einen ästhetischen Reiz sah wie ein Denkmal für die historische Dimension der Stadt.[20] In einer 1907 erschienenen Stadtmonografie über Rothenburg ob der Tauber, ein Lieblingsobjekt der Altstadtbegeisterung, hieß es 1907 stellvertretend: »Was Rothenburg bietet, das ist eben sein wohlerhaltenes Stadtbild und nichts anderes.« – und dieses Allgemeinere implizierte umgekehrt auch einen Gegensatz zu herausragenden künstlerischen Einzelleistungen: »Was w i r also mit dem Worte K u l t u r fassen, hat Rothenburg immer gefehlt.«[21]

Um 1900 erfasste dieses Interesse für Morphologie und Stadtbild alter Städte auch die Architekten. Ein »vielbesuchter Wallfahrtsort für Maler und Architekten« war wiederum Rothenburg ob der Tauber in den Worten der Deutschen Bauzeitung schon 1898,[22] und Cornelius Gurlitt bezeichnete 1907 in seiner »deutschen Kunst des 19. Jahrhunderts« den Städtebau als eines von wenigen Gebieten, auf denen die Gegenwart weiterhin zu Recht versuche, von der Vergangenheit zu lernen. Aber, so Gurlitt weiter: »Ein grosser Unterschied besteht darin, ob man von alter Kunst lernen oder ob man sie nachahmen will.«[23] Von den alten Städten zu ›lernen‹, bedeutete offenbar, aus der Stadtgestalt wie auch der Architektur morphologische Eigenheiten herauszulesen, um sie anschließend in der Neugestaltung zu reproduzieren. In etwas stärker abstrahierter Form hatte Camillo Sitte dies in seinem berühmten Städtebaubuch von 1889 vorgeführt, indem er mit seinen kleinen Planskizzen ein Instrumentarium für den städtebaulichen Entwurf zur Verfügung stellte.[24] Ob dies nun Sittes Intentionen entsprach oder nicht, es verstand jedenfalls ein guter Teil seiner Leser den Rekurs auf die alten Städte sehr wörtlich. In seiner Bedeutung für die städtebauliche Denkmalpflege kaum zu überschätzen ist der Städtebauband in den »Kulturarbeiten« von Paul Schultze-Naumburg, der Sittes Themen mit den zeitgenössisch verbreiteten Stadtbild-Fotografien verband und damit ein eigentliches Kompendium für den Entwurf von Altstadtsituationen schuf.[25]

Die Bemühungen zur Erhaltung der Altstädte bestanden in der Zeit um 1900 denn auch weitgehend darin, einen solchen malerischen Städtebau auf die Altstädte selbst zurückzuprojizieren. Nur eines von vielen möglichen Beispielen gibt das Siegerprojekt im Ulmer Münsterplatz-Wettbewerb von 1905/06, einem Hauptereignis in der Altstadtdebatte jener Jahre (Abb. 3).[26] Verfasst war der Beitrag von Theodor Fauser und Richard Woernle, zwei jungen und unbekannten schwäbischen Architekten, die bei Schultze-Naumburg in Saaleck arbeiteten. Die Aufgabe bestand darin, um das Münster von Ulm herum eine Neubebauung zu entwerfen, welche dem im Lauf des 19. Jahrhunderts freigelegten Monumentalbau in einer Art Stadtreparatur wieder einen maßstäblichen Bezug geben sollte. Mit einer Perspektive, welche den hochaufragenden Turm diffus im Hintergrund und vom Bildrand überschnitten zeigte, demonstrierten Fauser und Woernle, wie sie die malerischen Reize der mittelalterlichen Stadt evozieren wollten, und entsprechend hob das Preisgericht hervor, wie »der Münsterturm in einer sattelförmigen Einsenkung der Baugruppe als prächtiges Bild erscheinen wird.«[27]

Abbildung 3: Ulm, Münsterplatz-Wettbewerb, 1905/06,
Siegerprojekt der Architekten Theodor Fauser und
Richard Woernle, Perspektive

Die Projekte blieben zwar sämtlich unrealisiert; der Wettbewerb provozierte aber eine ganze Reihe mehr oder weniger grundsätzlicher Stellungnahmen, so einen Artikel des Münchner Architekten Carl Hocheder, der lobend vor allem das gestalterische Moment im Bezug auf die Altstadt unterstrich und in diesem Sinn folgerte: »das künstlerische Sehen also ist es, das wieder Gemeingut werden muss«.[28]

BESSER ALS DAS ORIGINAL!

Was in der Denkmaldebatte des frühen 20. Jahrhunderts erstaunlicherweise – oder unter diesen Voraussetzungen folgerichtig – kaum thematisiert wurde, ist die Frage nach dem wünschbaren Ausmaß der Ersatzbautätigkeit in der Altstadt. So entspricht es heute wahrscheinlich der intuitiven Auffassung vieler, dass ein Ersatzneubau als Ausnahme eine gute Lösung sein kann, dass aber ein planmäßiger Ersatz ganzer Altstadtviertel durch formal ›angepasste‹ Neubauten ein problematisches Vorgehen ist, weil er das echte Alte durch dessen – zudem vereinfachtes – Abbild ersetzt. Der Auffassung der meisten Zeitgenossen entsprach dies offensichtlich nicht. Ganz in diesem Sinn konnte man 1910 in einer Fachzeitschrift – nicht etwa in einer populären Publikation – zum Stuttgarter Geißplatz den begeisterten Ausruf lesen:»Hier ist mit überaus glücklichem Griff die alte Wirkung dieses Platzes nicht bloß festgehalten, sondern noch wesentlich erhöht worden.«[29]

Stadterhaltung erschien in diesem Sinn nicht nur als Gestaltungsfrage, sondern präziser als ein restauratorisches Unterfangen: Aus einem stadtmorphologischen Interesse in den Blick genommen, war die Stadt zu einem Werk geworden, einem Kunstwerk, das gewisse formale Eigenheiten hatte – und wie sich einzelne Werke der bildenden Kunst oder der Architektur restaurieren ließen, konnte nun analog auch die Stadt restauriert werden. Von da war es ein logischer Schritt, in einem städtebaulichen Eingriff gar eine Verbesserung gegenüber dem Vorzustand zu sehen, indem er nach dem Prinzip einer Restaurierung gewissermaßen die verborgenen künstlerischen Qualitäten der Stadt ans Licht brachte, der Stadt ihr ›eigentliches‹ Bild ›zurückgab‹ – oder eben das, was man dafür hielt. Indem man das Stadtbild als ein Kunstwerk sui generis entdeckte, schrieb man diesem bestimmte prägende Eigenheiten zu – und lehnte vice versa alles andere als nicht wesensgemäß ab.

Tatsächlich erstaunt die Ausschließlichkeit, mit der um 1900 auch die eigentlichen Vertreter der Denkmalpflege unter dem Stadtbild immer nur das harmonische Stadtbild verstanden und die Erhaltung der Stadt im Sinn der Heimatschutzbewegung vorrangig als eine Gestaltungsaufgabe begriffen. Ein instruktives Beispiel ist hier Max Dvořáks »Katechismus der Denkmalpflege« von 1916. Während Dvořák in den übrigen Abschnitten dieses kanonisch gewordenen Kompendiums eindringlich an den Schutz der Substanz appelliert und eine kritische Haltung gegenüber der zeitgenössischen Restaurierungspraxis vertritt, fokussieren die Ausführungen zur Stadt ganz und gar auf das harmonische Ganze: Hier ging es vor allem darum, die schöne alte Stadt gegen die ästhetischen Zumutungen einer ungeliebten Gegenwart zu verteidigen (Abb. 4). So konfrontierte Dvořák sein »Beispiel« eines denkmalwürdigen Platzes mit einem so betitelten »Gegenbeispiel«, das aber nicht etwa schlechte Stadtumbaumaßnahmen zeigte, sondern ganz einfach ein ebenso typisches wie austauschbares Neubauviertel des 19. Jahrhunderts, »künstlerisch wertlos, den heutigen Anforderungen des Städtebaues nicht entsprechend«, wie die Legende erklärte.[30] Gleichermaßen lehnte sich dabei die Bildrhetorik an die bekannten »Kulturarbeiten« von Schultze-Naumburg an wie auch das Leitbild eines traditionalistischen Städtebaus.[31] Dass sich diese restaurierungsfreudige Haltung zur alten Stadt oft bei denselben Protagonisten findet, welche im Bezug auf Einzeldenkmäler eine restaurierungskritische Haltung vertraten, gehört zu den aus heutiger Sicht widersprüchlichen Aspekten

Abb. 23. Beispiel. — Graz, Hauptplatz. Ein Stadtbild, welches im wesentlichen den historisch gewordenen Charakter bewahrte und deshalb sowohl malerisch wirkt als auch in seiner Gesamtgestalt einen künstlerischen Wert besitzt.

Abb. 24. Gegenbeispiel. — Wien XVI., Thaliastraße. Ein neues Stadtbild jener Gestalt, die bei den meisten Zerstörungen von alten Städten als das anzustrebende Ideal angesehen wird und die an und für sich künstlerisch wertlos, den heutigen Anforderungen des Städtebaues nicht entsprechend, nach keiner Richtung hin als ein auch nur halbwegs gleichwertiger Ersatz für alte historische Stadtgebilde angesehen werden kann.

Abbildung 4: Max Dvořák, Katechismus der Denkmalpflege, 1916, Bildvergleich mit ›Beispiel‹ und ›Gegenbeispiel‹ zum Thema der städtebaulichen Denkmalpflege

der Denkmaldebatte um 1900. Ein Stück weit auflösen lässt sich das Paradoxon vielleicht mit der Feststellung, dass es den Restaurierungskritikern auch im Bezug auf die eigentlichen Baudenkmäler oft nicht nur um die Bausubstanz ging, dass vielmehr ein gemeinsamer Nenner zwischen der Restaurierungskritik und der Altstadtbegeisterung in der Faszination für Stimmung und malerische Wirkung lag.[32]

Wie sich an der Geschichte der städtebaulichen Denkmalpflege zeigt, sollte diese restaurierungsfreudige Haltung zur Stadt in den darauffolgenden Jahrzehnten eine beträchtliche Eigendynamik entwickeln. Ganz generell ist dies sicherlich mit dem bekannten Phänomen zu erklären, dass die Verfügbarkeit von Rekonstruktionen tendenziell immer das Interesse für das echte Alte schwinden lässt. So sieht etwa Hans-Rudolf Meier mit Blick auf vergleichbare Tendenzen in unserer Gegenwart das »eigentliche Problem dieses neualten Bauens« darin, dass es »scheinbar die Nichtreproduzierbarkeit und Unersetzlichkeit der Denkmale und damit eines der Kernargumente einer auf materieller Erhaltung basierenden Denkmalpflege in Frage« stellt.[33] Ein paradoxer Zusammenhang zeigt sich im Bereich der städtebaulichen Denkmalpflege freilich im Bezug auf die geforderte Abstraktion vom Einzelbau. So könnte man vielleicht meinen, dass die Berufung auf allgemeinere Eigenheiten der Stadtmorphologie und umgekehrt die Ablehnung der wörtlichen Imitation getreu den Beteuerungen der Zeitgenossen die Unterscheidbarkeit zwischen Bestand und Anpassungsarchitektur erhöht und damit die Tendenz zur Überformung des Stadtbildes gemindert habe. Eher trifft aber wohl das Gegenteil zu, war es doch geradezu eine Aufforderung zur restauratorischen Überformung des Stadtbildes, wenn man den Bestand am abstrakten Idealbild der Stadtmorphologie maß.

Dieser Akzent auf dem stimmigen Ganzen sollte sich im weiteren Verlauf des 20. Jahrhunderts gar noch verstärken. Theodor Fischer etwa meinte 1931 in seinem Aufsatz »Altstadt und Neue Zeit«, er möchte in der Altstadt nicht einzelne Häuser und Denkmäler schützen und pflegen [...], sondern den weiteren Begriff, das Räumliche und das Einheitliche.«[34] Darin liege eine allgemeinere Tendenz, sei das Ziel der Gegenwartsarchitektur doch generell »nicht mehr das einzelne Werk [...], sondern sein Dienst am Ganzen, am Raum«.[35] Was man bei Fischer beinahe noch als zeittypischen Jargon mit etwas unangenehmem Pathos abbuchen möchte, formulierte Wilhelm Pinder um einiges aggressiver und direkter, als er auf dem Denkmalpflegetag von 1933 seinen später als Aufsatz verbreiteten Vortrag »Zur Rettung der deutschen Altstadt« hielt. Vorgetragen in einem Stakkato von Befehlen, bestand Pinders Forderung darin, »das Alte zu erhalten [...] vor allem durch taktvolle Angleichung der Umgebung; durch Dienst am Alten, durch begleitende Formen! Höhenunterschiede ausgleichen, Umrisse vereinfachen, Farben angleichen, Werkstoffe angleichen, ganz Schlechtes vernichten! Ganzheiten wiederherstellen!«[36] Pinder war bekanntlich ein rabiater Nationalsozialist, und so teilte er einige Zeilen später mit, welchen propagandistischen Nutzen er in den ›Ganzheiten‹ sah: »Ganzheitlichkeit« sei, heißt es dort mit Bezug auf diesen einschlägig bekannten Begriff, »ein wesentlicher Sinn des Nationalsozialismus.«[37]

Pinders Vortrag demonstriert damit in nuce, wie sich der Bezug auf das imaginäre ›Ganze‹ sehr direkt gegen den einzelnen Bau und damit gegen das echte Alte wenden konnte. Zeigt sich bei den Altstadtromantikern um 1900 die Sensibilität für die Gesamtwirkung von ihrer freundlichen Seite, so ist man spätestens hier mit ihrer weniger freundlichen Kehrseite konfrontiert. Gewiss ist Pinder dabei ein extremes Beispiel und verlangt auch nach einer Präzisierung im Hinblick auf eine politische Instrumentalisierbarkeit der städtebaulichen Denkmalpflege. Dass die Konzepte der städtebaulichen Denkmalpflege gerade im nationalsozialistischen Deutschland eine besondere Konjunktur erlebten, liegt zum einen sicherlich an dieser ideologischen Brauchbarkeit der entsprechenden Projekte und Sanierungskampagnen. Zum anderen waren diese in einem totalitären Staat aber auch schlichtwegs einfacher umzusetzen als in einem liberalen Rechtsstaat mit hohem Schutz des privaten Grundeigentums. Die ideologischen Themen, welche sich mit entsprechenden Projekten verbinden ließen, waren denn auch kein alleiniges Spezifikum des Nationalsozialismus; vielmehr gehören sie in den Bereich eines bisweilen autoritären und zivilisationskritischen Traditionalismus, der keineswegs harmlos ist, jedoch ein allgemeineres Phänomen der 1930er und 40er Jahre bildet und als solches zu untersuchen ist.[38]

In ihrer unbegrenzten Anwendung hatten solche Vorstellungen einer eigentlichen Stadtrestaurierung jene Wirkung, welche von Gerhard Vinken sehr passend als »Homogenisierung« der Altstädte beschrieben worden ist.[39] Indem sich Sanierungskampagnen, restauratorische Eingriffe und Ersatzneubauten an bestimmten Idealvorstellungen der jeweiligen Stadt orientierten, förderten sie tendenziell die Vereinheitlichung des Stadtbilds auf Kosten jener Zeitschichten, die nicht zum einmal festgestellten ›Charakter‹ der Stadt passten und die der Fiktion einer ebenso malerischen wie hygienischen Stadt entgegenstanden. Diese Folgen waren den Konzepten der städtebaulichen Denkmalpflege aber inhärent, sobald es sich nicht um einzelne Ausnahmen handelte, sondern um den systematischen Ersatz der Bausubstanz einer Stadt.

1 Vgl. aus der umfangreichen Literatur zum Thema als neuere Beiträge v.a.: Hubel, Achim: Positionen von städtebaulicher Denkmalpflege und Heimatschutz. Der Umgang mit dem Ensemble 1900–1975, in: Gemeinsame Wurzeln – getrennte Wege? Über den Schutz von gebauter Umwelt, Natur und Heimat seit 1900 (Tagungsakten Münster 2005), Münster 2007, S. 176–185; Sonne, Wolfgang: Stadterhaltung und Stadtgestaltung. Schönheit als Aufgabe der städtebaulichen Denkmalpflege, in: Werte. Begründungen der Denkmalpflege in Geschichte und Gegenwart, hg. v. Hans-Rudolf Meier / Wolfgang Sonne / Ingrid Scheurmann, Berlin 2013, S. 158–179. Der Verf. arbeitet an einer Dissertation über Themen der städtebaulichen Denkmalpflege um 1900. Er dankt Laura Gronius herzlich für das Lektorat des Textes.

2 Vgl. Oechelhaeuser, Adolf von (Hg.): Denkmalpflege. Auszug aus den stenographischen Berichten des Tages für Denkmalpflege, Bd. I, Leipzig 1910, S. 271–293 und 325–474.

3 Ebd., S. 373.

4 Ebd., S. 376.

5 Ebd., S. 363.

6 Vgl. Stübben, Josef: Der Städtebau (Handbuch der Architektur, 4. Teil, 9. Halbbd.), 2. Aufl., Stuttgart 1907, S. 226–237, zur Braubachstraße S. 232.

7 Zur Frankfurter Braubachstraße vgl. allg. Köhler, Jörg R.: Städtebau und Stadtpolitik im Wilhelminischen Frankfurt. Eine Sozialgeschichte, Frankfurt a.M. 1995, S. 265–312 (allerdings wenig städtebaugeschichtlich ausgerichtet); Nordmeyer, Helmut / Picard, Tobias: Zwischen Dom und Römerberg, Frankfurt a.M. 2006; Schilling, Otto: Innere Stadterweiterung, Berlin 1921, S. 104–125.

8 Zu den Fassadenwettbewerben allg. vgl. weiterhin Wohlleben, Marion: Konservieren oder restaurieren? Zur Diskussion über Aufgaben, Ziele und Probleme der Denkmalpflege um die Jahrhundertwende, Zürich 1989, S. 20–28.

9 Vgl. die Akten im Frankfurter Institut für Stadtgeschichte (Stadtarchiv), v.a. Mag. T 1139/2 sowie Mag. U 600.

10 Oechelhaeuser, Adolf von 1910 (wie Anm. 2), S. 361.

11 Ebd., S. 361.

12 Weber, Paul: Ungesunde Altertümelei im Städtebau, in: Der Städtebau, 1. Jg., 1904, S. 55–58, hier S. 57.

13 Oechelhaeuser, Adolf von 1910 (wie Anm. 2), S. 286.

14 Ueber Fassadenwettbewerbe, in: Die Denkmalpflege, 4. Jg., 1902, S. 91, 116 u. 5. Jg., 1903, S. 21–23, Zitat S. 22 (Erich Blunck).

15 Vgl. Euler-Rolle, Bernd: ›Moderne Denkmalpflege‹ und ›Moderne Architektur‹. Gemeinsame Wurzeln, getrennte Wege?, in: Österreichische Zeitschrift für Kunst und Denkmalpflege, 61. Jg., 2007, S. 145–161.

16 Oechelhaeuser, Adolf von 1910 (wie Anm. 2), S. 461.

17 Zum Stuttgarter Geißplatzviertel vgl. allg. Langner, Bernd: Gemeinnütziger Wohnungsbau um 1900. Karl Hengerers Bauten für den Stuttgarter Verein für das Wohl der arbeitenden Klassen, Stuttgart 1994 (Diss. Universität Stuttgart, 1993), S. 148–212 sowie Akten, Pläne und Presseberichte zum Projekt im Stadtarchiv Stuttgart, Bestand 11-Depot B, Nrn. 215 u. 481–486.

18 Zu Hengerers Tätigkeit in Straßburg vgl. den Beitrag »La Grande Percée/Der Große Durchbruch in Straßburg – Altstadtsanierung zwischen deutschen und französischen Konzepten« in diesem Band.

19 Lux, Joseph August: Stuttgarter Impressionen, in: Hohe Warte, 4. Jg., 1908, S. 97–109, 111–114, 368, hier S. 105.

20 Vgl. für Ansätze zu einer Geschichte der Altstadtbegeisterung im 19. Jahrhundert etwa Zucconi, Guido: Da Norimberga a Venezia, le città di un medioevo idealizzato,

in: Medioevo reale, medioevo immaginario. Confronti e percorsi culturali tra regioni d'Europa, hg. v. Daniele Lupo Jallà et al, Torino 2002, S. 161–172.

21 Uhde-Bernays, Hermann: Rothenburg ob der Tauber (Stätten der Kultur, Bd. 4), Leipzig [1907], S. 18, 20 (Hervorhebungen im Original).

22 Deutsche Bauzeitung, 32. Jg., 1898, S. 223.

23 Gurlitt, Cornelius: Die deutsche Kunst des Neunzehnten Jahrhunderts. Ihre Ziele und Taten, 3. Aufl., Berlin 1907, S. 618.

24 Vgl. Sitte, Camillo: Der Städte-Bau nach seinen künstlerischen Grundsätzen. Ein Beitrag zur Lösung modernster Fragen der Architektur und monumentalen Plastik unter besonderer Beziehung auf Wien, Wien 1889. Die Forschungsliteratur zum Band ist kaum mehr zu überblicken.

25 Schultze-Naumburg, Paul: Städtebau (Kulturarbeiten, Bd. IV), München [1906].

26 Vgl. zum Wettbewerb Krins, Hubert: Die Freilegung des Ulmer Münsters und ihre Folgen. Zur Geschichte und Gestalt des Münsterplatzes, in: Denkmalpflege in Baden-Württemberg, 15. Jg., Nr. 2, 1986, S. 49–57.

27 Urteil des Preisgerichts über die Entwürfe für die Ausgestaltung des Münsterplatzes in Ulm, in: Der Städtebau, 4. Jg., 1908, S. 38–53, hier S. 38.

28 Hocheder, Carl: Gedanken über das künstlerische Sehen im Zusammenhang mit dem Ausgange des Wettbewerbes zur Umgestaltung des Münsterplatzes in Ulm, in: Der Städtebau, 5. Jg., Nr. 2, 1908, S. 15–18, Zitat S. 18.

29 Werner, Hermann: Der Umbau der Stuttgarter Altstadt, in: Süddeutsche Bauzeitung, 20. Jg., 1910, S. 1–7, hier S. 5.

30 Dvořák, Max: Katechismus der Denkmalpflege, Wien 1916, S. 29.

31 Vgl. Schultze-Naumburg, Paul: Kulturarbeiten, Bd. I–IX, München [1901]–1917.

32 Vgl. etwa Euler-Rolle, Bernd: Der ›Stimmungswert‹ im spätmodernen Denkmalkultus – Alois Riegl und die Folgen, in: Österreichische Zeitschrift für Kunst und Denkmalpflege, 59. Jg., 2005, S. 27–34.

33 Meier, Hans-Rudolf: Harmonie und Differenz oder: Von der Anmut des Denkmals und den Zumutungen der Denkmalpflege, in: DENKmalWERTE. Beiträge zur Theorie und Aktualität der Denkmalpflege. Georg Mörsch zum 70. Geburtstag, hg. v. Hans-Rudolf Meier / Ingrid Scheurmann, Berlin / München 2010, S. 47–58, hier S. 51.

34 Fischer, Theodor: Gegenwartsfragen künstlerischer Kultur, Augsburg 1931, S. 7–24, hier S. 8.

35 Ebd., S. 11.

36 Pinder, Wilhelm: Gesammelte Aufsätze aus den Jahren 1907–1935, Leipzig 1938, S. 202.

37 Ebd.

38 Der Verf. hat solche Überlegungen im Bezug auf die Schweiz in einem Aufsatz ausgeführt, vgl. Fischli, Melchior: Die Sanierung der Heimat. Arbeitsbeschaffung, Identitätspolitik und das schweizerische Bauerbe in den Jahren des Zweiten Weltkriegs, in: Zeitschrift für schweizerische Archäologie und Kunstgeschichte, 71. Jg., Nr. 1, 2014, S. 35–60, hier S. 50–55.

39 Vinken, Gerhard: Zone Heimat. Altstadt im modernen Städtebau, München, Berlin 2010, insbes. S. 97–102.

BILDNACHWEIS

1   Institut für Stadtgeschichte, Frankfurt am Main (Stadtarchiv), S7A 1998/5961.

2a Lambert, André / Stahl, Eduard: Alt-Stuttgarts Baukunst, Stuttgart [1906], Tf. 14.

2b. Der Städtebau, 8. Jg., 1911, Tf. 12.

3. Der Städtebau, 5. Jg., 1908, Tf. 22.

4. Dvořák, Max 1916 (wie Anm. 30), S. 28f.

La Grande Percée / Der Große Durchbruch in Straßburg
Altstadtsanierung zwischen deutschen und französischen Konzepten

La Grande Percée / The Great Cut-Through in Strasbourg
Old Town Rehabilitation Between German and French Concepts

CHRISTIANE WEBER, HÉLÈNE ANTONI

English Summary

Strasbourg's »Großer Durchbruch« is one of the few »percées urbaines« executed before the First World War that can be recognized in the urban context today. As part of the World Heritage city, it stands for a town planning development that reflects the latest state of the urbanistic debate at the beginning of the 20th century.

The scheme of the »percée urbaine« was meant to relieve the pressure of traffic within the dense centres of medieval cities. Initially, in the Imperial Germany of the second half of the 19th century, it was based on the example of Haussmann's interventions in Paris. Around 1900, under the influence of theorists such as Josef Stübben and Camillo Sitte, the urban planning ideal in German-speaking countries developed towards so-called »künstlerischer Städtebau« or »artistic city planning«. The Strasbourg plan initiated in 1906 under social reformer and mayor Rudolf Schwander was based on these principles and represented the beginning of the »Heimatschutz« policy in Alsace. The municipal building authorities directed by the architect Fritz Beblo were supported by a »Kunstkommision« that considered historic preservation issues such as the preservation of individual monuments or the conservation of art-historically valuable elements, some of which were even reused for prestigious new buildings.

The paper analyses the planning and construction of Strasbourg's »Großer Durchbruch« – which continued after 1919 under the supervision of the city's French administration – in its urbanistic and historical dimensions under the rubric of Franco-German cultural transfer.

Altstadtsanierungen aus der Zeit vor dem Ersten Weltkrieg haben sich in Deutschland in kaum einer Stadt mehr in unveränderter Form erhalten. Ihre Spuren sind durch die Zerstörungen des Zweiten Weltkriegs und die ambitionierten Wiederaufbauplanungen der Nachkriegszeit im Stadtkontext zum größten Teil ausgelöscht. Interessanterweise findet sich außerhalb Deutschlands, in der Stadt Straßburg, die von 1871 bis 1918 zum Deutschen Reichsgebiet zählte, ein fast vollständig erhaltener »Großer Durchbruch« – »*la Grande Percée*«. Innerhalb des deutsch-französischen Projekts METACULT[1] zur Erforschung von Kulturtransfer in Architektur und Städtebau in Straßburg ergab sich die Möglichkeit, anhand dieser Altstadtsanierung das Zusammenspiel deutscher und französischer Städtebaukonzepte der Zeit vor dem Ersten Weltkrieg genauer zu analysieren.

STÄDTEBAULICHER UND HISTORISCHER KONTEXT

Die Planungen zum »Großen Durchbruch« in Straßburg sind im Kontext der Stadterweiterung zu sehen, die unter deutscher Verwaltung initiiert und ausgeführt wurde. Nachdem Straßburg durch den Frankfurter Frieden 1871 als sogenanntes Reichsland dem Deutschen Reich zugeschlagen worden war, entschied man sich für die Teilniederlegung der Befestigung aus der Zeit Vaubans (Ende des 17. Jahrhunderts) und zur Anlage eines neuen Befestigungsrings, der die Fläche der Stadt *intra muros* nahezu verdreifachte.[2] Die Planung der 1880 vom Gemeinderat beschlossenen Neustadt auf Basis des Entwurfs des Stadtarchitekten Jean-Geoffroy Conrath folgte den Dogmen der damals im Entstehen begriffenen Städtebaudisziplin.[3] Die Anlage ist charakterisiert durch lange gerade Verkehrsstraßen, die durch Sekundärstraßen und an den Kreuzungspunkten durch Platzanlagen erweitert werden. Als wesentliche Infrastrukturmaßnahmen wurden ein neuer großer Personenbahnhof angelegt und ein Hafen geplant.[4] Schon zu diesem Zeitpunkt erwog Reinhard Baumeister in der deutschen Fachpresse einen Straßendurchbruch durch die mittelalterliche Kernstadt als Verbindung zwischen Altstadt und Neustadt, der jedoch vor der Jahrhundertwende nicht umgesetzt wurde.[5] Doch schon 1894 verwies der Leiter des Stadtbauamtes Carl Ott auf die Notwendigkeit einer solchen Intervention:

»Allerdings ist es höchst wahrscheinlich, dass das Straßennetz der Altstadt, welches noch die 1000 Jahre alten keltischen und alemannischen Dorfstraßen enthält, und weder in hygienischer noch in Verkehrsbeziehungen befriedigen kann, früher oder später einer durchgreifenden Umgestaltung unterzogen werden muss.«[6]

Der sozialistische Bürgermeister Rudolf Schwander plante daher 1907 eine Neustrukturierung des Straßennetzes im westlichen Teil des historischen Stadtkernes.[7] Nach dreijähriger Vorbereitung, die zur Vermeidung von Grundstücksspekulationen unter Geheimhaltung erfolgen musste, stellte der Bürgermeister das Projekt 1910 schlussendlich dem Gemeinderat vor.[8] Noch im gleichen Jahr konnte mit den Vorarbeiten begonnen werden, begleitet von einer lebhaften öffentlichen Debatte in der Tagespresse.[9] Diskutiert wurde neben den Wettbewerbsentwürfen für die Umgestaltung der zentralen Plätze Kleberplatz und Alt-St.-Peter-Platz die Frage der Erhaltung der Altstadt. Diese Debatte steht im Kontext der Erlassung des »Gesetzes zum Schutze des Ortsbildes«[10], dessen Ziel es war, die »[...] malerischen alten Städtebilder von Verunstaltung und Zerstörung zu bewahren, und so das kostbare Erbe der Vergangenheit, das Gemeingut der ganzen Bevölkerung, nach Möglichkeit zu schützen und zu erhalten.«[11]

DIE IDEE DER *PERCÉE URBAINE* UND DIE FRANZÖSISCHE UND DEUTSCHE BAUGESETZGEBUNG

Die städtebauliche Maßnahme des »Großen Durchbruchs« in Straßburg wurde mit drei Hauptzielen begründet: der Verbesserung des Verkehrs in der Innenstadt, der Schaffung neuer Geschäftslagen für die wachsende Großstadt[12] und der hygienischen Verbesserung der Wohnungssituation in den überbevölkerten Altstadtquartieren.[13] Zur Dokumentation der Wohnsituation war bereits 1898 eine *Wohnungskommission* bestellt worden, deren Einrichtung auf Grundlage eines französischen Gesetzes vom 13. April 1850 »betreffend ungesunde Wohnungen« erfolgte, das in Elsass-Lothringen um 1900 immer noch in Kraft war.[14] Die französischen Straßendurchbrüche, allen voran die Neuordnung von Paris durch Eugène Haussmann seit Mitte des 19. Jahrhunderts, waren unter Anwendung dieses Gesetzes ausgeführt worden.[15] Nach Pariser Vorbild waren in viele anderen französischen Städten Durchbrüche (*percée urbaine*) entlang schon existierender Verkehrsadern entstanden. Diese Form der französischen *percée urbaine* steht in der Tradition der sogenannten *alignement*-Bestrebung des 18. Jahrhunderts, die von den *ingénieurs des Ponts et Chaussées* eingeführt worden war. Die staatlichen Ingenieure hatten u.a. die Aufgabe, die *traverses*

(Durchgangstraßen) der *routes royales* (königlichen Straßen) in den Städten zu planen und zu unterhalten.[16] Ziel dieser *routes royales* war es, zwischen den französischen Städten der Provinz aber auch innerhalb der Städte Verbindungstraßen anzulegen, nicht zuletzt um die schnelle Verlegung von Truppen sicher zu stellen. Die Verordnung vom 26. März 1852 betreffend die Enteignung der Grundstücke, die sich auf der Trasse des Durchbruchs befinden, wurde speziell für die Umgestaltung von Paris erlassen und war in der Folge auch in anderen französischen Städten gültig. Gemäß der französischen Rechtsvorschriften zur Enteignung, die auf dem Prinzip des Gemeinwohls (*utilité publique*) basiert, war es allerdings nicht möglich, das Enteignungsgesetz auf Grundstücke anzuwenden, die vom Verlauf der Straße nicht angeschnitten wurden. Das im Jahr 1852 ausgestellte Dekret ermöglichte, Grundstücke jenseits der neuen Straße zu enteignen. Der Straßburger Durchbruch führt mitten durch die Parzellen der mittelalterlichen Stadt mit seinem 2 bis 7 m breiten Straßennetz, und zwar nicht entlang einer bestehenden Verkehrsader, sondern als parallel geführte Aufdoppelung der Langstraße. Dieses Prinzip einer zweiten parallel angelegten neuen Verkehrsader lässt sich auch in Paris in der Anlage des neuen Boulevard Sébastopol parallel zur Rue Saint Denis finden. Das Enteignungsgesetz aus französischer Zeit wurde in Straßburg jedoch nicht zur Anwendung gebracht, da der Gemeinderat die hohen Entschädigungskosten fürchtete.[17] Daher wurden die insgesamt 135 Häuser, die sich auf den Parzellen des Durchbruchs befanden, mithilfe von Ankäufen durch Strohmänner von der Stadt erworben.[18] Der 18 m breite »Neue Boulevard« des 1800 m langen Durchbruchs führt vom 1878–1883 errichteten Bahnhof über den zentralen Kleberplatz zum ebenfalls neu gebauten Metzgertorhafen. Jedoch nicht als gerade Achse wie in Paris, sondern in geschwungener Straßenführung. Auch besteht keinerlei Anknüpfung an die zu dieser Zeit in Entstehung begriffene Neustadt; der Durchbruch bindet vielmehr den Bahnhof an den sich stark entwickelnden Vorort Neudorf an.

Die Durchführung des Unternehmens erfolgte in drei Bauphasen (Abb. 1): der erste Abschnitt verläuft vom Alt-St-Peter-Platz bis zum Kleberplatz, »und verbindet so den Bahnhof mit dem Geschäftszentrum der Altstadt.«[19] Der zweite Bauabschnitt setzt am Kleberplatz an und führt gegen Süden zum Metzgergießen. Der dritte Teil verbindet den Metzgergießen mit dem Metzgertorhafen und Neudorf. Der erste und der dritte Bauabschnitt wurden gleichzeitig 1910 begonnen, jedoch konnte nur der erste Teil vor 1914 fertig gestellt werden. Die Baumaßnahmen am zweiten und dritten Teilabschnitt zogen sich bis in die 1960er Jahre und kamen damit erst unter französischer Regie, jedoch ohne signifikante

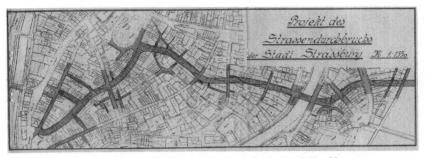

Abbildung 1: Plan zum Projekt des Straßendurchbruchs der Stadt Straßburg

Änderung der deutschen Trassenführung zur Ausführung. Auch die Finanzierung der Neubauten, die nach dem damals innovativen deutschen Erbbaurecht angelegt war, wurde unter Übernahme des in deutscher Zeit erlassenen Gesetzes bis in die 1980-er Jahre beibehalten.[20]

STÄDTEBAULICHE LEITBILDER UND KARL HENGERER ALS MEDIATOR

Transferphänomene im deutsch-französischen Grenzraum lassen sich nicht nur an der Übernahme von Konzepten der jeweils anderen Planungskultur oder durch die Beibehaltung geltenden Rechts nach Änderung der Nationalität konstatieren. Konkret fassbar werden die Einflüsse des deutschsprachigen Kulturraums anhand von personellen Netzwerken. So ergibt die Analyse der Akten des Straßburger Planungsamtes, dass die Straßburger zur Vorbereitung der Baumaßnahmen für den »Großen Durchbruch« einen deutschen Spezialisten zu Rate zogen: den Stuttgarter Baurat Karl Hengerer (1863–1943).[21] Hengerer hatte sich mit der erfolgreichen – und vor allem für die Stadt ohne finanzielle Belastung – durchgeführten Sanierung der Stuttgarter Altstadt einen Namen gemacht. Denn auch Stuttgart sah sich ähnlich wie Straßburg in den 1890-er Jahren mit einer überbevölkerten Innenstadt konfrontiert, deren hygienische Zustände vor allem vom *Verein für das Wohl der arbeitenden Klassen* kritisiert wurde. Dieser philanthropische Verein errichtete ab den 1880er Jahren kostengünstige Arbeitersiedlungen in Stuttgart, um das sogenannte »Wohnungselend« zu bekämpfen. Ab 1891 wandte der Verein seine Aufmerksamkeit der Altstadt zu und initiierte in Abstimmung mit der Wohnungspolizei ein groß angelegtes Sanierungsprojekt südwestlich des neu erbauten Rathauses. Verantwortlich für die Verhandlungen mit den Eigentümern und die Kostenfeststellung war der Hausarchitekt des Vereins Karl Hengerer. Ihm oblag auch die Aufstellung eines Bebauungsplanes, der als Grundlage der Kostenkalkulation erforderlich war. Dabei ist der städtebauliche Ansatz im Umgang mit dem betroffenen Stadtquartier bemerkenswert. Im Gegensatz zu den in der zweiten Hälfte des 19. Jahrhunderts vor allem in Frankreich, aber auch in deutschen Städten wie Berlin oder Dortmund durchgeführten Straßendurchbrüchen basiert Hengerers Entwurf nicht auf der geraden Durchführung der Hauptverkehrsverbindungen. Schon die bauzeitliche Fachpresse verweist darauf, dass man den

»zunächst liegende[n] Gedanke[n], die neben dem Rathaus liegende Eichstraße in gerader Richtung [...] durchzuziehen [...], glücklicherweise nicht ausgeführt [hat]. [...] Vor 10 Jahren freilich wäre wohl dies als die einzig mögliche und allein richtige Lösung angesehen worden; allein ein Camillo Sitte hat nicht umsonst gesprochen, die Früchte davon beginnen sich allerorts nach und nach zu zeigen.«[22]

In dieser Äußerung wird der maßgebliche Einfluss der deutschsprachigen Städtebautheorie um 1900 evident. Neben Sitte muss das in Stuttgart mit der Person von Theodor Fischer in Verbindung gebracht werden, der 1901 den Ruf an die Stuttgarter Technische Hochschule erhielt. Seine Ideen des malerischen Städtebaus sind an der Altstadtsanierung Stuttgarts ablesbar. Obwohl es sich um eine Flächensanierung handelt, sind die 33 Neubauten weitgehend am Verlauf der alten Straßen und Gassen ausgerichtet, die jedoch verbreitert wurden. Von der bestehenden Bausubstanz wurde nichts erhalten. Die Neubauten, für die neben Hengerer selbst u.a. auch Theodor Fischers Schüler Paul Bonatz oder Ludwig Eisenlohr verantwortlich zeichnen, orientieren sich jedoch in ihrer Giebelständigkeit, der differenzierten Baukörpergliederung durch Erker und der Detailausführung wie beispielsweise der Verwendung von Fensterläden an den Vorstellungen des Heimatschutzes. Die große gestalterische Einheitlichkeit erreichte die Stadt durch die Vorgabe, alle Pläne einer *Künstlerkommission* zur Begutachtung vorzulegen. Dieser Stuttgarter *Künstlerkommission*, die möglicherweise vorbildgebend für Straßburg war, gehörte u.a. Theodor Fischer an. Schon die zeitgenössische Architekturkritik stellte fest, dass

»Entstehung und Ausführung vorbildlich werden dürften nicht nur für die engere schwäbische Heimat, sondern weit über deren Grenzen hinaus. [...] [Es seien] mehrmals auswärtige Abordnungen in Stuttgart eingetroffen, um dort das gelungene Werk in Augenschein zu nehmen und daraus für die eigenen Zwecke Nutzen zu ziehen.«[23]

Ob auch eine Abordnung aus Straßburg in Stuttgart zu Besuch war, lässt sich anhand der überlieferten Quellen nicht belegen. Gesichert ist jedoch, dass sich die Stadt Straßburg im Januar 1909 an Karl Hengerer als Experten für den geplanten »Großen Durchbruch« wendete. Hengerer macht den Vorschlag, Hochbauinspektor Fritz Beblo möge einen Plan ausarbeiten, reist im März 1909 persönlich nach Straßburg und kalkuliert aufgrund seiner vor Ort gewonnenen Erkenntnisse und seiner Stuttgarter Erfahrungswerte im Juli 1909 die Kosten für die projektierte Baumaßnahme. Ein Plan, datiert Dezember 1909, im Maßstab 1:1550,[24] vermutlich aufgestellt vom Hochbauamt, kann dieser Kostenschätzung zugeordnet werden, da die Nummerierung der Baublocks derjenigen in Hengerer Berechnungen entspricht.

DIE WIRKUNG DER KOMMISSIONEN BEI PLANUNG UND BAU DES GROSSEN DURCHBRUCHS

Bei der Durchführung der Straßburger Altstadtsanierung dürften personelle Konstellationen sowohl die Wirkung deutscher Leitbilder als auch den Einfluss der spezifisch elsässischen Baukultur erklären. Denn die Vorbereitung und Ausführung der Baumaßnahmen wurde von mehreren Kommissionen begleitet, in denen prominente Persönlichkeiten der Stadtbauverwaltung sowie des städtischen Kulturwesens vertreten waren. An erster Stelle ist dabei die *Spezialkommission* zu nennen, die direkt dem Bürgermeister Schwander unterstellt war.[25] Sie besteht aus beigeordneten Bürgermeistern, u. a. dem Leiter des Stadtbauamts, Stadtbaudirektor Eisenlohr und Stadtratsmitgliedern, wie dem Leiter der Baupolizei Heinrich Emerich[26], und ist während der gesamten Baumaßnahme tätig, in wechselnder personeller Konstellation auch nach 1918. In ihren Aufgabenbereich fallen der Grunderwerb und die Finanzierungsverhandlungen mit der Süddeutschen Diskonto-Gesellschaft[27] sowie Entscheidungen über die Trassenführung und den Straßenbahnverkehr.

Schon erwähnt wurde die *Wohnungskommission*, die im Vorfeld den hygienischen Zustand der Wohnquartiere der Altstadt begutachtete (Abb. 2). Ihr gehörte der städtische Medizinalbeamte[28] an und es ist wahrscheinlich, dass die *Wohnungskommission* bei der Begehung der Wohnungen mit der *Kunstkommission* zusammenarbeitete. Aufgabe des städtischen Wohnungsamtes war es dann, für die durch den Durchbruch vertriebenen Bewohner der Altstadt Ausweichquartiere zu schaffen. Dazu wurden drei Gartenstädte an der Peripherie in Stockfeld, Meinau[29] und im Fünfzehnerwörth (*Quartier des Quinze*) errichtet. Gerade für die sehr gut dokumentierte Gartenstadt in Stockfeld, eine der frühesten Gartenstädte auf heute französischem Gebiet, lässt sich ein deutlicher Einfluss der

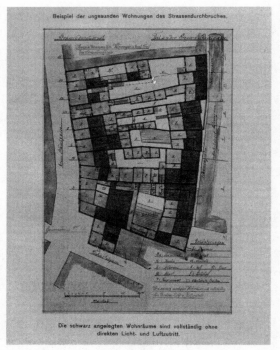

*Abbildung 2: Beispiel der Arbeit der Wohnungskommission
zur Feststellung von ungesunden Wohnungen im Bereich
des Straßendurchbruches*

deutschen Gartenstadtbewegung feststellen, der sich vermutlich durch die Nähe der Karlsruher Gartenstadt in Rüppurr erklären lässt.[30]

Zur Frage des denkmalpflegerischen Umgangs mit der historischen Altstadt in Vorbereitung der Baumaßnahmen des Straßburger »Großen Durchbruchs« ist vor allem die *Kunstkommission* relevant. Diese Kommission konstituierte sich 1907 und hatte die Aufgabe, den Denkmalwert der Bauwerke einzuschätzen, die auf der projektierten Trasse lagen (Abb. 3).[31] Sie setzte sich aus Fachleuten zusammen wie Bauinspektor Fritz Beblo, Dombaumeister Johann Knauth, Universitätsprofessor und Museumsdirektor Ernst Polaczek, Stiftsbaumeister Émile Salomon, Professor Karl Statsmann, Kunstmaler Gustave Stoskopf und Konservator Felix Wolff. Auch der Medizinalrat Pierre Bucher ist vertreten.[32] Dabei ist mit Fritz Beblo, einem in Preußen ausgebildeten Baubeamten, der das Hochbauamt leitete und das Bauwesen der Stadt Straßburg vor dem ersten Weltkrieg ganz wesentlich prägte, ein Vertreter in der Kommission, der den Ideen des Heimatschutzes gegenüber äußerst aufgeschlossen war. Auch Dombaumeister Johann Knauth, der aus Köln stammte, und Statsmann[33], der Bauaufnahme an der Kaiserlich Technischen Schule (der Baugewerkschule des Elsass) – und von 1902 bis 1912 an der Straßburger Kaiser-Wilhelms-Universität unterrichtete, waren sogenannte Reichsdeutsche und brachten sicherlich die Kenntnis um den aktuellsten Stand der deutschen Denkmalpflege ins Reichsland. Mit den Elsässern Stoskopf und Salomon waren aber durchaus auch prägende Persönlichkeiten der Straßburger Kulturszene vertreten. Die Kommission hatte die Aufgabe der »Aufstellung des Verzeichnisses der Altertümer in den für den Straßendurchbruch zum Abbruch bestimmten Häuser. [Sie sollten] ein Verzeichnis derjenigen Gegenstände aufstellen, die zwar niet- und nagelfest sind aber doch leicht entfernt werden können.«[34] In zahlreichen Ortsbegehungen und sechs Sitzungen wurden diese Objekte für die Museen der Stadt gesichert oder zur Wiederverwendung bei Neubauten als Spolien vorgesehen. Dieses denkmalpflegerische Vorgehen steht sicher im Kontext der Errichtung des Elsässischen Museums, das 1907 eröffnet wurde.[35] Es lässt sich nachvollziehen, dass die Kommission die 135 von der Stadt erworbenen und zum Abriss bestimmten Häuser besichtigte und standardisierte Listen zu Baubestand, Geschichte und Ausstattung

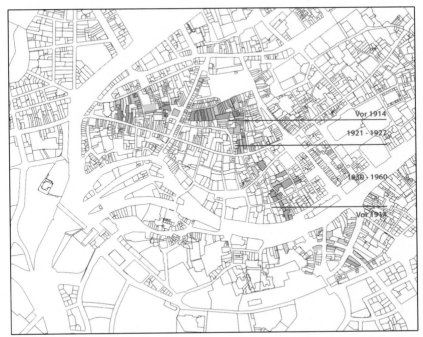

Abbildung 3: Die drei Bauabschnitte des Großen Durchbruchs. Die von der Kunstkommission begangenenen Gebäude sind grau bzw. farbig hinterlegt. Orange: zeichnerisch dokumentierte Gebäude; gelb: zeichnerisch und fotografisch dokumentierte Gebäude.

ausfüllte sowie darüber hinaus Ratschläge zur Bewahrung von Bauten oder Teilen von Bauten erteilte. Diese wurden allerdings, wie im Falle des Kreuzgangs von Alt-St. Peter aus dem 16. Jahrhundert, der zur Erhaltung »an Ort und Stelle« empfohlen worden war und dennoch abgerissen wurde, nicht immer befolgt. Parallel zu dieser Bewertung schlug die Kommission Bauten zur photographischen, respektive zeichnerischen Dokumentation vor.[36] Es entstanden Bauaufnahmen der Fassaden, Grundrisse und Schnitte im Maßstab 1:250[37], bei denen angenommen werden kann, dass dafür möglicherweise Karl Statsmann verantwortlich zeichnet, da ähnliche Arbeiten von seinen Schülern der Kaiserlich Technischen Schule überliefert sind. (Abb. 4).

Die Stuttgarter *Künstlerkommission*, die über die architektonische und stadträumliche Qualität der Neubauten entschied, dürfte ihr Pendant am ehesten in der Straßburger *Fassadenkommission* haben. Diese Kommission war eingerichtet worden, um über die Einhaltung der vom Leiter des Hochbauamtes Fritz Beblo aufgestellten Direktiven zur Gestaltung der neuen Fassaden[38] zu wachen, die im Kontext des 1910 erlassenen »Gesetzes zum Schutz des Ortsbildes«[39] stehen. Bereits 1909/10 war die Rede von einer »Kommission für die Neuen Fassaden«, in der sich Vertreter des örtlichen Gewerbes und der Straßburger Architektenschaft genauso finden wie externe Fachleute – beispielsweise Baurat Hans Grässel aus München. Auf Grund der Quellenlage konnte nicht abschließend geklärt werden, ob diese für den »Großen Durchbruch« zuständige *Fassadenkommission*, mit der *Kunstkommission* identisch ist, die die Baupolizei bei Durchsetzung ästhetischer Gestaltungsrichtlinien in der Neustadt unterstützte.[40] Die personelle Zusammensetzung legt diese Vermutung nahe.[41]

Im Rahmen der ersten Bauphase des Straßburger »Großen Durchbruchs« wurden drei Wettbewerbe für die Gestaltung der wichtigsten Plätze ausgelobt: für den Alt-St. Peter Platz[42], den Kleber Platz[43] und für die *Magasins Modernes* an der Einmündung des Durchbruchs in den Kleber Platz.[44] An diesen Wettbewerben nahmen sowohl ortsansässige Straßburger Architekten als auch renommierte deutsche Büros – wie die von Paul Bonatz, Hermann Billing, Wilhelm Kreis oder Bruno Schmitz – sowie französische Architekten teil.

Abbildung 4: Fassadenaufmaß des Bestandes an der Großen Stadelgasse vor Abbruch

In der Jury für das Kaufhaus Modern sind renommierte Vertreter sowohl von deutscher als auch von französischer Seite vertreten, was zu einer lebhaften Diskussion in der deutschen Fachpresse führte, da die Vergabe von je einem ersten Preis an einen deutschen (Billing) und einen französischen (Marcel) Preisträger zurecht als politische Entscheidung gewertet wurde.[45]

DIE ENTWICKLUNG NACH 1918 – DER GROSSE DURCHBRUCH WIRD ZUR *GRANDE PERCÉE*

Nach Ende des Ersten Weltkriegs wurde die Stadt Straßburg wieder französisch. Vom »Großen Durchbruch« war zu diesem Zeitpunkt der erste Bauabschnitt vollendet, am dritten Abschnitt mit dem Abriss begonnen. Das für Ausführung und Planung zuständige Stadtplanungsamt wurde zur *Direction des travaux municipaux*. Fritz Beblo als Leiter des Hochbauamts musste Straßburg verlassen. Von den Mitarbeitern unterhalb der Leitungsebene konnten meist nur die Elsässer bleiben.[46] Dennoch wurden die Planungen für den »Großen Durchbruch« – der nun zur *Grande Percée* wurde – in städtebaulicher Hinsicht im zweiten Bauabschnitt und bei der Fertigstellung des dritten Teils ohne große Modifikationen weitergeführt. Paul Dopff, der Nachfolger Fritz Beblos, setzte sogar mit Reduzierung der Bauhöhe von 20 m auf 18,5 m, dann auf 17,5 m, einen Vorschlag um, den Beblo noch 1914 für die weiteren Bauabschnitte angeordnet hatte, um »Mängel des ersten Teils zu vermeiden.« Dopffs Hinweis auf »eine einheitliche Fassadengestaltung nach Art der Rue de Rivoli und der Place de l'Etoile«[47] trug jedoch den neuen Machtverhältnissen Rechnung.

Betrachtet unter dem Aspekt eines französisch-deutschen Kulturtransfers könnte man in den Planungsstufen und der Durchführung der *Grande Percée* von einer Art Palimpsest[48] sprechen, bei dem sich die jeweils aktuellen städtebaulichen und denkmalpflegerischen Konzepte beider Planungskulturen überlagern: die ursprünglich französische Idee der geradlinigen *percée urbaine* war unter Einfluss der deutschsprachigen Städtebaudiskussion zu dem im Sinne eines malerischen Städtebaus geschwungenen »Großen Durchbruch« modifiziert worden, der in seiner Trassierung auch in französischer Zeit, nämlich bis in die 1960er Jahre umgesetzt wurde. Der denkmalpflegerische Umgang mit der Bausubstanz, der sich in der Erhaltung einzelner ausgewählter Bauten[49] und Bauteile manifestiert, spiegelt die deutsche Denkmalpflegediskussion wider. Diese wird in Straßburg auch durch eine einflussreiche elsässische Kulturszene getragen, welche die Kontinuität nach Wechsel der Nationalität gewährleistet. Die architektonische Umsetzung der Neubauten wiederum ist von der jeweils zeitgemäßen

Architektursprache geprägt – Heimatschutz und Reformstil vor 1914, neoklassizierend und moderat modern in der Zwischenkriegszeit und nach dem Zweiten Weltkrieg. Für Kontinuität sorgt dabei das jeweilige Bau- und Planungsrecht, das auch nach dem Wechsel der Nationalität weiterhin Geltung hatte und das die spezifische Bauentwicklung des Elsass im Gegensatz zu Zentralfrankreich erklärt. Nicht zuletzt konnten die personellen Netzwerke als entscheidender Faktor des Kulturtransfers zwischen Deutschland und Frankreich identifiziert werden.

1 Dazu läuft seit 2013 das ANR-DFG geförderte Projekt METACULT – Kulturtransfer in Architektur und Stadtplanung Straßburgs 1830–1940 (http://bg.ikb.kit.edu/519.php, 29. September 2015).

2 Burckel, Franck: La Neustadt de Strasbourg. Un ouvrage militaire, in: Strasbourg. De la Grande-Île à la Neustadt, hg. v. Dominique Cassaz, Lyon 2013, S. 52–58.

3 Baumeister, Reinhard: Die Stadterweiterung von Straßburg, in: Deutsche Bauzeitung, 12. Jg., H. 68, 1878, S. 345–343, und H. 70, S. 356–357. Pottecher, Maire: Le chantier de la Neustadt, in: Cassaz, Dominique 2013 (wie Anm. 2), S. 59–64.

4 Die Planungen zum Hafen sind nicht in der 1880 beschlossenen Form ausgeführt worden. Protokolle über die Sitzungen der Kommission zur Feststellung des Bebauungsplanes für die Stadt Straßburg, Straßburg 1879.

5 Baumeister, Reinhard: Die Stadterweiterung von Straßburg, in: Deutsche Bauzeitung, 15. Jg., H. 3, 1881, S. 13–14, S. 26–28.

6 Ott, Carl: Die bauliche Entwicklung Straßburgs, in: Deutsche Bauzeitung, 28. Jg., H. 71, 1894, S. 435–440, H. 72, S. 441–448, H. 73, S. 449–452, hier S. 448.

7 Archives de la Ville et de la Communauté Urbaine de Strasbourg (im Folgenden AVCUS) 96 MW 9: Gemeinderatssitzung der Stadt Straßburg v. 10. Mai 1907.

8 AVCUS 96 MW 9: Bericht an den Gemeinderat betr. die Durchführung des großen Straßendurchbruchs, 10. Mai 1910.

9 Die Straßburger Tagespresse wurde durch Dominik Müller, Johannes Gutenberg Universität Mainz, im Rahmen des deutsch-französischen Forschungsprojekt METACULT sondiert. Gesichtet wurden die Jahrgänge 1909 und 1910 der Tageszeitungen »Freie Presse«, »Straßburger Post« und »Straßburger Neusten Nachrichten«.

10 Emerich, Heinrich: Der Schutz des Ortsbildes. Das Elsass-Lothringische Landesgesetz betreffend baupolizeiliche Vorschriften v. 7. November 1910 (Gesetzblatt vom 21. November) sowie das Ortsstatut und die Verordnung zum Schutz des Ortsbildes vom Straßburg v. 23. November 1910, Straßburg 1910; Wittenbrock, Rolf: Bauordnungen als Instrumente der Stadtplanung im Reichsland Elsass-Lothringen (1870–1918). Aspekte der Urbanisierung im deutsch-französischen Grenzraum, St. Ingbert 1988, S. 227–239; Möllmer, Tobias: Heinrich Emerich und der Schutz des Ortsbildes. Eine Bauaktenanalyse zur Tätigkeit der ästhetischen Baupolizei zwischen Kaiserplatz und Contades, in: Metacult, H. 3, Strasbourg 2015, S. 19–28.

11 Freie Presse, 8. August 1910.

12 AVCUS 103 M 36: Zusammenstellung der Straßburger Wohnungsverhältnisse und Straßendurchbruch. Dieser Text ist der Auszug folgender Dissertation, die nach dem Ersten Weltkrieg erschien: Schilling, Otto: Innere Stadt-Erweiterung, Berlin 1921, S. 50–86.

13 AVCUS 96 MW 9: Bericht (wie Anm. 8), S. 1.

14 AVCUS 72 MW 49: Ausführung des Gesetzes vom 13. April 1850 betr. ungesunder Wohnungen. Goubert, Jean-Pierre: Les »logements insalubres« en provinces d'après les enquêtes du Second Empire, Neuilly-sur-Seine 1980, S. 226–231.

15 Darin, Michaël: La Grande Percée de Strasbourg, in: Cassaz, Dominique 2013 (wie Anm. 2), S. 104–112.

16 Wie z.B. in Nantes, Montpellier, Rouen oder Toulouse. Darin, Michaël: Les grandes percées urbaines du XIXe siècle. Quatre villes de province, in: Annales. Économies, Sociétés, Civilisations, 43. Jg., H. 2, 1988, S. 477–505.

17 Fisch, Stefan: Zur Handhabung des Bau- und Bodenrechts in Straßburg nach den politischen Umbrüchen von 1870 und 1918, in: Konfrontation und Assimilation nationalen Verwaltungsrechts in Europa (19./20. Jh.), hg. v. Erk Volkmar Heyen, Jahrbuch für Europäische Verwaltungsgeschichte, Bd. 2, Baden-Baden 1990, S. 77–101, hier S. 86–90.

18 941 Haushalte, bzw. 3410 Personen waren von diesem Unternehmen betroffen.

19 Gemeinderatssitzung der Stadt Straßburg des 13. Juni 1910, S. 588.

20 Fisch, Stefan 1990 (wie Anm. 17), hier S. 91–97; Fisch, Stefan: Der Straßburger »Große Durchbruch« (1907–1957). Kontinuität und Brüche in Architektur, Städtebau und Verwaltungspraxis zwischen deutscher und französischer Zeit, in: Grenzstadt Straßburg. Stadtplanung, kommunale Wohnpolitik und Öffentlichkeit 1870–1940, hg. v. Christoph Corneließen / Stefan Fisch / Annette Maas, St. Ingbert 1997, S. 105–204; Fisch, Stefan: Der »große Durchbruch« durch die Straßburger Altstadt, in: Die planmäßige Erneuerung Europäischer Großstädte zwischen Wiener Kongress und Weimarer Republik, hg v. Gerhard Fehl / Juan Rodriguez-Lores, Basel 1995, S. 57–73.

21 Der Privatarchitekt Karl Hengerer war kein städtischer Baubeamter, wurde aber 1904 zum Baurat ernannt aufgrund seiner Verdienste um die bauliche Entwicklung und Gestaltung Stuttgarts. Er hatte von 1882 bis 1885 an der TH Stuttgart Architektur bei Christian Friedrich Leins studiert und 1888 in Stuttgart die 2. Staatsprüfung zum Regierungsbaumeister absolviert. Zur Biographie siehe: Langner, Bernd: Gemeinnütziger Wohnungsbau um 1900. Karl Hengerers Bauten für den Stuttgarter Verein für das Wohl der arbeitenden Klassen, Veröffentlichungen des Archivs der Stadt Stuttgart, Bd. 65, Stuttgart 1994, S. 213–237.

22 Werner, H.: Der Umbau der Stuttgarter Altstadt, in: Süddeutsche Bauzeitung, 20. Jg., H. 1, 1910, S. 1–7.

23 Ebd., S. 1.

24 AVCUS 103 MW 35: Plan »Straßendurchbruch. Lageplan der Baublöcke«, M 1:1550, Dezember 1909.

25 AVCUS, 96 MW 9: Akte Straßendurchbruch, Spezialkommission, Provenienz Wohnungsamt, darin u.a. Protokolle der Sitzungen der Spezialkommission.

26 Möllmer, Tobias 2015 (wie Anm. 10).

27 Fisch, Stefan 1997 (wie Anm. 20); Fisch, Stefan 1995 (wie Anm. 20).

28 AVCUS 92 MW 12: Straßendurchbruch, Bericht des Stadtarztes über das Projekt, o.D. (74 Seiten).

29 Die Gartenstadt Meinau wurde nur zum Teil fertiggestellt.

30 L'urbanisme à Strasbourg au XXe siècle. Actes des conférences organisées dans le cadre des 100 ans de la cité-jardin du Stockfeld, hg. v. Chenderowsky, Eric / Lauton, Edith, Strasbourg 2011.

31 AVCUS 35 Z 54: Als solche bezeichnet in der Broschüre der Süddeutschen Disconto-Gesellschaft »Der grosse Strassendurchbruch und der Neue Boulevard«, o.D.

32 AVCUS 96 MW 9: Bericht (wie Anm. 8), S. 7.

33 Karl Statsmann, in anderer Schreibung auch Staatsmann. Klein, Ulrich: Karl Staatsmann und die Hausforschung im Elsass, in: Hausbau im 15. Jahrhundert – Elsass und Oberrhein, Arbeitskreis für Hausforschung, Jahrbuch für Hausforschung, Bd. 58, Marburg 2008, S. 97–126.

34 AVCUS 96 MW 10: »Zusammenstellung der Anlagen zum Bericht der Kommission zur Feststellung der Altertümer in den für den Straßendurchbruch zum Abbruch bestimmten Häuser in Straßburg«, 23. März 1908.

35 Le Musée alsacien de Strasbourg, hg. v. Malou Schneider, Strasbourg 2006.

36 Gemeinderatssitzung v. 27. Juli 1910: »Photographische und zeichnerische Aufnahme der Altertümer im Strassendurchbruch« und v. 11. September 1912: »Erhöhung des für die photographischen und zeichnerischen Aufnahmen der Altertümer im Strassendurchbruch bewilligten Beitrages«. Die photographische Dokumentation war auf 70 Abzüge veranschlagt worden, doch 1912 waren schon 120 Photos erstellt.

37 AVCUS 843 W 547 und 907 W 161: Pläne Provenienz Planarchiv Hochbauamt, nicht datiert.

38 AVCUS 153 MW 592: Besondere Bauvorschriften für den neuen Strassenzug in Strassburg, 9. Juli 1912.

39 Emerich, Heinrich 1911 (wie Anm. 10); Möllmer, Tobias 2015 (wie Anm. 10), S. 22, FN 21.

40 Möllmer, Tobias 2015 (wie Anm. 10), S. 23, FN 44.

41 AVCUS 153 W 592: Brief des Beigeordneten Emerich an das Stadtbauamt, Beigeordneter Eisenlohr, Vorsitzender der Fassadenkommission, 2. Oktober 1912 bezüglich der Rücksichten auf das Gesetz zum Schutz des Ortsbildes. Vgl. dazu Graphik Organigramm des Stadtbauamtes in: Möllmer, Tobias / Weber, Christiane: Die Entstehung einer deutschen Musterbauverwaltung. Stadtbauamt und Baupolizei in Straßburg 1871–1918, in: Metacult, H.2, Strasbourg 2015, S. 53–58.

42 Z.B.: die Architekten Otho Orlando Kurz und Ed. Herbert aus München, Preisgekrönter Entwurf zu einem Straßendurchbruch in Strasbourg, in: Moderne Bauformen, 12. Jg., H. 2, 1913, S. 80.

43 Der große Straßendurchbruch in Straßburg und der Wettbewerb zur Erlangung von Entwürfen für die Umgestaltung des Kleber-Platzes, in: Deutsche Bauzeitung, 44. Jg., H. 66, 1910, S. 533–534. Wettbewerb zur Ausgestaltung des Kleberplatzes in Straßburg i.E., in: Der Städtebau, 8. Jg., H. 12, 1911, S. 139–141; Wettbewerb Umgestaltung des Kleberplatzes in Strassburg i. E., in: Bauzeitung für Württemberg, Baden, Hessen, Elsass-Lothringen, 8. Jg., H. 4, 1911, S. 26–27 und H. 5, S. 33—39.

44 Ein deutsch-französischer engerer Warenhaus-Wettbewerb, in: Deutsche Bauzeitung, 46. Jg., H. 40, 1912, S. 371.

45 Nohlen, Klaus: Paris ou Karlsruhe? La formation des architectes en Alsace à l'époque du Reichsland, 1871–1918, in: L'urbanisme à Strasbourg (wie Anm. 30), S. 113–115.

46 Lefort, Nicolas: Le service municipal d'architecture de Strasbourg durant l'entre-deux-guerres. Rupture ou continuité? In: Metacult, H. 3, Strasbourg 2015, S. 42–49.

47 Fisch, Stefan 1997 (wie Anm. 20), S. 174, FN: 224.

48 Die Idee des Palimpsests stammt von Wolfgang Brönner, und wurde erstmals von Tobias Möllmer im Zusammenhang mit den Studien zum Contades-Viertel formuliert. Möllmer, Tobias: Das Villenviertel am Contades in Straßburg. Entwicklungslinien einer Stadtmorphologie im Spannungsfeld deutsch-französischen Kulturtransfers, in: Metacult, H. 1, Strasbourg 2014, S. 31–43, hier S. 43.

49 5-17-19 Rue de la Division Leclerc, erst in den 1950-er Jahren vollendet.

BILDNACHWEIS

1 AVCUS 96 MW 9, Beilage zum Bericht an den Gemeinderat betr. die Durchführung des grossen Strassendurchbruchs, 10. Mai 1910.

2 AVCUS 96 MW 9, Beilage zum Bericht an den Gemeinderat betr. die Durchführung des grossen Strassendurchbruchs, 10. Mai 1910.

3 Zeichnung: Hélène Antoni.

4 AVCUS 907 W 161.

Der Weg des Städtebauers Theodor Fischer von den Münchner Altstadt-Experimenten zur Kritik homogenisierender Altstadt-Produktion

Theodor Fischer's Path as an Urban Planner from Old-Town Experiments in Munich to Criticism of the Trend Toward Increasingly Homogeneous Old Towns

CARMEN M. ENSS

English Summary

With the success of Camillo Sitte's book »City Planning According to Artistic Principles« (1889), enthusiasm for old-town centers and the desire to practise planning on the model of the old town grew among architects. Theodor Fischer (1862–1938) was one of those who embraced Sitte's ideas and in the course of his career contributed decisively to establishing an awareness of the value of old towns in the planning culture of southern Germany. Already before the turn of the century he introduced innovative principles into the planning of Munich's old town, and after 1900 he continued to promulgate these ideas as a university instructor and independent architect and planner. Fischer was a leading member of the Heimatschutz movement after 1902 but later criticized its aim of restoring or even remodeling old centres to reflect a romantic small-town ideal. This he countered with proposals for targeted interventions such as new streets or underground transport systems that would connect historic districts with current development.

EINFÜHRUNG

Theodor Fischer (1862–1938), ein bedeutender Stadtplaner der Wende vom 19. zum 20. Jahrhundert, wirkte als Architekt und unterrichtete als Professor in München und Stuttgart.[1] In Ablehnung des Historismus in der Architektur seiner Lehrergeneration lenkte er den Blick als Planer und Gutachter auf die Bedeutung der existierenden alten Stadtteile. Im Folgenden soll Fischers Werk zur städtebaulichen Gestaltung süddeutscher Altstädte, das erst in Teilen erforscht ist,[2] skizziert und seine Haltung zum Verhältnis von Städtebau und Denkmalpflege an der Altstadt vorgestellt werden. Die Hauptwirkungsphase des Baumeisters, der 1893 zum Leiter des Münchner Stadterweiterungsbüros berufen wurde, endete 1929, als er emeritiert wurde. Sie deckt sich in etwa mit einer frühen Phase des gezielten Umbaus der Altstadt, die im vorliegenden Band unter der Überschrift »Anfänge« zusammengefasst ist.

Als früher Bewunderer Camillo Sittes trug Fischer in Süddeutschland, ähnlich wie Cornelius Gurlitt von Dresden aus, maßgeblich dazu bei, dass stadtplanerische Modernisierung nicht nur Interessen der Hygiene und der Wirtschaftsentwicklung verfolgte, sondern eine bewusste Fortentwicklung altstädtischer Platz-, Straßen- und Bauwerksstrukturen anstrebte. Der Baumeister Fischer wirkte nicht in erster Linie als Autor theoretischer Werke, sondern durch sein planerisches Handeln und seine Stimme in Preisgerichten, Verbänden und Vereinen. Gerade hier stand er in engem Kontakt zur Denkmalbewegung – sei es als Leiter der Arbeitsgruppe »Denkmalpflege« im Deutschen Bund Heimatschutz,[3] sei es als Stadtkonservator in Rothenburg o.d.Tauber oder als Architekt und Gutachter am Baudenkmal. Eine Studie über Theodor Fischers Beziehung zu Vertretern oder Organen der Denkmalpflege steht noch aus.[4] Zwei Schriften des Entwerfers Fischer beschäftigen sich mit dem »Restaurieren« und denkmalpflegerischen Handeln in alten Orts- und Stadtbereichen. Den ersten Text »Über das Restaurieren« veröffentlichte er 1902 im »Kunstwart«.[5] Darin sprach er sich für einen weiten Denkmalbegriff aus, der auch die Stadt als Gesamtdenkmal umfassen sollte. Der zweite Text, eine Rede zum Tagungsthema »Altstadt und Neuzeit« beim Tag für Denkmalpflege und Heimatschutz in Würzburg im Jahr 1928, ist eine Rückschau und Bilanz der Altstadtplanungen der Jahrzehnte zuvor.[6] Während aus dem frühen Text der Optimismus der jungen Heimatschutzbewegung aufscheint, die Gesamtstimmung eines Raumes oder sogar einer Stadt durch Heimatpflege für die Zukunft bewahren zu können, spricht sich Fischer 1928 für einen Einzug zeitgenössischer Architektur in die Altstädte und in mehreren Formulierungen gegen Tendenzen zur Historisierung und damit einhergehender gestalterischer Homogenisierung von Altstadtbereichen aus. Damit verteidigt und unterstreicht er eine Trennung zwischen seiner Disziplin, dem Städtebau, die Baulinien- und Höhenvorgaben für die gesamte Stadt funktional und gestalterisch motiviert, und der Denkmalpflege als Hüterin ausgewählter »geschichtlich oder künstlerisch wertvoller Bauten und Stadträume«.[7]

Im folgenden Text soll zunächst Fischers frühe Affinität zu den Räumen der Altstadt erklärt werden, dann seine experimentellen und innovativen Planungen für historische Stadtbereiche im München der Jahre 1891–1901 veranschaulicht und sein anschließendes Engagement für (Stadt-)denkmalpflege näher erläutert werden. Schließlich diskutiere ich die spätere Haltung Fischers zu Planungsmethoden für die Altstadt anhand des bereits erwähnten Textes »Altstadt und Neuzeit«.

THEODOR FISCHER ALS INTERPRET CAMILLO SITTES IN DER STÄDTEBAULICHEN PRAXIS

Theodor Fischer gilt als einer der bedeutendsten Vertreter eines Städtebaus, der Camillo Sittes Buch »Der Städtebau nach seinen künstlerischen Grundsätzen« für das konkrete Planungshandeln auslegte.[8] In ihrem grundlegenden Buch »Camillo Sitte and the birth of modern city planning« würdigten George R. Collins und Christiane Crasemann Collins 1965 Theodor Fischer als Vermittler zwischen künstlerischem Städtebau der Jahrhundertwende und dem Städtebau der internationalen Moderne.[9] Fischer ließ sich im Entwurf von Sittes Ablehnung des sogenannten Geometer-Städtebaus und seiner Vorliebe für geschlossene Straßen- und Platzsituationen und für gestaffelte Baugruppen leiten. Camillo Sitte selbst war 1892–93 Preisrichter beim Stadterweiterungswettbewerb in München. Dieser Wettbewerb stand am Anfang der Stadterweiterungsplanung, mit der Theodor Fischer und seine Mitarbeiter bis 1899 flächendeckende Planungsvorgaben für Münchens städtebauliche Entwicklung im Innern und die Erweiterung in die Außenbezirke hinein erstellten.[10] Aus dem Stadterweiterungswettbewerb waren vier erste Preise hervorgegangen. Keiner davon erhielt den Zuschlag zur Realisierung; die Arbeiten dienten dem jungen Planungsleiter Fischer jedoch als Anhaltspunkte für seinen Entwurf. Einer der vier hauptprämierten Wettbewerber, Karl Henrici aus Aachen, verfasste einen Plan, den er anschließend publizieren ließ und den Theodor Fischer als Entwurfsantwort auf Camillo Sittes Ideen von »Freiheit und künstlerische[r] Behandlung« im Städtebau verstand (Abb. 1).[11] Die perspektivischen Illustrationen stellen neue Stadtteilzentren dar, die nach Henricis Vorschlägen im Münchner Umland entstehen sollten. Dieser malerische Städtebau, frei inspiriert von historischen Platztypen, die Sitte definiert hatte, zeigte Merkmale heutiger Themenarchitekturen zur vorindustriellen Kleinstadt (siehe dazu den Beitrag von Gerhard Vinken in diesem Band).

Theodor Fischer entwarf, ebenso wie Karl Henrici, neue Stadtteilzentren, an die sich öffentliche Bauten angliederten. Ein Beispiel dafür ist der Elisabethplatz im heutigen Münchner Stadtteil Schwabing. Der Großteil der Erweiterungsplanungen unterschied sich jedoch von denen Henricis darin, dass es sich nicht um Idealplanungen ›auf der grünen Wiese‹ handelte, sondern um Straßenführungen und Baulinien, die das Ergebnis von Aushandlungsprozessen zwischen Eigentümern, Baubehörden, dem Stadtrat und den Gemeindevertretungen des Umlandes waren. Fischers Planungsvorgaben unterscheiden sich gegenüber denen anderer Stadterweiterungen, die zeitgleich oder zuvor in Europa vorgenommen worden waren, in ihrem rechtlichen wie im politischen Rahmen.[12] Während Camillo Sitte etwa für Marienberg bei Ostrava / Ostrau für einen einzigen Bauherrn plante

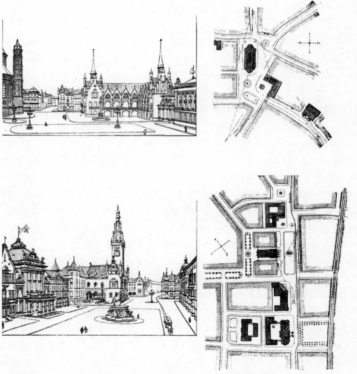

Abbildung 1: Perspektivische Darstellungen und Grundrisse für zwei neue Platzanlagen, Architekt Karl Henrici, Beitrag zum Münchner Stadterweiterungswettbewerb, veröffentlicht 1893

und die bedeutenden Stadterweiterungen zuvor in der Regel auf öffentlichem Grund, etwa über ehemaligen Stadtbefestigungsanlagen, erfolgt waren, plante Fischer für das gesamte Stadtgebiet mit all seinen unterschiedlichen Grundstückseigentümern.[13] Der Stadt stand keine rechtliche Handhabe zur Enteignung von Grundstücken zur Verfügung. Dies war neben Fischers hohem Interesse an historischen Ortssituationen ein wichtiger Grund dafür, in die Münchner Planungen vorhandene Dorfkerne und die Verläufe von Altstraßen und Flurgrenzen einzubeziehen.[14] Die Anlehnung der Straßen- und Baulinienentwürfe an vorhandene Stadtstrukturen erleichterte die notwendigen Eigentumsumlegungen und bediente damit private Interessen. Darin wird zurecht eine innovative Leistung gegenüber der formalen Ablehnung geometrischer Planungspraxis bei Camillo Sitte gesehen.[15] Fischer selbst begründete diese Entwurfspraxis in seinen Vorlesungen zudem damit, dass vorhandene Ortsstrukturen Architekten zu variantenreichen Entwürfen anregten.[16] Im Ergebnis führten historische Bauwerke und andere übernommene Elemente der Kulturlandschaft in Neubaugebieten dazu, dass diese teils auch scheinbar altstädtischen Charakter annahmen und als »Epizentren« der historischen Stadt erschienen,[17] wie unten am Beispiel des Schwabinger St.-Silvester-Kirchhofs gezeigt werden soll.

MÜNCHENS ALTSTADT UND MÜNCHENS STADTERWEITERUNGSPLANUNG 1891–1901

Theodor Fischers Stadterweiterungsbüro hatte in der Münchner Stadtverwaltung die Aufgabe, das Stadtwachstum in geregelte Bahnen zu lenken. Hierzu entstanden im Entwurf Straßenführungen und Baulinien für die äußeren Erweiterungsgebiete. Zudem plante das Büro auch die Innere Stadterweiterung, also die Regelung der Verkehrs- und Zufahrtswege im Stadtzentrum und den Umbau der Altstadt zu einem zentralen modernen Wirtschaftsbezirk. Während zuvor mehrere Versuche, mit geradlinigen Straßendurchstichen die Verkehrssituation zu verbessern, an der Ablehnung der betroffenen Grundstückseigentümer gescheitert waren, suchte Fischer nach anderen Wegen, die Durchlässigkeit des Zentrums für den Fahr- und Fußgängerverkehr zu verbessern. So schlug er vor, die vorhandenen Hauptstraßen streckenweise zu verbreitern, den Verlauf von Stadtbächen für neue Fahrstraßen zu nutzen und neue Gassen und Passagen zwischen den Stadtplätzen anzulegen. Nahezu flächendeckend präsentiert der »Theodor Fischer Atlas« diese Planungen Fischers im Druck.[18]

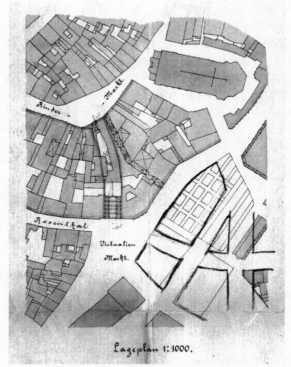

*Abbildung 2: Entwurfszeichnung: »Straßenverbindung
Anger – Rindermarkt betr. Durchbruch durch das Schulhaus
am Rosenthal«, Stadtbauamt München, 31. Mai 1895*

Ein Entwurf vom Mai 1895, der hier erstmals veröffentlicht wird, veranschaulicht die Arbeitsweise Fischers im Detail (Abb. 2). Er sah eine neue Straßen-
durchfahrt vom Rindermarkt im Norden zum Münchner Viktualienmarkt im Süden vor, für die ein handtuchförmiges Grundstück freigeräumt werden sollte. Für
das städtische Schulhaus, das an den Viktualienmarkt angrenzte, sah Fischers
Entwurf eine dreibogige Durchfahrt vor. Die neue Gasse ordnete sich in ihrer
Dimension der bisherigen Stadtstruktur unter. Die Platzwand des Viktualien-
marktes blieb auf diese Weise geschlossen, was gemäß Camillo Sitte dem Ideal-
zustand eines altstädtischen Platzes entsprach. Die Stadt als Eigentümerin des
Schulhauses hätte eine solche Durchfahrt in Eigenregie umsetzen können, und
nur das rückwärtige handtuchförmige Grundstück hätte zur Schaffung der neuen
Gasse von der Stadt aufgekauft werden müssen. Der Entwurf reiht sich jedoch in
zahlreiche nicht ausgeführte Studien ein, mit denen Fischer den Ausgleich zwischen städtischen Interessen, Eigentümern und den neuen gestalterischen Zielen

zum Planen im Sinne der Altstadt suchte, bevor sich schließlich eine konsensfähige Lösung fand.

Während das Stadtgewebe im Innern der Altstadt offenbar als zu dicht galt und mit Durchgängen und breiteren Straßen durchlässiger werden sollte, plante Fischer für den bis dahin dörflich geprägten Vorort Schwabing eine großstädtische Verdichtung (Abb. 3). Schon zuvor war die Erweiterungsplanung der 1880er Jahre im rechtwinkligen Raster bis an den historischen Ortskern mit seiner kleinen, vom Friedhof umgebenen im Kern mittelalterlichen Kirche St. Silvester herangekommen.[19] Fischer passte das starre Blockraster an, indem er die Kirche baulich rahmte. Dafür wandelte er den Kirchhof, der zuvor nur von zwei einzeln stehenden Rückgebäuden begrenzt war, bewusst in einen Platz – durch eine geschlossene Reihe von Bauten, die nun den Hintergrund für die Kirche bilden sollten. Dadurch bewirkte er nicht nur die Einbindung der Kirche in ein neues städtisches Umfeld, sondern auch eine geschickte Umdeutung und Wendung der bisherigen Blockbebauung. Diese fand in einer lockeren Reihe von Gebäuden um die Kirche eine freiere Anordnung. Mit dem Platzentwurf erzeugte Theodor Fischer in Schwabing unter Zuhilfenahme des alten Kirchleins altstädtische Baustrukturen in einem Neubaugebiet.

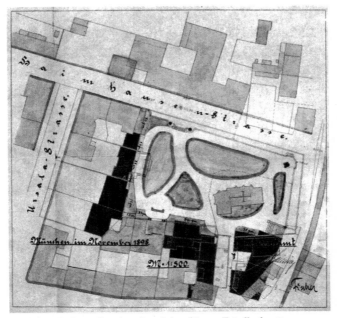

Abbildung 3: Lageplan des alten Schwabinger Friedhofs mit St. Silvester, neu geplante Gebäude dunkel, im Original rot dargestellt, Stadtbauamt München, Schwiening, Fischer, November 1898

Fischers Schwabing wurde zur »Stadt-Erweiterung im Wortsinne«.[20] Für die historische Bindung dieses frühen Vorortes an die alte Stadt München war für Fischer die Dorfkirche St. Silvester als Erbe und historische Spur essenziell. Dies belegt auch die Reihe von fünf Planungsvarianten für die Umgebung der alten Schwabinger Kirche, die Fischer 1897 und 1898 zeichnen ließ.[21] Das Ergebnis war eine Hybridsituation, in der dörfliche Bebauung, altstädtisch wirkende Straßen und Plätze und neue Bebauung gestalterisch zusammengebunden wurden. Ähnliches ist bis heute in mehreren Münchner Stadtteilen, die Fischer städtebaulich formte, zu beobachten. Durch die Kriegsschäden im Stadtzentrum wirken diese Orte heute fast altstädtischer als der Stadtkern. Sie transportieren weiter das Gefühl von Heimat, das Fischer mit diesen Planungen zu erzeugen beabsichtigte.

Beide Beispiele, wie auch eine Reihe weiterer Entwürfe, spielen mit altstädtischen Elementen. Diese bilden ein Netz städtebaulicher Strukturen, das sich von den ältesten Stadtteilen in die neuen hineinzieht, bestehend aus Straßen im »gewachsenen« geschwungenen Verlauf und altstädtisch wirkenden Plätzen, die sich durch Geschlossenheit, dominante öffentliche Gebäude und variierende Raumkanten auszeichnen.

KONSERVIEREN UND RESTAURIEREN DER STADT

1901 wurde Theodor Fischer als Professor an die Stuttgarter Hochschule berufen. Für ihn begann nun eine Phase der Reflexion und Diskussion in Vereinen und Fachverbänden. So ließ er sich als Stadtkonservator in beratender Funktion in Rothenburg o.d.Tauber einbinden und arbeitete sich in die laufenden Entwicklungsprojekte seiner neuen Wirkungsstätte Stuttgart ein (siehe zur dortigen Sanierung des Geißplatzviertels den Beitrag von Melchior Fischli in diesem Band). Nach seiner abgeschlossenen Planungsaufgabe in München suchte er fortan nach Instrumenten zum Schutz und zur Entwicklung historischer Stadtbereiche und befasste sich mit allgemeinen Fragen der Denkmalpflege. In seinem Aufsatz »Über das Restaurieren« von 1902 erklärte er, dass er den Begriff »Kunstdenkmal« »recht weit gefaßt« wissen wolle: »[...] auch Plätze und Straßen sind mitzuzählen [...].«[22] Damit weitete er die Debatte um die Möglichkeit einer Restaurierung, also zur teilrekonstruierenden Herstellung früherer Gebäudezustände, die sich am Heidelberger Schloss entfacht hatte, auf die gesamte Altstadt aus. Er schätzte in diesem Zusammenhang die historisierenden Ergänzungen von Stadttoren in Freiburg im Breisgau durch Karl Schäfer als unzulässige erfundene Ergänzungen zugunsten des Stadtbildes ein. Seinen Rat, »bescheiden und sachlich neues in neuen Formen dem Alten zuzufügen«[23] galt in seinen gewählten Beispielen für einzelne Gebäude. Für den Stadtmaßstab strebte er trotz der geforderten neuen Einzelformen nach einer Wahrung des Gesamtcharakters einer räumlichen Einheit:»Aber der Fall liegt überwiegend oft so, daß Altes, Wertvolles als solches erhalten werden muß, und dabei denke ich nicht an Einzelheiten allein, sondern auch an die einheitliche Gesamtstimmung eines Raumes, eines Bauwerkes, eines Platzes, ja einer Stadt.«[24] Gerade die Verwendung des Begriffs»Gesamtstimmung« weist auf Heimatschutzgedanken hin, die er als Gründungs- und Vorstandsmitglied des»Deutschen Bund Heimatschutz« vertrat.[25]

Eine Konkretisierung des Schlagwortes»Gesamtstimmung« konnte Theodor Fischer für die Altstadt von Rothenburg o.d.Tauber erproben, als er 1901 hier das Amt des externen Stadtkonservators antrat. Er hatte, so geht es aus dem Bericht des Vereins Alt-Rothenburg hervor,[26] bereits ein Schulhaus direkt außerhalb der Stadtmauer entworfen und die Baulinienplanung für eine Stadterweiterung vorgenommen, die 1902/03 von der Stadt samt einem Bauverbot für Graben, Zwinger und Stadtmauer angenommen wurde. Als Stadtkonservator beriet er die Stadt bei der»Herstellung baupolizeilicher Verordnungen«[27] und den Verein Alt-Rothenburg in seiner Arbeit gestaltender und konservierender Baupflege. Immer wieder warnte Fischer in Rothenburg vor altertümelnden Verschönerungen[28] in der Stadt, die jedoch u.a. auch in Folge der Bauberatungen des Vereins nicht ausblieben. 1910 schließlich gab er den Posten des Stadtkonservators wieder ab. Es mag der Erfahrung mit dem Verein Alt-Rothenburg geschuldet sein, dass er 1928 im Hinblick auf Vorbehalte in Bevölkerung und Beamtenapparat[29] gegenüber gerade entstehenden neuen (Kunst-)werken beklagte:»In dem spießbürgerlichen Behagen, das die Atmosphäre mancher Altertums- und Heimatschutzvereine immer noch ausmacht, droht viel lebendige Kunst zu ersticken«.[30]

Mit der Erfahrung zahlreicher Einzelplanungen und -entscheidungen für historische Baubereiche beriet Theodor Fischer Städte beim Entwurf ortspolizeilicher Vorschriften zum Schutz und zur Pflege historischer Stadtbereiche. Einen »Kunstrat« für die Altstadt oder»kunstpolizeiliche Vorschriften« lehnte er als Einschränkung der künstlerischen Freiheit der Architekten jedoch ab.[31] Trotz seines klaren Plädoyers für einzelne»gewaltsame Veränderungen«, die»den Geist der Entstehung deutlich zeigen«,[32] wollte er im Übrigen den»Altstadtcharakter« in den verbleibenden Bereichen wahren und sprach sich noch 1928 für Einschränkungen an übergeordneten gestalterischen Veränderungen an der Altstadt aus, so für eine Einschränkung auf die»Farben, die den Alten bekannt gewesen sein mögen«.[33] Von einer Restaurierung der Altstadt, also einer strategischen Überarbeitung eines Stadtbereichs im Sinne einer Vereinheitlichung, nahm er jedoch 1928 Abstand.

SYSTEMATISIERUNG DER ERWEITERUNGSPRAXIS FÜR ALTSTÄDTE NACH 1900

Mit den jährlichen Fachtagungen, den »Tagen für Denkmalpflege«, die seit 1900 abgehalten wurden, begann eine systematische Beschäftigung deutschsprachiger Denkmalpfleger mit Fragen der Stadtplanung und Denkmalpflege (siehe dazu den Beitrag von Melchior Fischli in diesem Band). Auch Joseph Stübben nahm in die zweite Auflage seines Handbuchs »Der Städtebau«, die 1907 erschien, Denkmalbauten als wichtige Fixpunkte für die Baulinienplanung auf.[34] Fischers Dresdner Hochschulkollege Cornelius Gurlitt, der sich spätestens seit der deutschen Städteausstellung zu Dresden 1903 intensiv mit den Entwicklungen des Städtebaus seit dem 19. Jahrhundert beschäftigt hatte,[35] betreute die Dissertation »Innere Stadterweiterung« von Otto Schilling, der darin bis 1915 europäische städtebauliche Modernisierungsmaßnahmen für das Stadtzentrum methodisch analysierte. Schilling strich in seiner Untersuchung die künstlerischen und wirtschaftlichen Vorzüge geschwungener neu eingezogener Straßen gegenüber geradlinigen Straßendurchbrüchen heraus. Ein eigenes wohlwollendes Kapitel widmete er dem Straßburger »Großen Durchbruch« (siehe dazu den Beitrag von Christiane Weber und Hélène Antoni in diesem Band). Die Planungen für Münchens Stadtzentrum erwähnte Schilling jedoch nicht – wohl deshalb, weil hier kein öffentlichkeitswirksamer Durchbruch vorgenommen wurde. Vielmehr erleichterten Fischers Entwürfe mit zahlreichen kleinen Änderungen und Eingriffen, die sich rings um das Alte Rathaus verdichten, die Verkehrssituation. Die Bebauung wurde sukzessive auf private Initiative hin teilweise durch Neubauten ersetzt. Vergleicht man die München-Planung mit den bei Schilling erwähnten Entwürfen, so nahm Fischer mit seinem Stadt-Design methodische Schritte voraus, die andernorts erst nach der Jahrhundertwende erfolgen sollten.[36] Das zeigt auch der direkte Vergleich mit Gurlitts »Handbuch des Städtebaus«, in dem dieser 1920 die bekannten baulichen und städtebaulichen Mittel zur Verbindung von Denkmalschutz und moderner Entwicklung vorstellte, von der Zurücksetzung von Erdgeschossen an Verkehrsstraßen zur Verbreiterung der Fahrbahn über die Schaffung neuer Durchgänge bis hin zum Einziehen von Entlastungsstraßen auf der Hofseite vorhandener Bauinseln.

Im Gegensatz zu Cornelius Gurlitt oder zum italienischen Ingenieur und Architekturlehrer Gustavo Giovannoni, der sich noch expliziter mit dem Zusammenwachsen von Altstadt und neuer Stadt beschäftigte (siehe dazu den Beitrag von Klaus Tragbar in diesem Band), schrieb Theodor Fischer keine Handbücher und nur wenige theoretische Texte. Er entwickelte seine Entwurfstechnik vielmehr als künstlerischer Lehrer und Inhaber seines Architekturbüros, das von zahlreichen Schülern frequentiert wurde, die später Bekanntheit erlangten.[37] Durch diesen intensiven Austausch, den Fischer mit der Generation seiner Studenten pflegte, hielt auch der älter werdende Meister Ausschau nach den neuesten Architekturströmungen. So warb er 1928 vor den Denkmalpflegern für die Anerkennung neuer Bauformen und mahnte:

»Die genießerische Einstellung, die aus der ausschließlichen Betrachtung des hundertmal gesichteten und gerichteten alten Kunstgutes sich bilden muß, wird ohne Ueberlegung angewandt auf das entstehende Werk [...], dessen Schönheit in peinlichen Kämpfen errungen werden will, und dessen Blüte erst erhofft werden muss.«[38]

Seine Offenheit auch gegenüber neusten Planungsrichtungen im Städtebau zeichnet Fischer gegenüber Gurlitt und Giovannoni aus. So stellte er im Rückblick weder seine Technik zur Verlegung von Baulinien in der Altstadt noch »Altstadtsanierungen nach mehr oder weniger malerischen Gesichtspunkten«[39] als Ideallösungen für die Altstadtplanung dar. Die ganze Bandbreite der Techniken zur Altstadtentwicklung – »gewaltsame[r] Erweiterungen der Altstadt«[40] –, die seit 1890 entstanden war, fasste er in knappen Sätzen zusammen. Ihr Ergebnis, schloss er, sei »praktisch wohl hier und da ein entscheidender Vorteil, sehr oft finden wir, daß der Aufwand überflüssig gewesen ist, immer aber war und ist es ein Opfer an schönheitlichen Werten.«[41]

Diese Schlussfolgerung erscheint bemerkenswert für den Exponenten einer Architektengeneration, die sich zum Ziel gemacht hatte, die Schönheit der Altstadt durch das Entfernen störender Elemente im Sinne einer Restaurierung in großem Maßstab und durch die geschickte Platzierung und Isolierung der Altstadt im sich rasch entwickelten Stadtgefüge zu erhalten oder gar zu steigern (siehe dazu den Beitrag von Melchior Fischli in diesem Band). Fischer spitzt diese Überlegungen noch weiter zu:

»Ich nannte es eingangs für selbstverständlich, daß die Altstadt als Denkmal geschützt werde; ich deutete aber an, dass dies nicht durch Einbalsamierung geschehen dürfe, und bekannte damit, daß ich die Aufgabe im Grunde eigentlich für unlösbar halte.«[42]

Mit diesem vorsichtig formulierten Satz trifft Fischer den Kern der Problematik der Produktion von Altstadt, die 1928 bereits eine wechselvolle Geschichte besaß, an der Fischer selbst Anteil hatte.

ARBEITSTEILUNG ZWISCHEN DENKMALPFLEGE UND STÄDTEBAU

Seine Schüler lehrte Fischer für ihre Entwürfe Achtung und Respekt vor den Stadträumen der Altstadt als vorgegebene übergeordnete städtebauliche Gestaltungseinheiten. Die »Gesamtstimmung« solcher Räume zu schützen, wie er es 1902 noch als Ziel formuliert hatte, hielt er mit seiner Absage an einen gesamtstädtischen Denkmalschutz 1928 offenbar nicht mehr für möglich. Jedoch verwies er auf ein Positivbeispiel zur Denkmalpflege in der Altstadt, nämlich die Denkmalpolitik der Stadt Augsburg:

»Dort ist eine ortspolizeiliche Vorschrift erlassen, die sich auf ein von den zuständigen Staatsstellen genehmigtes Verzeichnis stützt von rund 170 Einzelbauten und Denkmälern und von etwa 30 Straßen, Straßenteilen und Plätzen. Jeweils ist das Wertvollste des Einzelbaues oder des Raumes in Worten festgelegt, so daß die Sachbehandlung einen Anhaltspunkt hat.«[43]

Seiner eigenen Profession des Architekten empfahl er, wo nötig, effektive funktionale Eingriffe, auch geprägt von »unterbitterlicher Ehrlichkeit«,[44] in die alte Stadt vorzunehmen. Eine entsprechende Teilung zwischen geschützten Stadträumen

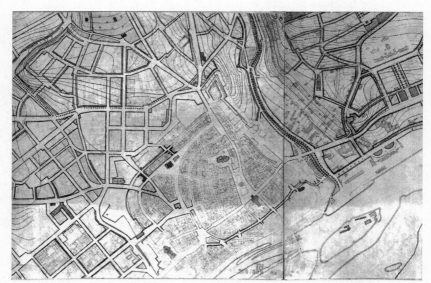

Abbildung 4: Generalbaulinienplan für Schweinfurt, Theodor Fischer, 1923–25, Ausschnitt für die Altstadt und angrenzende Gebiete, Farbstifteinzeichnungen geplanter oder auszugebaute Straßen auf dem Katasterplan

und anderen Bereichen, in denen eine schnellere Stadtentwicklung erfolgen kann, wurde in den 1970er Jahren mit den Gesetzen zum Denkmalschutz umgesetzt.

FAZIT

Fischer durchlebte eine Phase der Begeisterung für das Heimatschutzziel, Altstädte durch Bauberatung und einheitliche Bauvorschriften in ihrer Gesamtheit mit einer traditionalistisch gedachten Moderne zu versöhnen. Mit seiner Verbandstätigkeit und speziell wohl auch in den Einzeldiskussionen in Rothenburg o.d.Tauber und beim Verein Alt-Rothenburg folgte für Fischer eine Phase der Ernüchterung und der Rückbesinnung auf seine Erfahrungen als Planer. Er gelangte zu der Erkenntnis, dass der Architekt zwar Neuerungen bewusst und respektvoll in eine historisch gewachsenen Umgebung einführen, nicht aber die Altstadt selbst planen könne: »Einpökeln läßt sich die Kunst nicht, läßt sich auch die Stadt nur für kurze Zeit; dann fängt sie an, menschliche Organe zu beleidigen.«[45]

Größere Einschnitte in die Altstädte, die nach Fischers Ansicht für Verkehr und Hygiene in Zukunft nötig wurden, plante der Architekt am Ende seiner Laufbahn selbst nicht mehr. In einem Gutachten für München schlug er 1913 vor, statt weiter gehender Straßenverbreiterungen für die vielbefahrene Theatinerstraße die U-Bahn-Planung, die er selbst 1898 begonnen hatte,[46] weiter voran zu treiben. Mit seinem Architekturbüro plante er jedoch Stadterweiterungen für eine ganze Reihe mittelgroßer Städte, darunter u.a. Augsburg, Bad Tölz, Dinkelsbühl, Kaufbeuren, Kempten, Lindau und Memmingen.[47] Da es sich hier nicht um rasch wachsende Großstädte handelte, waren nur kleinere Veränderungen an der Altstadt nötig. Für seine Heimatstadt Schweinfurt etwa (Abb. 4) plante er 1923–24 eine neue kurze Gasse im Süden der Altstadt, die mehrere, parallel zur Hauptverkehrsstraße verlaufende Gassen zu einem verkehrsentlastenden Straßenzug zusammenfügte, sowie einen kurzen Durchstich im Westen zur Anbindung eines neu geplanten Stadtteils ans Zentrum. Diese Technik der städtebaulichen Minimaleingriffe veranschaulicht ebenso wie die Forderung nach dem Bau einer Untergrundbahn Fischers Vision, die Altstadt in Struktur und Bebauung möglichst intakt, aber auch entwicklungsfähig zu halten, sie zu schonen und städtebaulich zu arrondieren, jedoch ohne sie ihrer wechselvollen Geschichte zu berauben.

1   Nerdinger, Winfried: Theodor Fischer: Architekt und Städtebauer 1862–1938, Berlin 1988.

2   Für die Münchener Altstadt: Walter, Uli: Der Umbau der Münchener Altstadt (1871–1914), München 1987. Für andere Städte, für die Fischer plante, gibt es noch keine entsprechenden Arbeiten.

3   Frank, Hartmut: La metropoli come opera d'arte totale e sociale. Il caso di Schumacher ad Amburgo e Colonia, in: Camillo Sitte e i suoi interpreti, hg. v. Guido Zucconi, Milano 1992, S. 213–220, hier S. 215.

4   Nerdinger untersuchte in seinem Kapitel »Architektur und kulturelles Gedächtnis« in Nerdinger, Winfried 1988 (wie Anm. 1), S. 68–85, Fischers Bezug zur Vergangenheit. Für den Werkkatalog im selben Band sind denkmalpflegerische Maßnahmen aber explizit ausgeklammert.

5   Fischer, Theodor: Über das Restaurieren, in: Der Kunstwart, 16. Jg., H. 5, 1902, S. 298–302.

6   Fischer, Theodor: Altstadt und Neuzeit, in: Tag für Denkmalpflege und Heimatschutz. Würzburg und Nürnberg 1928, Berlin 1929, S. 71–79, und unter: http://www.denkmal debatten.de/fileadmin/dateien/Download-Materialien/T._Fischer_-_Altstadt_und_Neu zeit.pdf (15. April 2016).

7   Ebd., S. 77.

8   Zu den internationalen »Interpreten« Camillo Sittes vgl. den Tagungsband Camillo Sitte e i suoi interpreti, hg. von Guido Zucconi, Milano 1992.

9   Collins, George R.; Crasemann Collins, Christiane: Camillo Sitte and the birth of modern city planning, 2. Aufl. New York 1986, S. 92.

10 Der Gesamtbaulinienplan für München erschien 1899, 1904 wurde die Staffelbauordnung, die außer den Baulinien auch Vorgaben für die Höhenstaffelung der Bebauung enthielt, genehmigt. Zu den Ereignissen des Stadterweiterungswettbewerbs und zur Staffelbauordnung vgl. Schiermeier, Franz: Der Weg zur Großstadt, in: Theodor Fischer Atlas, hg. v. Sophie Wolfrum, München 2012, S. 10–17 sowie die Abb. auf S. 30–31. Zur überregionalen Bedeutung des Stadterweiterungswettbewerbs: Fisch, Stefan: Neue Aspekte der Münchener Stadtplanung zur Zeit Theodor Fischers (1893 bis 1901) im interurbanen Vergleich, in: Soziale Räume in der Urbanisierung. Studien zur Geschichte Münchens im Vergleich 1850 bis 1933, hg. v. Wolfgang Tenfelde / Hartwig Klaus, München 1990, S. 175–192.

11 Fischer, Theodor: Städtebau, in: Die Stuttgarter Stadterweiterung, hg. vom Stadtschultheissenamt Stuttgart, Stuttgart 1901, S. 265–269, abgedruckt bei Nerdinger, Winfried 1988 (wie Anm. 1), S. 330–332, hier S. 332; Henrici, Karl: Preisgekrönter Konkurrenz-Entwurf zu der Stadterweiterung Münchens, München 1893.

12 Diese Aussage und die anschließenden Erläuterungen aus Fisch, Stefan 1990 (wie Anm. 10), hier S. 179–184.

13 Fisch, Stefan: Sitte e Fischer: teoria e prassi della pianificazione, in: Camillo Sitte e i suoi interpreti, Milano 1992, S. 84–90, hier S. 85.

14 Fischer schreibt: »Dass dabei jeder Einzelne gut fährt, indem er brutale Durchschneidungen seines Besitzes nicht zu fürchten braucht, ist ebenso klar wie der Vorteil, den die Gesamtheit darin findet, dass die Grundabtretungen zur Strasse ungleich leichter vor sich gehen [...]«. Fischer, Theodor 1901 (wie Anm. 11), S. 332.

15 Nerdinger, Winfried 1988 (wie Anm. 1), S. 25, vgl. auch S. 30.

16 Ebd., S. 25–26.

17 Meller, Helen: European Cities 1890–1930: History, Culture, and the Built Environment, 2001, S. 62.

18 Sophie Wolfrum (Hg.): Theodor Fischer Atlas, München 2012, hier S. 37–51.

19 Zu dieser Entwurfsaufgabe sind mehrere Planzeichnungen aus dem Stadterweiterungsbüro publiziert, die die Entwicklung veranschaulichen: Theodor Fischer Atlas
2012 (wie Anm. 10), S. 231–236.

20 Meller, Helen 2001 (wie Anm. 17), S. 61.

21 Theodor Fischer Atlas 2012 (wie Anm. 10), Abb. auf S. 231–234.

22 Fischer, Theodor 1902 (wie Anm. 5), S. 300.

23 Ebd., S. 301.

24 Ebd., S. 299.

25 Vgl. Anm. 3.

26 Jahresbericht über die Tätigkeit des Vereins Alt-Rothenburg / 1901–02, S. 3–4. Mein
Dank geht an Lisa Gagl, die im Rahmen einer Seminararbeit die Vereinsberichte studierte. Zu den folgenden Ereignissen vgl. auch die weiteren Jahrgänge der Vereinsberichte.

27 Ebd., S. 4.

28 »Nun aber hüten wir uns vor denen, die glauben, sie täten was Rechtes, wenn sie mit
Theaterburgen, mit Putzenscheibenromantik und dem ganzen altdeutschen
Perückenkram daherkommen! [...] Schlicht und sachlich müssen wir sein in allem [,]
was wir Neues dem alten hinzuzufügen haben, [...].« Schreiben:»Herr Professor
Theodor Fischer = Stuttgart an Herrn Architekt Kieser = Nürnberg« vom 23. April
1904, abgedruckt im: Jahresbericht über die Tätigkeit des Vereins Alt-Rothenburg
1904, S. 1–2, hier S. 2.

29 Fischer, Theodor 1929 (wie Anm. 6), S. 74.

30 Ebd., S. 78.

31 Ebd., S. 78.

32 Ebd., S. 76.

33 Ebd., S. 75.

34 Stübben, Joseph, Der Städtebau (Handbuch der Architektur, Teil 4, Entwerfen, Anlage und Einrichtung der Gebäude, Halbbd. 9), 2., erweiterte Aufl., Stuttgart 1907,
Kapitel »Fluchtlinien in alten Stadtteilen«, S. 226–237.

35 Gurlitt, Cornelius: Der deutsche Städtebau, in: Die deutschen Städte. Geschildert nach
den Ergebnissen der ersten deutschen Städteausstellung zu Dresden 1903, hg. v. Robert Wuttke, Leipzig 1904, Bd. 1, S. 23–45.

36 Eine genauere Studie der Autorin zu Fischers Planungen im internationalen Vergleich
ist derzeit in Arbeit.

37 Nerdinger, Winfried 1988 (wie Anm. 1), S. 86–95.

38 Fischer, Theodor 1929 (wie Anm. 6), S. 78.

39 Ebd., S. 76. Mit dieser Bemerkung zielte Fischer möglicherweise auf die Stuttgarter
Sanierung.

40 Fischer, Theodor 1929 (wie Anm. 6), S. 76.

41 Ebd., S. 76.

42 Ebd., S. 79.

43 Ebd., S. 77.

44 Ebd., S. 76.

45 Ebd., S. 75.

46 Fisch, Stefan: Stadtplanung im 19. Jahrhundert. Das Beispiel München bis zur Ära
Theodor Fischer, München 1988, S. 243–246.

47 Vgl. Nerdinger 1988 (wie Anm. 1), Katalogteil, S. 289, 291, 299, 301, 308, 312 und
314.

BILDNACHWEIS

1   Auszug aus Henrici, Karl 1893 (wie Anm. 10), abgedruckt bei Brix, Joseph: Aus der Geschichte des Städtebaues in den letzten 100 Jahren [Vortrag, gehalten am 2. November 1910], in: Städtebauliche Vorträge aus dem Seminar für Städtebau an der Technischen Hochschule zu Berlin, Jg. 4, H. 2, Berlin 1912, S. 39, Abb. 33–36.

2   Stadtarchiv München, SGB–1026–001, Ausschnitt.

3   Stadtarchiv München, LBK 218/II, abgedruckt im Theodor Fischer Atlas 2012 (wie Anm. 17), Plan 12.11.

4   Architekturmuseum der TU München, Sammlung, fis_t-259-2.

Heimatschutz und Wiederaufbau

Komplexe Beziehungen
Der Umgang mit historischen Stadtzentren in Deutschland und Polen 1900–1950

Complicated Relationships
Dealing with Historic City Centres in Germany
and Poland 1900–1950

Małgorzata Popiołek

English Summary

Urban development in the second half of the 19th century, with its multistory tenements in different styles of historicism, its unhygienic living conditions and its large shop windows, was the object of criticism at the time both in Poland and in Germany. Since Poland was divided between Russia, Austria-Hungary and Germany from 1795 to 1918, German-language universities were very popular among Polish architects and art historians. German architecture, city planning and heritage conservation likewise became important points of reference for the Polish people. This paper showcases examples of urban renewal projects realized by German and/or Polish architects in Kalisz, Poznan, Lodz, Gdansk and Wroclaw during or after the First and Second World Wars. These five cities often changed their political affiliation between 1900 and 1950, becoming alternately German or Polish, and these shifts were usually followed by renewal campaigns in their old-town quarters. Historic districts, crucial to national identity, were to be not just renovated but essentially ›Polonized‹ or ›Germanized‹. Even though these projects served diametrically opposing political propaganda programs, they had much in common with each other from a professional point of view. Due to their political connotations, however, the importance of the Polish-German exchange of ideas in creating urban renewal programs has been underestimated in art historical research to date.

EINFÜHRUNG

Die historischen Stadtzentren Polens und Deutschlands waren in der ersten Hälfte des 20. Jahrhunderts von vergleichbaren Problemen betroffen. Industrialisierungs- und damit zusammenhängende Urbanisierungsprozesse führten Ende des 19. Jahrhunderts zu einem rasanten Stadtumbau, zur Citybildung bzw. zur so genannten »Inneren Stadterweiterung«, die meistens die historischen Stadtzentren betraf. Mit dem Anstieg der Einwohnerzahl verschlechterten sich auch die Wohnverhältnisse und die Verkehrssituation. Der Stadtraum mit seiner Bebauung in unterschiedlichen Stilen, unterschiedlichen Gebäudehöhen und der zügellosen Werbung wurde zunehmend als ein ästhetisches Chaos wahrgenommen. Die damals beliebten architektonischen Stile, wie Historismus oder Jugendstil, wurden von den Architekten der Nachfolgegeneration als geschmacklos und wertlos angesehen.

All dies führte zu einem nostalgischen Bedürfnis nach Wiederherstellung eines idealisierten vermeintlich historischen Zustands. Dabei spielte auch die internationale moderne Bewegung in der Architektur und Stadtplanung, zusammen mit den neuen Erkenntnissen der Hygieneforschung, eine wichtige Rolle. Forderungen nach Gesundung der Wohnverhältnisse durch Abriss der im 19. Jahrhundert entstandenen Hinterhäuser sowie nach mehr »Licht, Luft und Sonne« wurden auch zu einem der Leitsätze der städtebaulichen Denkmalpflege. Seit dem Beginn des 20. Jahrhunderts werden auf einer gemeinsamen Basis von Konzepten des Heimatschutzes und von Reformarchitektur, gleichwohl unter unterschiedlichen ideologischen Vorzeichen, in verschiedenen Städten Deutschlands und Polens Sanierungsprojekte geplant.[1] Im Mittelpunkt dieses Aufsatzes steht die Frage, inwieweit unter den deutschen und polnischen Architekten der ersten Hälfte des 20. Jahrhunderts eine Verwandtschaft architektonischer Grundsätze erkennbar ist.

POLEN UND DEUTSCHLAND

Die Anfänge der polnischen Denkmalpflege stammen aus der Zeit, als das Land nach 1795 zwischen Russland, Österreich-Ungarn sowie Preußen geteilt war. Die Architekten, die in den jeweiligen Teilungszonen tätig waren, verfügten über unterschiedliche Erfahrungen im Umgang mit historischer Architektur. Während im russischen Teilungsgebiet kein gesetzlicher Denkmalschutz bis zum Ausbruch des Ersten Weltkrieges existierte, waren die Architekten, die in den preußischen und österreichischen Gebieten arbeiteten, mit den neuesten Tendenzen in der europäischen Denkmalpflege nicht nur in der Theorie, sondern auch in der Praxis vertraut.[2]

Die meisten Freiheiten konnten die Fachleute im österreichischen Teilungsgebiet und vor allem in ihrem zentralen Teil – Galizien – genießen, das in den 1860er Jahren einen autonomen Status bekam. In Galizien ist 1877 die *Krakowskie Towarzystwo Techniczne* entstanden, die Krakauer Technische Gesellschaft, der Vorläufer der polnischen Architektenkammer, die sich zuerst vor allem der Herausgabe von Fachzeitschriften widmete, in denen unter anderem über neue Projekte und Veröffentlichungen aus dem deutschsprachigen Raum berichtet wurde. Die polnischen Architekten aus Galizien gewannen mit der Zeit mehr und mehr Freiheiten und durften z. B. auf dem internationalen Architekten Kongress in Wien 1908 offiziell als selbstständige Delegation teilnehmen.[3]

Dadurch, dass hier andere Verhältnisse als in zwei übrigen Teilungsgebieten herrschten, war auch die Wahrnehmung der deutschen Kompetenzen im Bereich Architektur durch die Fachleute in Galizien neutraler. Im Jahre 1909 erschien in galizischen Krakau ein kleines Buch *»O szpeceniu kraju. Z powodu broszury Pawła Schulze«*[4] (»Über die Entstellung des Landes. Zur Broschüre von Paweł Schulze«[5]). Der Verfasser dieses Buches, Stanisław Tomkowicz, ein in Krakau, Berlin und Leipzig ausgebildeter Kunsthistoriker, konzipierte seine Veröffentlichung als eine Art mit Beispielen aus den polnischen Städten versehene Zusammenfassung und gleichzeitig als einen wohlwollenden Kommentar zum Werk von Paul Schulze-Naumburg.

Abbildung 1: Stanisław Tomkowicz (1850–1933), auf dem Gemälde von Jacek Malczewski 1913

Tomkowicz kritisierte zuerst den Niedergang der Architektur und des Städtebaues seit der zweiten Hälfte des 19. Jahrhunderts und plädierte angesichts der kritischen Lage für sofortige Schutzmaßnahmen gegenüber der Heimatlandschaft und Baudenkmale samt ihrer Umgebung.[6] Tomkowicz war der Meinung, dass das preußische Denkmalschutzgesetz (1907), unterstützt durch die Heimatschutzbewegung, einen äußerst effizienten Schutz für die Baudenkmale bot. In seinem Text schwärmte er vom weit fortgeschrittenen Erbe- und Heimatbewusstsein unter der deutschen Bevölkerung und nannte Paul Schulze-Naumburg »einen der eifrigsten Apostel und Missionare, der sich für die Rettung der Schönheit von Städten und Landschaften einsetzte«.[7] In Polen förderte er die Entstehung von Verbänden nach dem Vorbild des deutschen Heimatschutzes.[8] Obwohl ein Drittel des Landes zu diesem Zeitpunkt vom Deutschen Kaiserreich okkupiert war, war das Verhalten von Tomkowicz in architektonischen und denkmalpflegerischen Fachkreisen nicht ungewöhnlich.

Ein anderes interessantes Beispiel für das konsequente Trennen des Fachlichen vom Politischen bieten die Überlegungen zur großen Wiederaufbaukampagne der im Ersten Weltkrieg zerstörten ostpreußischen Städte, die in der polnischsprachigen Presse erschienen. Die deutschen Erfahrungen in diesem Bereich galten, trotz des Leitsatzes »Wie bauen das Land nur im Geiste Polens wieder auf!«,[9] als Vorbild für den Umgang mit den zerstörten polnischen Städten, und zwar sowohl in organisatorischer als auch in fachlicher Hinsicht.[10] Außer zahlreichen Presseartikeln sind zwei größere Publikationen, die aus Ostpreußen berichteten, erschienen: von Alexander Raczyński 1916 der Band »Kriegsentschädigungen und Wiederaufbau in Ostpreußen« – er enthielt als Beilage »Verordnungen und Gesetzentwürfe der preußischen Regierung in polnischer Sprache«[11] – sowie von Bronisław Biegeleisen das Buch »Wiederaufbau Ostpreußens, kurze Skizze der Organisation und der bisherigen Ergebnisse«[12] aus dem Jahre 1918. Der gesamte Erlös aus Raczynskis Buch war, wie es auf der Titelseite vermerkt, dem Krakauer Wiederaufbaukomitee der polnischen Gebiete zugedacht.[13]

Kurz bevor Polen am 11. November 1918 seine Unabhängigkeit wiedererlangte, wurde am 31. Oktober von der Regentschaftsregierung ein Dekret über den Schutz der Kunst- und Kulturdenkmale erlassen, das in mehrfacher Hinsicht modern abgefasst war:[14] Vor allem der Artikel 13, der der Schutzpflicht der Denkmalumgebung gewidmet war, sowie der Artikel 17, der verhindern sollte, dass der Blick auf das Denkmal eingeschränkt oder verstellt wird, zeigen die Kenntnis der neuesten Tendenzen in der Denkmalpflege. Eine solche Wahrnehmung eines Denkmals im Zusammenhang mit seinem städtebaulichen Kontext ist vom preußischen »Gesetz gegen die Verunstaltung von Ortschaften und land-schaftlich hervorragenden Gegenden«[15] (1907) abzuleiten.

In der Geschichte des Städtebaus und der städtebaulichen Denkmalpflege in Deutschland und in Polen lassen sich einige Beispiele altstädtischer Sanierungs-kampagnen erkennen, in denen die deutsch-polnischen Beziehungen in verschiedenen Dimensionen verflochten waren.

KALISZ/KALISCH

Während der Teilung Polens 1795 war Kalisch[16] zunächst preußisch. 1815 wurde die Stadt ein Teil Kongresspolens und damit Russland untergeordnet. Das historische Stadtzentrum von Kalisch wurde 1914 von der deutschen Armee zu 95% zerstört. Die Rekonstruktion der Stadt begann unter der deutschen Verwaltung, und laut einem Erläuterungsbericht war dabei geplant, »den Wiederaufbau der verbrannten Stadt im modernen Geiste, nach neuen städtebaulichen Gesichtspunkten in gesunde zwingende Bahnen zu lenken, um die kommunal-politische und wirtschaftliche Zukunft der Stadt zu gewährleisten«[17]. Zuerst wurde der Architekt Georg Caro aus Charlottenburg mit der Anfertigung des Wiederaufbauplanes beauftragt. Gleichzeitig ist 1915 ein Wettbewerb in Warschau für den Wiederaufbauplan mit ähnlichen Vorschriften unter den polnischen Architekten ausgeschrieben worden.[18] Die Hauptziele des Wiederaufbaus waren die Verbesserung der Wohnverhältnisse für die Bewohner Kalischs, Anpassung der Straßen an die Bedürfnisse des modernen Verkehrs und die Bestimmung zulässiger Gebäudehöhen für die einzelnen Straßen bei gleichzeitiger Erhaltung des historischen Straßennetzes.

Einen alternativen Wiederaufbauvorschlag zu dem von Georg Caro bereitete Helmuth Grisebach[19], der Kalisch einerseits als eine historische, nach deutschem Recht gegründete Stadt, andererseits als eine polnische, aber durch Russen regierte Ortschaft bezeichnete. Ausgangspunkt für seine Planung war der Plan von Kalisch aus dem Jahre 1785. Sein Konzept sah, stärker als das Projekt von Georg Caro[20], die Erhaltung des historischen Straßenrasters vor. Geplant war, dass »[...] jeder Baublock zusammenhängende Höfe erhält und jeder Windzug den ganzen Baublock durchlüften kann«[21]. Die Fassaden sollten »im schlichten Handwerksgeist«[22] angefertigt werden und alle Häuser die für Kalisch charakteristischen Satteldächer bekommen. Grisebach legte für jede Straße eine geltende Gebäudehöhe fest. Die neu entstehenden Häuser mussten an den Bebauungscharakter der jeweiligen Straße angepasst werden. Gips- und Zinnverzierungen sowie unschöne Werbeschilder waren verboten.[23]

Abbildung 2: Umbauentwurf der Marktplatzhäuser in Kalisch geplant von Gerhard Waldmann und Helmut Richter, nachgemalt von Alfred Dorn 1943, Rathaus von Kalisch, 2015

Grisebach wollte Kalisch gemäß seinem lokalen Charakter unter Berücksichtigung europäischer Standards neu errichten. Der Wiederaufbau der Stadt konnte sicher als ein wichtiges Mittel der deutschen Kolonisierung im besetzten Osten verstanden werden. Wie Grisebach aber selbst einräumte, nutzte er bei seiner Planung auch die polnischen Wiederaufbauentwürfe, die beim Wettbewerb in Warschau eingereicht worden waren.[24]

Nach 1918 setzte die polnische Verwaltung den Wiederaufbau von Kalisch, nun Kalisz geschrieben, fort. Die von den Deutschen angefertigten Katasterpläne wurden weiter verwendet, und manche Einzelheiten des deutsch-polnischen Wiederaufbauplans wurden im »polnischen« Wiederaufbau umgesetzt. Der größte stilistische Unterschied zwischen deutschen und polnischen Entwürfen bestand darin, dass in letzteren eine mit »Polentum« identifizierte Attika an den Häuserfronten vorgesehen war.[25]

Im Zweiten Weltkrieg wurde die Stadt erneut von deutschen Truppen besetzt und sollte als Teil des Reichsgaues Wartheland wieder saniert werden. Im Jahre 1941 kamen zwei deutsche Architekten, Gerhard Waldmann[26] und Helmut Richter, nach Kalisch, die daneben auch bei der Sanierung in Lodz tätig waren. Sie fertigten unter anderem einen Umbauentwurf der Fassaden aller vier Seiten des Marktplatzes von Kalisch an.[27] Die Projekte, die nie realisiert wurden, hängen erstaunlicherweise bis heute, kopiert als Ölgemälde von Alfred Dorn, im Vortragsaal des Rathauses von Kalisch, ohne jeglichen Kommentar oder entsprechenden Hinweis.

POZNAŃ/POSEN

Posen befand sich bis zum Ersten Weltkrieg im deutschen Regierungsgebiet. Das Stadtbild mit seiner über hundert Jahre von Preußen geprägten Architektur wurde nach 1918 von polnischen Bürgern als äußerst fremd empfunden. Um diesen Eindruck zu verwischen, begann die neue polnische Stadtverwaltung mit zahlreichen Sanierungsmaßnahmen, die unter dem Motto »Auslöschen der deutschen Spuren« durchgeführt wurden. Zunächst konzentrierte sich die ganze Aufmerksamkeit der Konservatoren auf einzelne Baudenkmale wie Kirchen. Trotz der eindeutigen politischen Erklärung der neuen Machthaber ließen sich indes im architektonischen Geschehen nach 1918 einige Kontinuitäten zu den deutschen Zeiten feststellen.

Die im deutschen Posen seit 1905 funktionierende Kunstkommission wurde durch ihr polnisches Äquivalent ersetzt, die 1920 neu gegründete *Komisja Artystyczna*, die über ähnliche Kompetenzen verfügte.[28] Die deutschen Bauvorschriften wurden, entgegen der Aussagen von Zbigniew Zieliński von der Abteilung für Stadtentwicklung von Posen und des für Posen zuständigen Landeskonservators Nikodem Pajzderski[29], die deutschen Bauvorschriften spielten keinerlei Rolle mehr, in der Praxis weiter angewendet. Es waren auch die Reformansätze Joseph Stübbens, die er ab 1904 als Leiter der Königlichen Kommission für die Stadterweiterung lanciert hatte, die im Posener Städtebau nach 1918 ihre Fortsetzung fanden.[30]

In den Jahren von 1936 bis 1938 wurde in der Abteilung für Stadtentwicklung des Posener Magistrats ein Umbaukonzept für die Marktplatzfassaden entwickelt.[31] Der Hauptverfasser dieses Projektes, Zbigniew Zieliński, berief sich auf ähnliche Maßnahmen, die in den anderen polnischen, aber auch in westeuropäischen Altstädten in den 1930er Jahren eingesetzt wurden. Die als fremd wahrgenommenen architektonischen Elemente aus den deutschen Zeiten sollten beseitigt werden, um den Marktplatz optisch zu »polonisieren«. Die geplanten Eingriffe ähnelten »Entschandelungskampagnen«, die zeitgleich in deutschen Altstädten durchgeführt wurden und bei denen es wie in Posen unter anderem um die Entfernung von historisierenden, nach 1850 entstandenen Elementen ging. In der Kritik standen aufgestockte Mietshäuser mit Erkern und großen Schaufenstern im Erdgeschossbereich. Auf dem Posener Marktplatz waren in den deutschen Zeiten sogar ganz neue Kaufhäuser errichtet worden, die Zieliński in andere Stadtteile umzusiedeln plante. Die Verwirklichung dieses großangelegten patriotischen Bauvorhabens hing allerdings vom guten Willen der jeweiligen Privateigentümer der betroffenen Häuser ab und wurde vor 1939, von einigen Ausnahmen abgesehen, nicht realisiert.[32]

Während des Zweiten Weltkrieges begannen die deutschen Behörden im besetzten Posen mit einer eigenen Umbaukampagne in der Altstadt. Die geplante Sanierung wies mit dem vor dem Krieg vorbereiteten Umbauplan einige Übereinstimmungen auf, und das obwohl sie in der polnischen Fachliteratur als faschistisch und als eine, die »nichts mit dem Schutz der historischen Werte zu

Abbildung 3: Umbau der Häuser am Marktplatz von Posen im Zweiten Weltkrieg. Rechts ist das 1892 errichtete, nach 1945 abgetragene Neue Rathaus zu sehen

Abbildung 4: Der Marktplatz von Posen mit wiederaufgebauten Häusern unter Berücksichtigung der Veränderungen aus dem Zweiten Weltkrieg

tun hatte«[33], bezeichnet wurde. Die im deutschen Projekt tiefer gehenden Eingriffe in die Altstadtstruktur waren vor allem durch die politisch bedingt verbesserten Möglichkeiten zu erklären, die den Architekten zur Verfügung standen. Manche von den im Rahmen der deutschen Sanierungskampagne entstandenen Veränderungen sind beim polnischen Wiederaufbau nach 1945 übernommen worden (Abb. 3 und 4).

Łódź/Lodsch/Litzmannstadt/Lodz

Die südwestlich von Warschau gelegene Stadt Lodz entwickelte sich im
19. Jahrhundert zu einem wichtigen Zentrum der Textilindustrie. Architektonisch wurde seine Form vor allem durch Historismus und Jugendstil geprägt,
städtebaulich brachte seine Entwicklung für die damalige rasante Urbanisierung
typische Probleme mit sich: dichte Bebauung, enge Innenhöfe und unhygienische Wohnungen. Im Zweiten Weltkrieg wurde die Stadt von deutschen Truppen
besetzt und dem Regierungsbezirk Kalisch zugeordnet. Geplant wurde die »Ein-
deutschung« der Innenstadt, was die Aufgabe des neugegründeten Sanierungs-
amtes war.

Die bereits erwähnten, später in Kalisch tätigen Architekten Gerhard Waldmann und Helmut Richter bereiteten unter der Beteiligung polnischer Mitarbeiter ein umfangreiches Sanierungskonzept für die Hauptstraße von Lodz – Piotr-
kowska – vor, im Krieg in »Adolf-Hitler-Straße« umbenannt. Das 1940 entstandene Projekt sah einerseits die »Gesundung« der langen, schmalen und dicht bebauten Innenhöfe durch ihre Entkernung, andererseits eine stilistische Neuordnung und Vereinheitlichung der Fassaden der Vorderhäuser in einer vereinfachten Redaktion des Klassizismus vor.[34] Das Projekt war eines der Vorzeigepro-
jekte der Wanderausstellung »Schöne Stadt«, die die Richtlinien des »Stadtent-
schandelungsprogramms« präsentieren sollte. Dieses Konzept ähnelt dem in
Warschau im selben Jahr von polnischen Architekten konzipierten Umbaupro-
jekt, das ebenfalls eine der Hauptstraßen betraf – die Nowy-Świat-Straße. In
beiden Fällen sollte die Straßenbebauung einheitlich gestaltet werden und sich
auf die Architekturformen um 1800 beziehen. Die im Krieg zerstörte Nowy-
Świat-Straße wurde nach 1945 unter Berücksichtigung des Plans von 1940 wiederaufgebaut.[35]

Gdańsk/Danzig

Die zwei in Danzig verwirklichten Altstadtumbauprogramme sind bisher am in-
tensivsten, im Rahmen zweier Dissertationen, erforscht worden, und zwar im
Hinblick auf die 1930er Jahre von Birte Pusback[36] und auf die 1950er Jahre von
Jacek Friedrich[37]. Danzig genoss in den Jahren von 1920 bis 1939, den Bestim-
mungen des Versailler Vertrags gemäß, einen staatlichen Sonderstatus und
wurde zur Freien Stadt Danzig. Unter der Aufsicht des Völkerbundes war der
Stadtstaat dem Staat Polen untergeordnet, und zwar entgegen der politischen
Absicht der deutschen Einwohner Danzigs, die eine deutliche Mehrheit der

Gesamtbevölkerung bildeten. Die politische Stimmung radikalisierte sich zunehmend, nachdem die Nationalsozialisten 1933 die Macht in der Stadt übernommen hatten. Das neugeschaffene Denkmalamt unter der Leitung von Otto Kloeppel begann mit einem großzügigen Restaurierungsprojekt der Danziger Altstadt, das nicht nur einzelne Häuser betraf, sondern gesamte Straßenzüge. Es handelte sich dabei um Baumaßnahmen, die sich, wie in den übrigen bereits thematisierten Beispielen, gegen die nach 1850 entstandenen Bauelemente richteten, z. B. historisierende Verzierung der Fassaden, aufgestockte Häuser und große Schaufenster. Die Realisierung des gesamten Unternehmens, das aus öffentlichen Mitteln finanziert wurde, stellte eine aggressive politisch motivierte Besetzung des öffentlichen Raums dar.

Die immensen Kriegsschäden an der Innenstadt Danzigs, das nach der politischen Neuordnung Europas als das polnische Gdańsk wiederaufgebaut werden sollte, gab den polnischen Entscheidungsträgern einen großen Spielraum bei der Gestaltung des zukünftigen Erscheinungsbildes der Stadt. Man entschied sich für rekonstruierenden Wiederaufbau, der die polnische Geschichte der Stadt betonen sollte. Die Straßen der historischen Innenstadt bekamen stilisierte, oft vereinfachte Fassaden, hinter denen sich modern ausgestattete Arbeiterwohnungen verbargen.[38] In zwei Umbau- und Wiederaufbaukonzepten bezogen sich die Architekten auf die neuzeitlichen Bauformen, mit unterschiedlichem Vereinfachungsgrad. Beim genaueren Vergleich der Entwürfe einzelner Fassaden fällt eine deutliche stilistische und konzeptionelle Ähnlichkeit auf.

WROCŁAW/BRESLAU

Die bisher am wenigsten untersuchten Beispiele der architektonischen deutsch-polnischen Beziehungen sind die geplante Sanierung der Breslauer Altstadt in den 1930er Jahren und der polnische Wiederaufbau der Stadt nach 1945. Die Rekonstruktion der Mietshäuser am Marktplatz erfolgte unter Verwendung der Bauaufnahmen des ehemaligen deutschen Konservators von Breslau, Rudolf Stein[39], der in den 1930er Jahren Bauforschung in der Breslauer Altstadt betrieb. Das Thema wurde bisher weder von polnischer noch von deutscher Seite näher erforscht.[40]

FAZIT

In den geschilderten Fallbeispielen wurden unterschiedliche Begründungen des Stadtumbaues formuliert und die Ziele von der jeweiligen Propaganda politisch genutzt. Genau besehen, folgten aber alle diese Umgestaltungskampagnen urbanistisch wie ästhetisch modernen Sanierungskonzepten, deren Ursprünge in der deutschen Heimatschutzbewegung, der Reformbaukunst und der modernen Stadtplanung liegen. Dementsprechend sind die Ergebnisse dieser Sanierungen, trotz der gegensätzlichen politischen, oft nationalistischen Programme, sehr ähnlich.

Eine weitere Gemeinsamkeit, die diese Sanierungsprogramme aufweisen, ist, dass sie jeweils in Zeiten staatlichen Umbruchs geplant wurden. Die Wahrscheinlichkeit ihrer Realisierung erhöhte sich dabei deutlich durch die Einführung einer autoritären Herrschaft. Die größten Chancen, verwirklicht zu werden, – und zwar in vollem Ausmaß –, bekamen die Projekte aber erst durch Kriegszerstörungen, die die nötigen Bauplätze freiräumten. Darüber hinaus war der Wiederaufbau ein wichtiger Moment, neue politische Akzente zu setzen, die sich in einer Wiederaufbau-/Sanierungskampagne sehr gut vermitteln ließen. In Nachkriegszeiten herrschen oft Ausnahmezustände, in denen die Rechte privater Immobilieneigentümer, die sonst jegliche städtebaulichen Neuordnungen erschweren oder sogar verhindern, vorübergehend eingeschränkt werden.

Trotz der politischen, meist nationalistisch geprägten Instrumentalisierung der Denkmalpflege und des Städtebaus in Deutschland und Polen lässt sich ein intensiver Fachaustausch auf einer professionellen, weitgehend politisch neutralen Ebene zwischen den beiden Ländern feststellen. Die Rolle dieses Austausches wurde bisher unterbewertet.

1 Zu der Geschichte der Sanierungsprogramme in Deutschland: Sonne, Wolfgang: Stadterhaltung und Stadtgestaltung. Schönheit als Aufgabe der städtebaulichen Denkmalpflege, in: WERTE. Begründungen der Denkmalpflege in Geschichte und Gegenwart, hg. v. Hans-Rudolf Meier / Ingrid Scheurmann / Wolfgang Sonne (Hg.), Berlin 2013; Vinken, Gerhard: Zone Heimat. Altstadt im modernen Städtebau, Berlin 2010; Pusback, Birte: Stadt als Heimat, Köln / Hamburg 2006; von Petz, Ursula: Stadtsanierung im Dritten Reich. Dargestellt an ausgewählten Beispielen, Dortmund 1987.

2 Zu den Anfängen der polnischen Denkmalpflege: Dettloff, Paweł: Odbudowa i restauracja zabytków architektury w Polsce w latach 1918–1939. Teoria i praktyka, Kraków 2006; Dettloff, Paweł: Wiedererweckung des nationalen Kulturerbes – Rekonstruktion von Baudenkmälern in Polen in den Jahren 1900–1939, in: Der Umgang mit dem kulturellen Erbe in Deutschland und Polen im 20. Jahrhundert, hg. v. Andrea Langer, Warszawa 2004; Manikowska, Ewa / Jamski, Piotr (Hg.): Polskie dziedzictwo kulturowe u progu niepodległości: wokół Towarzystwa Opieki nad Zabytkami Przeszłości, Warszawa 2010.

3 Vgl. ebd., S. 42–44.

4 Vgl. Tomkowicz, Stanisław: Szpecenie kraju. Z powodu broszury Pawła Schultze: »Die Entstellung unseres Landes«, Kraków 1909.

5 Paul Schulze-Naumburg wurde, wie im damaligen polnischen Sprachgebrauch üblich, als Paweł Schulze, bezeichnet.

6 Vgl. Tomkowicz, Stanisław 1909 (wie Anm. 4), S. 11.

7 Ebd., S. 20.

8 Ebd., S. 27.

9 Omilanowska, Małgorzata: »Wie der märchenhafte Phönix aus der Asche werden sie auferstehen«. Haltung zum Wiederaufbau und zur Restaurierung von Baudenkmälern in Polen in den Jahren 1915–1925, in: Der Umgang mit dem kulturellen Erbe in Deutschland und Polen im 20. Jahrhundert, hg. v. Andrea Langer, Warszawa 2004, S. 83.

10 Vgl. Salm, Jan: Ostpreussische Städte im Ersten Weltkrieg. Wiederaufbau und Neuerfindung, München 2012, S. 34f.

11 Raczyński, Alexander: Odszkodowania wojenne i odbudowa Prus Wschodnich z dodatkiem przepisów i projektów ustaw rządu pruskiego w tłumaczeniu polskiem, Lw. 1916.

12 Biegeleisen, Bronisław: Odbudowa Prus Wschodnich. Krótki rys organizacyi i dotychczasowych wyników, Kraków 1918.

13 Vgl. Raczyński, Alexander 1916 (wie Anm. 11).

14 Vgl. Rada Regencyjna Królestwa Polskiego: Dekret Rady Regencyjnej o opiece nad zabytkami sztuki i kultury, 1918.

15 Vgl. Lezius, Herman: Das Recht der Denkmalpflege in Preußen: Begriff, Geschichte und Organisation der Denkmalpflege nebst sämtlichen gesetzlichen Vorschriften und Verordnungen der Verwaltungsbehörden einschließlich der Gesetzgebung gegen die Verunstaltung von Ortschaften und landschaftlich hervorragenden Gegenden (Gesetze vom 2.6.1902 und 15.7.1907), Berlin 1908.

16 Kalisz ist eine mittelgroße Stadt, die etwa zwischen Warschau und Posen, am Fluss Prosna liegt.

17 Staatsarchiv in Kalisz, Deutscher Kreischef in Kalisch 1914–1918 [1919], 117, Bl. 60.

18 Vgl. Zarębska, Teresa: Sprawa odbudowy zabytkowego centrum Kalisza, in: Rocznik kaliski, 1977.

19 Helmuth Grisebach (1883–1970) studierte in München, Aachen und in Karlsruhe. Zusammen mit Georg Steinmetz führe er ein Architekturbüro in Charlottenburg. Während des Ersten Weltkrieges war er Leiter der Hochbauabteilung beim

Verwaltungschef Warschau in besetztem Polen. Nach 1918 war er vor allem in Berlin-Dahlem tätig. Er schrieb seine Dissertation zum polnischen Bauernhaus (1917 in Berlin veröffentlicht), außerdem wirkte er bei der Veröffentlichung: Clemen, Paul / Grisebach, Helmuth: VII. Kunstdenkmäler und Denkmalschutz im Generalgouvernement Warschau, S. 82–100, in: Kunstschutz im Kriege. Berichte über den Zustand der Kunstdenkmäler auf den verschiedenen Kriegsschauplätzen und über die deutschen und österreichischen Maßnahmen zur ihrer Erhaltung, Rettung, Erforschung, Bd. 2, hg. v. Paul Clemen, Leipzig 1919.

20 Zeichnungen zum Projekt sind vermutlich nicht erhalten geblieben.

21 Vgl. Grisebach, Helmuth: Zum Wiederaufbau von Kalisch, in: Städtebau 15. Jg., H. 1, 1918, S. 12–15; Wiederaufbau von Kalisch (Fortsetzung aus dem Heft 1), H. 2 / 3, S. 22–27, S. 24–25.

22 Ebd., S. 27.

23 Vgl. ebd., S. 24.

24 Vgl. ebd., S. 14.

25 Vgl. Salm, Jan 2012 (wie Anm. 10).

26 Gerhard Waldmann gewann 1939 den Wettbewerb für die Sanierung der Stralsunder Altstadt.

27 Die Kopien der Umbauentwürfe der Altstadt von Kalisch wurden der Autorin von Niels Gutschow zur Verfügung gestellt.

28 Vgl. Klause, Gabriela: Wybrane problemy ochrony zabytków początku XX wieku i odbudowa Poznania po II wojnie światowej, in: Architektura i urbanistyka Poznania w XX wieku, hg. v. Teresa Jakimowicz, Poznań 2005, S. 272f.

29 Ebd., S. 323.

30 Vgl. Grzeszczuk-Brendel, Hanna: Das Villen-Mietshaus in Posen: Eine neue Vorstellung von Wohnung und Stadt, in: Wohnen in der Großstadt. 1900–1939. Wohnsituation und Modernisierung im europäischen Vergleich, hg. v. Alena Janatková, Stuttgart 2006, S. 380; Jakimowicz, Teresa / Grzeszczuk-Brendel, Hanna z zespołem: Wstęp. Dziedzictwo i balast historii, in: Architektura i urbanistyka Poznania w XX wieku, hg. v. Teresa Jakimowicz, Poznań 2005, S. 12.

31 Das Projekt ist vermutlich nicht erhalten geblieben.

32 Vgl. Klause, Gabriela 2005 (wie Anm. 28), S. 278.

33 Ebd., S. 279.

34 Vgl. Bolanowski, Tomasz: Architektura okupowanej Łodzi. Niemieckie plany przebudowy miasta, Łódź 2013; Wiese, Anja:»Entschandelung und Gestaltung« als Prinzipien nationalsozialistischer Baupropaganda. Forschungen zur Wanderausstellung »Die schöne Stadt« 1938–1943, in: Die Denkmalpflege 69. Jg., H. 1, 2011; Gutschow, Niels: Ordnungswahn. Architekten planen im »eingedeutschten Osten« 1939–1945, Gütersloh / Basel 2001, S. 150, 153ff.

35 Vgl. Sołtys, Maria: Zanim powstało Biuro Odbudowy Stolicy. Odbudowa domów przy ulicy Nowy Świat po zniszczeniach 1939 r., in: Archiwum Biura Odbudowy Stolicy, hg. v. Jolanta Lewińska, Warszawa 2011; Popiołek, Małgorzata: Powojenna odbudowa ulicy Nowy Świat w Warszawie, Warszawa 2012.

36 Vgl. Pusback, Birte 2006 (wie Anm. 1).

37 Vgl. Friedrich, Jacek: Neue Stadt in altem Gewand. Der Wiederaufbau Danzigs 1945–1960, Köln 2010.

38 Ebd.

39 Rudolf Stein (1899–1978) war Architekt, Kunsthistoriker und Denkmalpfleger. Er arbeitete als Stadtbaumeister und Konservator von Breslau vor dem Zweiten Weltkrieg. Nach 1945 leitete er das Amt für Denkmalpflege in Bremen. Zu Breslauer Architektur verfasste er seine Dissertation: Das Breslauer Bürgerhaus, Breslau 1931 und andere Bücher: Der Große Ring zu Breslau. Darstellung seines Verhältnisses zur Stadt;

Geschichte seiner Bauten und deren Aufgaben; Würdigung des Neumarktes und Blücherplatzes 1935; Das Rathaus und der Große Ring zu Breslau, 1937; Der Schweidnitzer Keller im Rathaus zu Breslau 1940.

40 Zum Wiederaufbau von Breslau: Olechnowicz, Małgorzata: Architektura na obszarze wrocławskiego starego miasta po 1945 roku, jej uzależnienia od planów zagospodarowania przestrzennego i przemian budownictwa (eine unveröffentlichte Dissertation) Wrocław 1997; Thum, Gregor: Die fremde Stadt. Breslau 1945 / Berlin 2003.

BILDNACHWEIS

1 Stanisław Tomkowicz, Public Domain Wikipedia: https://upload.wikimedia.org/wikipedia/commons/4/4d/Stanis%C5%82aw_Tomkowicz_by_J_Malczewski.jpg (28.04.2016).
2 Foto: Małgorzata Popiołek, 2015.
3 Fotoalbum von E. Nowacki, Sign. D5295037, Museum für Stadtgeschichte, Posen.
4 Foto: Małgorzata Popiołek, 2014.

Kriminologie, Biologismus, Stadtsanierung
Hannovers Altstadt 1932–39

Criminology, Biologism, Old Town Renovation
The Old Town of Hanover 1932–39

PAUL ZALEWSKI

English Summary

Like many other regional metropoles, the old town of Hanover developed into a neglected working class district during the period of industrialization, with all of the problems associated with social and infrastructural ghettoization. Over time, this poor people's district became increasingly suspect for a variety of reasons, including its unhygienic living conditions and the growing danger of epidemics, as well as the tales of rampant crime that were continuously distributed and likely also exaggerated by daily newspapers. After the Nazis' seizure of power, a ruthless renovation of Hanover's central old-town areas was carried out. This operation was understood in different ways: as a renovation of the city core, but also as the creation of a stage setting for the political representation of a new and ›healthy‹ society rooted in tradition.

In mehreren europäischen Regionalzentren wurden Altstädte im Zeitalter der boomenden Industrialisierung zu den Wohnreservoiren für Unterschichten. Deren Verdichtung und Verarmung, infrastrukturelle Kontraste zwischen ihnen und den neuen Cities sowie die zunehmende Urbanisierung der Lebensstile machten die Altstädte zu einer neuen qualitativen Herausforderung für Magistrate. Eine geschäftstüchtige Tagespresse versorgte die Stadtöffentlichkeit mit täglichen Schreckensportionen und befeuerte somit den Unmut über die Zustände in den Altstädten. Auf diese Weise wurden sie zum Gegenstand einer kritischen Beobachtung, die durch Verschlingung von sozial- und kommunalpolitischen, hygienischen, technischen oder gestalterischen Anliegen einen transdisziplinären Charakter bekam. Die daraus resultierenden Wirkungsprinzipien werden hier am Beispiel der Altstadtsanierung von Hannover dargestellt. Zuerst soll anhand eines offiziellen zeitgenössischen Sanierungsberichtes des Stadtbaurats Karl Elkart geschildert werden, was – im baulichen Sinne – überhaupt geschehen ist. Im zweiten Teil wird es um die Kontextualisierung der Maßnahme gehen. Dabei ist der vorliegende Text auf eine sozialgeschichtliche Erklärungsperspektive fokussiert. Ohne weitere Erklärungen zur Vorgeschichte der Straßendurchbrüche und der Entstehung der City starten wir mit dem Jahr 1933.

Bekanntermaßen wurden die Altstadtsanierungen nach dem Machtwechsel von der nationalsozialistischen Regierung zu einer dringlichen politischen Aufgabe erklärt.[1] Bereits am 01. Juni 1933 wurde das Gesetz über die Verminderung der Arbeitslosigkeit erlassen. In dessen Rahmen war auch eine Anschubfinanzierung für die lang ersehnten Sanierungsprojekte vorgesehen. Die Vergabe der Reichsmittel und die Initiierung der Operation wurde dem Reichsarbeitsministerium anvertraut. Bereits in der Auswahl dieses Ressorts spiegelt sich die politische Dringlichkeit des Projektes wieder. Der hannoversche Magistrat war von Anfang an interessiert und beteiligt an dem Programm.[2] Bereits in den Jahren 1932–33 wurde ein erster Generalplan zur Altstadtsanierung aufgestellt.[3] Dessen wichtige Voraussetzung war, dass alle Grundstücke im Sanierungsgebiet in kommunalen Besitz überführt werden mussten. Die insgesamt teuer erkaufte Kommunalisierung des Baugrunds beschleunigte eine konsequente und ganzheitliche Umsetzung der Sanierungsziele. Ab 1934 begann die Stadt mit dem Ankauf der Grundstücke. Dies verlief lief weitgehend auf gütlicher Verhandlungsbasis und fast ohne Zwangsenteignungen ab.[4] 1936 konnte die Stadt mit baulichen Eingriffen beginnen.[5]

Das Sanierungsareal wurde in drei Abschnitte gegliedert: während zwei weniger wichtige Sanierungsgebiete (»Knappenort« und »Um die Markthalle«) im südlichen Altstadtgebiet festgelegt wurden, befand sich das größte Sanierungsareal im Zentrum und im Norden der Altstadt einschließlich des Umfelds der

Kreuzkirche. Der folgende Beitrag soll sich auf dieses letzte Areal, das sogenannte Ballhofviertel beschränken. Mit seiner Sanierung wurde begonnen, und
nur in diesem Bereich wurden die Maßnahmen bis 1939 vollständig umgesetzt.
Das Areal, auf dem sich noch vor der Verleihung der Stadtrechte ein sogenannter St. Gallenhof[6] befand, grenzt an die Burgstraße mit den hier im Mittelalter

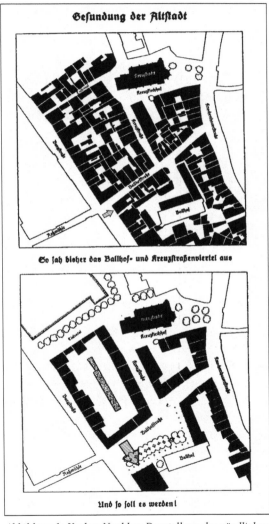

*Abbildung 1: Vorher-Nachher-Darstellung des nördlichen
Ballhofquartiers einschließlich der Kreuzkirche*

befindlichen Burgmannshöfen. Der Name »Ballhofquartier« ist abgeleitet von dem bis heute erhaltenen »Ballhof«, einer in der Mitte des 17. Jahrhunderts errichteten Halle für das Federballspiel und für andere höfische, später auch städtische Unterhaltungszwecke.

BAULICHE UMSETZUNG UND DEREN BEGRÜNDUNG NACH KARL ELKART

Gegen Ende des 19. und im frühen 20. Jahrhundert. hatte sich die Bebauung der Altstadt und des Ballhofviertels verdichtet.[7] Lassen wir den hannoverschen Stadtbaurat Karl Elkart zu Wort kommen, der 1941 in einem zusammenfassenden Bericht den Ausgangszustand und die ergriffenen Maßnahmen folgendermaßen beschrieb:

»Am schlimmsten waren die sozialen Verhältnisse [...] um den Ballhof. [...] Hier waren 259 Haushaltungen mit insgesamt 871 Köpfen untergebracht, für die nur 130 Aborte zur Verfügung standen, also im Durchschnitt nur ein Abort auf zwei Familien. Selbstverständlich waren es nicht die, sozial gesehen, wertvollsten Menschen, die in dieser Gegend wohnten«.[8]

Dieses Zitat enthält nicht nur eine Information, sondern auch die Quintessenz des hier erhobenen Problems. Erkennbar ist eine pseudoempirische Legitimierung der Maßnahme, die im ersten Satz auf eine exakte Statistik setzt, aber schon im zweiten Satz mit Pauschalurteilen arbeitet. Im ersten Satz geht es um die Aborte und im zweiten um den Wert der Menschen. Was wusste denn Elkart über die Menschen in der Altstadt, wenn zu seiner Lebenszeit keine qualitativen Sozialanalysen in der Stadtplanung bekannt waren? Diese Frage hat keinen rhetorischen Charakter. Auf diese ernst zu nehmende Frage nach dem »impliziten Wissen« wird im zweiten Teil des vorliegenden Textes eingegangen.

Aber zurück zur Maßnahmenbeschreibung. Elkart fährt in seinem Bericht fort: »[...] Von den 249 Wohnungen sind 235 abgebrochen worden und an deren Stelle 72 Wohnungen auf 18 Grundstücken neu errichtet worden«.[9] Die Abrisszahlen offenbaren den nahezu vollständigen Austausch der Bausubstanz im Ballhofquartier. Angeblich war alles in Übereinstimmung mit dem Provinzialkonservator Deckert erfolgt.[10] Sehr stolz wird auf den um zwei Drittel reduzierten Wohnungsbestand verwiesen.

Weiterhin begründet Elkart die Notwendigkeit des radikalen Austauschs der Bausubstanz nach folgendem ›Rechenprinzip‹: die Altstadt sei ursprünglich um

1200 bebaut worden. Diese erste Hausgeneration sei durch eine zweite +/- um 1600, also nach 400 Jahren abgelöst worden (was man u.a. an mehreren inschriftlichen Hausdatierungen feststellen konnte). Vor der Sanierung sei diese zweite Generation, wieder nach dem Ablauf von knapp 400 Jahren, baufällig geworden und hatte ausgetauscht werden müssen. Der nun fällige Austausch der Bebauung – hier folgt ein teleologisches Argument – sei schon aus der Verantwortung gegenüber künftiger Generationen unverzichtbar gewesen. Weiterhin verweist er auf das schlagende Argument: »Es stellte sich nämlich heraus, daß unsere Vorfahren in Bezug auf Lichtbedürfnis, Belüftung und Hygiene ganz andere Ansprüche hatten.«[11] Hier spricht Elkart als Architekt, der schon in den 1920er Jahren mehrere Wohnsiedlungen in Anlehnung an modernistische Prinzipien entworfen hatte.

*Abbildung 2: Ecke Ballhof- und Knochenhauerstraße in einer
Vorher-Nachher-Darstellung aus dem Artikel von Elkart, 1941*

Er schreibt weiter:

»Obwohl ehemals in Hannover der Fachwerkbau überwiegend für das bürgerliche Wohnhaus angewandt worden ist, konnte er für die Neubauten der Sanierung doch nicht verwendet werden, weil [...] Eichenholz in diesen Mengen und Stärken, die für ein ganzes
Stadtviertel nötig gewesen wären, nicht zu beschaffen war. Man entschied sich daher für
verputzte Massivbauten [...].«[12]

In diesen Sätzen wird eine technische »Notwendigkeit« für den weitgehenden
Wechsel der Materialität ganzer Straßenzüge genannt. Die Formulierung »man
entschied sich« suggeriert den Handlungszwang und die Unausweichlichkeit der
Maßnahme. Doch gibt es in dem Text eine Passage über die Berücksichtigung
von denkmalpflegerischen Anliegen:

»Immerhin gab es noch verschiedene Fachwerkhäuser, die aus Gründen der Denkmals-
pflege unter allen Umständen erhalten werden mussten. Dies waren Eckhäuser [...] sowie
der bereits erwähnte Ballhof. [...] Bis auf den Ballhof, bei dem ein anderes Verfahren angewandt wurde, wurden diese Häuser vollständig abgetragen, um sie dann sorgfältig und
zimmermannsgerecht nach Auswechslung der kranken Teile wieder zusammenzufü-
gen«.[13]

Abbildung 3: Abrisse im Ballhofquartier, Foto von 1937

Der Bericht von Elkart beschreibt die sehr weitgehenden substantiellen und strukturellen Veränderung, die mit den 1936 begonnenen Abrissen initiiert worden waren. Der alten Bausubstanz wird an keiner Stelle nachgetrauert. Vielmehr wird das Projekt als die technokratische Realisierung eines Heilungsplans dargestellt. Dessen Verständnis und Akzeptanz werden bei der Leserschaft dieses Textes im Erscheinungsjahr 1941 mit voller Selbstverständlichkeit vorausgesetzt.

In diesem Text wie in anderen offiziellen Beschreibungen des Projektes spielt die geschichtliche, geschweige denn denkmalpflegerische Bewertung keine Rolle. Man kann aber nicht sagen, dass sich die Abrissentscheidung und die Beliebigkeit der anschließenden Neuparzellierung aus der Unkenntnis der historischen Bedeutung des Quartiers ergeben hätten. 1932 war zur Altstadt der recht detaillierte Inventarband von Arnold Nöldecke aus der Reihe »Die Kunstdenkmale der Provinz Hannover« erschienen. 1933, noch vor dem Sanierungsbeginn, hatte Karl Friedrich Leonhardt in zwei Buchveröffentlichungen die Ergebnisse seiner parzellenscharfen sozialtopographischen Geschichtsstudien zur gesamten Altstadt veröffentlicht.[14] Demzufolge handelt es sich bei dem Ballhofviertel um das bedeutende Areal des St. Gallenhofes, mit mehreren im Mittelalter als »domus« bezeichneten Grundstücken. Das hohe Alter der Häuser war darüber hinaus, so etwa in der Ballhofgasse an mehreren inschriftlichen Datierungen aus der Zeit um 1600 erkennbar. Doch wie ging man mit diesen Tatsachen um? In den Planungsunterlagen, auch in dem hier zitierten Abschlussbericht von Elkart werden die genannten Publikationen nicht einmal in einer Fußnote erwähnt, obwohl beispielsweise Leonhardt als Direktor des Stadtarchivs in der Stadt durchaus bekannt war. Am meisten bezeichnend ist allerdings die Tatsache, dass die häufig geäußerte Feststellung, die Häuser seien »abbruchreif« nur bedingt zutrifft. So wurde die Abrissentscheidung nicht nur pauschal getroffen, sondern sogar entgegen einer früheren, eher positiven Zustandsbeurteilung vieler Häuser im südlichen und nördlichen Bereich der Ballhofgasse.[15] Zusammenfassend kann man sagen, dass die Option Flächenabriss mit einer außergewöhnlichen Vorfestlegung und Skrupellosigkeit ohne alle Proteste und Zweifel durchgesetzt und dann erstaunlich zügig umgesetzt wurde.

DIE ALTSTADT WIRD KRIMINALISIERT

Der leichtfertige Umgang mit Altstadtstrukturen in der Ära der »schöpferischen Denkmalpflege« wurde schon oft genug aus der normativen Warte des heutigen Denkmalschutzes heraus kritisiert. Die Kritik würde auch für diese Maßnahme zutreffen, insbesondere aufgrund der hohen Bereitschaft, Alt- gegen Neubau zu tauschen, Fachwerk durch Massivbauweise zu ersetzen. Bevor man jedoch anfängt, die Verantwortlichen zu voreilig zu richten, muss man zwei Parameter berücksichtigen, um die Gefahr einer gänzlich ahistorischen Beurteilung zu vermeiden. Erstens: schonende, individuell zugeschnittene Sanierungsverfahren, so wie wir sie heute kennen, wurden in Europa in den 1930er Jahren kaum praktiziert. Deshalb wären einem potentiellen Abrissgegner in den 1930er Jahren kaum allgemeinbekannte und überzeugende Gegenbeispiele eingefallen, um eine Handlungsalternative anzubieten. Zweitens: allzu laute fachliche Proteste gegen hoheitlich festgelegte und politisch relevante Projekte wurden durch das Berufsbeamtengesetz vom April 1933 abgeblockt. Doch diese zwei Parameter sind nur eine äußere Begrenzung des Problems. Sie rechtfertigen lediglich das Ausbleiben von sichtbaren Alternativkonzepten. Sie sagen aber nichts über die zentralen Triebkräfte dieser Flächensanierung. Diese Triebkräfte sind allein aus der rein denkmalpflegerischen oder planungstechnischen Perspektive heraus kaum hinreichend erklärbar. Mit guten Gründen waren derartige gettoähnliche Elendsquartiere spätestens mit Friedrich Engels »Zur Wohnungsfrage« von 1872 zum Leitthema der Sozialreformbewegung erklärt worden, so dass der Umgang mit der Altstadt auch sozialgeschichtlich zu erklären ist.

Bei der erstaunlich entschlossenen Umsetzung der Sanierungsmaßnahmen spielten mehrere Gründe eine Rolle. Wir können sie in Anlehnung an den Begriffsapparat von Max Weber als ein Geflecht von wert- und zweckrationalen Motivationen beschreiben.[16] Dabei sind die wertrationalen Motive stark propagandistisch nach außen gerichtet, während die zweckrationalen Beweggründe mit der Organisation und mit internen Vorgängen zusammenhängen. Die wertende Argumentation beruht auf dem seit mindestens zwei Generationen reifenden Wunsch, die Altstadt erstens infrastrukturell und zweitens gesellschaftlich zu »modernisieren«. Das Paradigma der infrastrukturellen Modernisierung wird durch die Bewunderung von Straßendurchbrüchen, durch die technisch und kommerziell bewegte Erlebniswelt der City geformt, durch die selbstreferentielle Wirkung der Technik, Kommunikation und Geschäftigkeit. Währenddessen ist die Altstadt nicht nur statisch, sondern verarmt und schon dadurch in den Augen der oberen und mittleren Gesellschaftssegmente anrüchig. Ein tiefer Graben des Misstrauens trennte die wohl situierte Bürokratie, deren Berichte wir heute im Stadtarchiv vorfinden, von den proletarischen, heute anonymen Altstadtbewohnern. Hieraus erwächst der Anspruch einer gesellschaftlichen Modernisierung.

Die hannoversche Altstadt war Anfang des 20. Jahrhunderts zu einem Wohnreservoir für die Arbeiterschicht geworden, die meist im benachbarten Industrieviertel Linden beschäftigt war. Aber nicht die Gettoisierung dieser Gruppe an sich war ein Problem, sondern die unmittelbare Nähe zur City in Verbindung mit systemischen Problemen der Sozialhygiene. Diese konnten schnell in politisches Kapital umgewandelt werden.[17] Die unzertrennliche Verbindung von vermeintlich kaputten Häusern und deren vermeintlich unmoralischen Bewohnern sorgte für eine synthetische Wahrnehmung der Altstadt als ein Problem-Biotop. Selbst ein derart sachlicher und der Stadtbaugeschichte zugewandter Autor wie Arnold Nöldecke eröffnete das Altstadtkapitel in seinem Inventar mit einer biologistisch anmutenden Rhetorik: »Diese älteste Bürgerhausgeneration, mit deren überlebenden Familien wir die Gegenwart teilen, steht heute angesichts der vermehrten Untergänge ihrer Einzelwesen am Ende ihrer Lebensdauer, und die Zeit, wo sie nicht mehr bestehen wird, ist absehbar nahe«.[18] Die Mobilisierung gegen die Altstadt fängt mit hygienischen Ängsten an, mit der Überzeugung, dass eine überbevölkerte Altstadt eine schlummernde Seuchengefahr, eine tickende ›biologische Bombe‹ darstellt. Tatsächlich wurde dieser Gedanke durch die noch 1892 in Hamburg wütende Choleraepidemie bestätigt. Eine wiederkehrende sinnlich-unerträgliche Erinnerung an eine potentielle Gefahr dürften die Gerüche der Altstadt und des altstädtischen Flusses Leine gewesen sein: Fäulnis, Zersetzung, Fäkalien waren je nach Temperatur und Wetterlage unterschiedlich penetrant. Sie wurden mit höchster Leidenschaft durch die Presse verarbeitet, die vor allem ein kommerzielles Potential darin sah, die Unzufriedenheit mit den hygienischen Zuständen zu bedienen. Mit einem derben, an Vulgarität grenzenden Vokabular wurden hier die widerlichsten Szenen, die scheußlichsten Verfallsphantasien beschworen: »Ratten sind die gräßlichsten Plagen der Altstadt«, insbesondere an dem Stadtfluss Leine, »wo monatelang tote Schweine und die ekelhaftesten Kadaver im Wasser liegen«.[19] Somit wurde die Tagespresse zu einem Erzeugungs- und Objektivierungsgenerator eines negativen Konsenses und einer imaginativen Slum-Konstruktion. Dominant werden dabei nicht etwa ausgewogene, empathiebasierte Verständnis- und Deutungsversuche, sondern wachsende Ungeduld und eine zunehmend emotionale Parasitenmetaphorik.

In Hannover gab es noch einen besonderen Vorfall, der die Altstadt zum Gravitationszentrum von finsteren Phantasien machte: den Fall des Massenmörders Fritz Haarmann. Haarmann, ein Altkleiderhändler, Sohn eines tyrannisierenden, alkoholabhängigen Lokomotivheizers, wohnte seit 1904 in der Altstadt und wurde wegen Diebstahls, Betrugsversuchs und Körperverletzung sowie aufgrund seiner Homosexualität mehrmals ins Gefängnis geschickt. Doch der eigentliche Skandal brach erst 1924 aus, nach erneuter Verhaftung, und nachdem ihm unbeschreiblich perverse und qualvolle Mord an – mindestens – 27 jungen Männern nachgewiesen werden konnten, deren Leichen er in seiner Dachkammer sezierte und deren Teile er als »Pferdefleisch vom Lande« an einen, angeblich, ahnungslosen Metzger im Erdgeschoss des eigenen Hauses veräußert hatte. Die Stimmung heizte sich weiter an, als im Laufe des Gerichtsprozesses an den Tag kam, dass Haarmann nicht nur ein Schwerverbrecher, sondern zugleich auch – seit Jahren – ein Polizeispitzel war. Daraufhin entstand eine stürmische gesellschaftskritische Debatte, zusätzlich befeuert durch den hannoverschen Philosophieprofessor Theodor Lessing, einen Freund Albert Einsteins.[20] Während des Prozesses kam es zu Demonstrationen gegen die Bewohner des Inselviertels in der Altstadt, die kollektiv als Kriminelle beleumdet wurden; Scheiben wurden eingeschlagen, Auseinandersetzungen mit der Polizei fanden statt.[21] Mit diesem besonders spektakulären Fall wird die kriminalistische, als Kollektivschuld verstandene Stigmatisierung der Altstadt sichtbar. Die Letztere wird zum »Elendsviertel«, dessen Wohnstätten in der – schon vor 1933 politisierten – Zeitungssprache als »Unterschlüpfe für die lichtscheuen Gestalten« bezeichnet wurden. Die Tagespresse machte diese Sichtweise durch unzählige Wiederholungen zu einem festen Bestandteil im kommunikativen Gedächtnis der Stadtbewohner. Die nächtlichen Altstadtimpressionen wirken wie ein düsteres Bühnenbild der Dreigroschenoper, wie in diesen Zeitungszeilen von 1928: »Das Geschrei der Dirnen und Zuhälter, die gellenden Hilferufe der mit Knüppeln und Schlagringen Bearbeiteten oder mit Messer Gestochenen wecken die Anwohner immer wieder aus dem Schlafe«.[22] In der Ablehnung, mit der man der Altstadt-Halbwelt begegnete, verbirgt sich ein Gedankengut, das etwas älter ist, als die Nationalsozialisten, die sich mit ›Ordnungsmaßnahmen‹ profilieren wollten. Insbesondere die Figur Haarmanns, die mit Verhältnissen in der Altstadt eng verbunden war, schien die gesellschaftlich fokussierten Verbrechenstheorien vollständig zu bestätigen. Deren Quelle war die sogenannte Positive Kriminologie-Schule, repräsentiert u.a. von Enrico Ferri oder Cesare Lombroso. Ferri gilt mit seinem Hauptwerk »Das Verbrechen als sociale Erscheinung«[23] als prominenter Begründer der modernen Kriminologie und als einer der Erfinder des Begriffs des »geborenen Verbrechers«. Noch prominenter war Lombroso, Professor der gerichtlichen Medizin in Turin, der Straftäter als anthropologische Phänomene betrachtete. Mit Messungen von Schädeln erarbeitete er eine Theorie der »physiologischen Früherkennung der Verbrechertypen«. Die Untersuchungen über soziale Grundlagen des Verbrechens und der Prostitution sowie die rassenhygienischen Theorien von Lombroso und Ferri wurden seit den 1890er Jahren ins Deutsche übersetzt und intensiv rezipiert.[24] Insbesondere die Verbrechertypologien von Lombroso wurden zum Fundament für rassenbiologische Theorien des NS-Regimes.[25] Genau dieses Gedankengut dürfte zum »impliziten Wissensbestand« der vielen Stadtverwaltungen gehören, die in den 1930er Jahren ein großes Interesse an der Aussonderung der ›Asozialen‹ hatten.[26] Dieses

Instrumentarium schien auch im Vorfeld von Altstadtsanierungen interessant. So reiste auch eine Delegation der hannoverschen Stadtverwaltung nach Stettin, um sich dort eine bereits existierende »Asozialen-Kolonie« anzusehen, die vollkommen isoliert auf einer Oder-Insel entstand.[27] Doch die Bewohner der hannoverschen Altstadt wurden auch ohne eine derartige Spezialmaßnahme im Zuge der Sanierung in verschiedene Orte, meistens in die Vorstädte ausquartiert.[28]

PASSEND GEMACHT

Besonders aufschlussreich und sinnstiftend für den »Gesundungsprozess« ist die Funktionsveränderung des Ballhofviertels. Nach der »Freilegung« des Ballhofs wurden hier ein Appell- und zugleich Parkplatz sowie Heime für die Hitlerjugend und für den BDM eingerichtet. Beide Organisationen waren im Zeitraum der Sanierungsplanung explosionsartig gewachsen: Zählte die HJ gegen das 1935 knapp vier Millionen, so vergrößerte sie sich in den folgenden zwei Jahren um fast zwei weitere Millionen Mitglieder, und zwar durch die Einführung der Zwangsmitgliedschaft.[29] Da Hannover in den territorialen HJ-Strukturen der Mittelpunkt des »Gebiets Niedersachsen« und in den BDM-Strukturen das Zentrum des »Obergaus Niedersachsen« war,[30] brauchte man angemessene Räumlichkeiten. Zumal in der – mit Hannover ewig rivalisierenden – Stadt Braunschweig zeitlich parallel die reichsweite »Akademie der Jugendführung« der HJ gebaut wurde.

Angesichts dieser großen Dynamik ist die Konsequenz nicht verwunderlich, mit der man sich im Sanierungsgebiet sowohl der Bewohner, als auch deren

Abbildung 4: Der neu geschaffene Ballhofplatz, der Ballhof rechts von der Mitte. In der rechten oberen Ecke verlassene, wohl auf den Abriss wartende Fachwerkhäuser ohne Fenster (Foto 1939)

Häuser entledigte. Beides war vermischt und negativ konnotiert. Der komplette Bevölkerungsaustausch im Ballhofviertel wurde bereits durch die Analyse von Adressbüchern aus der Zeit vor und nach der Sanierung gut nachgewiesen.[31] Die nicht nur gebaute, sondern auch gedachte und gelebte Raumveränderung lässt sich bis in kleinste Details verfolgen: Befand sich unter der Adresse Ballhofstr. 8 vor der Sanierung ein Bordell, so ist in dem späteren Neubau eine Jugendbücherei untergebracht und von den insgesamt 10 Mietern arbeiten sechs bei der Polizei.[32] Die Nutzung des Quartiers ist durchaus HJ- und BDM-konform programmiert worden. Somit wurde die dicht bewohnte unhygienische Altstadt für Arme zu einem aufgelockerten, hygienischen Wohnviertel für eine ausgewählte Schicht von Beamten und für die Jugendmassenorganisationen. Durch diese »herrschaftliche« Besetzung und durch die materielle und ideelle »Erneuerung« wurde die Altstadt zu einem ideologisch aufgeladenen Gegengewicht der gründerzeitlichen City: Hier befand sich eine homogene nationalsozialistische Gemeinschaft, dort eine kapitalistische Gesellschaft.

Dass man dabei das gewachsene Quartier substanziell und strukturell umkrempelte und ein Pseudoimage einer niedersächsischen Altstadt schuf, schien durch den Moralpathos gerechtfertigt zu sein: Der Argumentation von Elkart, dass im Dritten Reich eine dritte, dauerhafte und gesündere Bebauungsgeneration folgen muss, haftete durchaus etwas symbolisch-revolutionäres an. Somit wurde die sanierte Alt-Stadt zu einer Metapher der Zukunft. Aber nicht nur das; Aufgrund ihrer ideologisch untermauerten Funktionsveränderung verdeutlicht die hannoversche Sanierung einen Übergang von einem defensiven Hygienismus des 19. Jh. hin zu einem offensiven Biologismus der NS-Zeit.

1 Die Altstadtsanierungen als Mittel der Politik nach der Machtergreifung sind seit den späten 1980er Jahren ein Thema für die Stadtbaugeschichte. Als frühes Beispiel einer monographischen Auseinandersetzung mit dieser Problematik kann folgende Arbeit gelten: von Petz, Ursula: Stadtsanierung im Dritten Reich, Dortmund 1987. Ein Überblick über den Forschungsstand wurde in folgender herausragenden Arbeit dargestellt: Pusback, Birte: Stadt als Heimat. Die Danziger Denkmalpflege zwischen 1933 und 1939, Köln / Weimar / Wien 2006, S. 20–24.

2 Die Vertreter der Stadt waren an einer der ersten, vertraulich abgehaltenen, Besprechungen zu diesem Thema am 15.–16.11.1933 im Reichsarbeitsministerium in Berlin beteiligt. Stadtarchiv Hannover (im Folgenden mit der Abkürzung StAH bezeichnet), HR 14, 260, S. 7.

3 Demnach sollen im Sanierungsgebiet insgesamt 5700 Wohnungen bestanden haben, wovon 1600 abzubrechen waren. StAH, HR 14, 260, S. 25–26.

4 Für die Stadt war jedoch klar, dass die Grundstückspreise möglichst stark heruntergehandelt werden müssen. Zur amtsinternen Vorbereitung der Preisverhandlung konnten jene Unterlagen genutzt werden, die seit 1905 von der Wohnungsaufsicht zur Erfassung hygienischer Missstände erstellt wurden, wozu im Notfall auch Unbewohnbarkeitserklärungen dienen sollten. StAH, HR 14 260 (Schreiben vom Stadtbauamt an das Wohnungsamt vom 01. November 1934).

5 Der erste Förderantrag wurde an das Preußische Arbeitsministerium 1935 eingereicht. Er erwies sich aber als überarbeitungsbedürftig, so dass der Magistrat erst ein Jahr später einen Erfolg verbuchen konnte.

6 Nöldecke, Arnold: Die Kunstdenkmale der Stadt Hannover, Osnabrück 1979, S. 327–328.

7 Exemplarisch steht dafür das Ballhofgrundstück selbst. Auf dem Vorplatz des Ballhofs wurde ein zusätzlicher »kleiner Saal«, Nebenräume für Schauspieler, Wohnräume aber auch eine Tischlerei, Möbellager und Pferdeställe errichtet. StAH, HR 13, 520 (Ballhofstrasse 17).

8 Elkart, Karl: Die Altstadtsanierung in Hannover, in: Der soziale Wohnungsbau in Deutschland, 1. Jg., H. 17, 1941, S. 583.

9 Ebd., S. 583.

10 Ebd., S. 587.

11 Ebd., S. 585.

12 Ebd., S. 587.

13 Ebd., S. 587.

14 Leonhardt, Karl Friedrich (Bearb.): Karten zur Entwicklungsgeschichte der Stadt Hannover, in: Niedersächsischer Städteatlas, Hannover 1933. Leonhardt, Karl Friedrich: Das älteste Bürgerbuch der Stadt Hannover und gleichzeitige Quellen, in: Die Bürgerbücher der Stadt Hannover, Bd. 1., Leipzig 1933.

15 Ballhofstr. 8: »Fachwerkhaus mit massiver Vorderfront. Vorder- und Hintergebäude baulich in ordentlichem Zustande«. StAH, HR 14, 260, S. 33. Häuser Nr. 15, 16, 17, 18 sollen »dem Alter entsprechend, sonst aber baulich noch in ziemlich befriedigenden Zustand« gewesen sein. Positive Zustandsfeststellung lag für alle sechs Gebäudeeinheiten der Parzelle Ballhofstr. 17, auf welcher der Ballhof stand, vor. StAH, HR 14 B2, Nr. 54/1, 9/47, S. 47.

16 Weber, Max: Wirtschaft und Gesellschaft. Soziologie. Unvollendet 1919–1920. Studienausgabe, in: Max-Weber Gesamtausgabe, hg. v. Knut Borchardt / Edith Hanke / Wolfgang Schluchter, Bd. I/23, Tübingen 2013, S. 16ff.

17 Aus verschiedenen Perspektiven näherten sich dem Thema der Sozialhygiene – nicht nur in Deutschland – Kommunisten, Faschisten und sogar Anarchisten. Grave, Jaap / Sprengel, Peter / Vandevoorde, Hans (Hg.): Anarchismus und Utopie in der Literatur um 1900: Deutschland, Flandern und die Niederlande, Würzburg 2005, S. 121ff.

18 Nöldecke, Arnold: Die Kunstdenkmale der Provinz Hannover. 1. Teil. Denkmäler des »alten« Stadtgebietes Hannover, Hannover 1932, S. 435.

19 Hammer-Schenk, Harald: Altstadt-Neue Stadt. Hannover-Linden, in: Alte Stadt - Moderne Zeiten, hg. v. Harald Hammer-Schenk / Dieter Lange, Hannover 1985, S. 186.

20 Lessing, Theodor: Haarmann. Die Geschichte eines Werwolfs, Berlin 1925.

21 Seitz, Volker: »Warte, warte nur ein Weilchen...«. Haarmann – Der Werwolf aus der »Roten Reihe«, in: Alltag zwischen Hindenburg und Haarmann. Ein anderer Stadtführer durch Hannover der 20er Jahre, hg. v. Geschichtswerkstatt Hannover, Hamburg 1987, S. 125–131.

22 Hannoversche Bürgerzeitung vom 1. November 1928, zit. nach: Jung, Martina / Birkenfeld, Richard: Im Schatten der Glaspaläste, in: Altes und neues Wohnen. Linden und Hannover im frühen 20. Jahrhundert, hg. v. Sid Auffahrt/ Adelheid von Saldern, Hannover 1992, S. 28.

23 Ferri, Enrico: Das Verbrechen als sociale Erscheinung, Leipzig 1896.

24 Zwischen 1887 und 1908 wurden zehn kriminologische Monographien von Lombroso ins Deutsche übersetzt und in verschiedenen deutschen Verlagen veröffentlicht. Sie sorgten schon damals für die Berühmtheit seiner Thesen in Deutschland, was beispielsweise die zeitgenössische Studie belegt: Kurella, Hans: Cesare Lombroso und die Naturgeschichte des Verbrechens, Hamburg 1892.

25 Gibson, Mary: »Born to crime«. Cesare Lombroso and the origins of biological criminology, Westport (Connecticut) 2002.

26 »Auf meine Veröffentlichung über die Asozialen–Kolonie sind eine ganze Reihe Anfragen von Bürgermeister deutscher Städte und Gemeinden eingegangen« heißt es in: Wetzel, Otto: Ein Jahr »Assozialen–Kolonie« in Heidelberg, in: Die nationalsozialistische Gemeinde. Zentralblatt der NSDAP für Gemeindepolitik 01.07.1935, S. 376–377. Über den Artikel wurde in der hannoverschen Stadtverwaltung rege diskutiert, s. StAH, HR 13, 546.

27 StAH, HR 13, 546 (Brief vom Stadtsyndicus an den Oberbürgermeister vom 17.02.1936).

28 Jung, Martina / Birkenfeld, Richard: Großes Aufräumen. Die Sanierung des Ballhofviertels in der hannoverschen Altstadt, in: Sid Auffahrt / Adelheid von Saldern (Hg.) 1992 (wie Anm. 22), S. 72–73.

29 http://wiki.bildungsserver.de/index.php/Hitler-Jugend (14.Juli 2015). Mit der Zwangsmitgliedschaft ist das »Gesetz über die Hitler-Jugend« vom 1. Dezember 1936 gemeint.

30 Mlynek, Klaus / Röhrbein, Waldemar R. (Hg.): Geschichte der Stadt Hannover, Bd. 2, Hannover 1994, S. 537.

31 Jung, Martina / Birkenfeld, Richard 1992 (wie Anm. 28), S. 72–74.

32 StAH 14, 54/1, S. 47 – hier wird das Haus Nr. 8 als »offenbar Bordell« genannt. Neben der Jugendbücherei in dem Neubau befinden sich im EG des benachbarten Hauses Nr. 10 im EG eine »hauswirtschaftliche Beratungsstelle« und eine »Umtauschstelle für Säugling und Kleinkindkleidung«, s. Adressbuch der Stadt Hannover (Teil II), Hannover 1943, S. 12–15.

BILDNACHWEIS

1   Theodor Arends: Neues Schaffen. Die Hauptstadt Hannover 1935/36, Hannover 1936, S. 28.
2   Karl Elkart, Die Altstadtsanierung in Hannover. in: Der soziale Wohnungsbau in Deutschland, 01.09.1941, S. 588.
3   Historisches Museum Hannover, Sign. 3995.
4   Historisches Museum Hannover, Sign. 055472.

Kontinuitäten
Heimatschutzarchitektur im Wiederaufbau in Soest 1941–1959

Continuities
Heimatschutz Architecture and Post-War Reconstruction in Soest 1941–1959

JAKOB HOFMANN

English Summary

Soest, a medium-sized city in Westphalia, is famous for its medieval old town and its history as a member of the powerful Hanseatic League. In the first half of the 20th century it was a centre of the so-called Heimatschutz movement, which called for the perpetuation of traditional regional architectural styles. These were considered to be expressions of regional character formed by the land-scape, by racial predisposition and by particular historical developments. The Heimatschutz style in Soest combined plastered and half-timbered constructions with local green sandstone, forming plain, mostly gable-fronted buildings that followed local Gothic, Renaissance and Baroque models.

In the Second World War, 36% of the houses in Soest were destroyed and another 32% were badly damaged. For the supporters of Heimatschutz, this meant not only a loss but also the chance to reconstruct the city according to their ideals. This they proposed to achieve using three methods: the restoration of the damaged medieval monuments; the implementation of a traditionalist style for new buildings; and the removal or modification of historicist architecture, which was stigmatized as an expression of the lack of taste characteristic of in-dustrialized society. At the same time, it became obvious that the city would have to adapt to the needs of an increasing volume of motorized traffic. City planners tried to integrate arcades into newly-built houses in order to create space for cars and pedestrians and to create a more pre-industrial townscape by screening shop windows from view. The reconstruction era shaped the old town of Soest in a distinctive way, demonstrating the interaction of local identity and architecture within a ›medieval‹ city.

Auf dem Denkmalpflegetag 1933 hielt Wilhelm Pinder einen Vortrag mit dem Titel »Zur Rettung der deutschen Altstadt«, in dem er Forderungen aufstellte, wie mit historischen Stätten umzugehen sei: »Höhenunterschiede ausgleichen, Umrisse vereinfachen, Farben angleichen, Werkstoffe angleichen, ganz Schlechtes vernichten! Ganzheiten wiederherstellen!«[1]. Konkret schlug er vor: »Am besten wäre es vielleicht, ein erstes Beispiel aufzustellen, eine Stadt wie Soest als Nationaldenkmal zu erklären und die verschiedenen Möglichkeiten beispielsweise daran aufzuzeigen.«

Dass er die westfälische Hansestadt als Beispiel auswählte, war sicherlich kein Zufall. Die Stadt war im Mittelalter eine überregionale Handelsmacht und verfügt bis heute über zahlreiche hochbedeutende Baudenkmale. Gleichzeitig war sie ein Zentrum der Heimatschutzbewegung, deren Bauten das Soester Stadtbild bis heute wesentlich mitprägen. Dies liegt vor allem daran, dass der Wiederaufbau der Stadt nach dem Zweiten Weltkrieg rasch vonstatten ging und sich die Heimatschützer verhältnismäßig lange gegen die Moderne zur Wehr setzen konnten.

Die Rolle Soests für den westfälischen Heimatschutz in den 1920er bis 1950er Jahren ist in der Forschungsliteratur gut erschlossen.[2] Kennzeichnend dafür war eine enge Verzahnung von Entscheidungsträgern in öffentlichen Institutionen mit den Vereinen für Heimat und Geschichte. Die örtlichen Baubehörden waren von Anhängern der Bewegung dominiert, was sich besonders in den Jahren des »Dritten Reichs« auf Stadtplanung und Architektur auswirkte. Die Akteure waren jedoch überwiegend keine NSDAP-Mitglieder und hatten meist bereits vor 1933 angesehene Positionen innegehabt. Sie konnten daher problemlos auch über den Krieg hinaus federführend bei der Gestaltung der Stadt bleiben.

Die Kriegszerstörungen am Soester Gebäudebestand werden mit 36% Totalverlust und 32% schweren Beschädigungen beziffert. Von den Zerstörungen besonders betroffen war der Nordwesten der Stadt in der Nähe der Eisenbahnstrecke. Aber auch im innersten Stadtkern, in dem sich viele der bedeutenden Kulturdenkmäler befinden, waren zahlreiche Gebäude schwer beschädigt. Mit dem Verlust von Bausubstanz kam im Wiederaufbau aber gleichzeitig die Chance zur Rettung der Altstadt im Sinne des Heimatschutzes.

Besonders tat sich in denkmalpflegerischen und stadtgestalterischen Fragen der Vorsitzende des Geschichtsvereines, Hubertus Schwartz, hervor. Er schaltete sich in zahlreiche Bauvorhaben ein und wurde nach dem Krieg zum städtischen »Pfleger der kunstgeschichtlichen, bodendenkmalpflegerischen und heimatgeschichtlichen Belange beim Wiederaufbau« ernannt. Schließlich war er als Landrat und Bürgermeister von entscheidendem Einfluss.[3] Unter den Soester Akteuren war auch Gustav Wolf, der in den 1920er Jahren in der Soester Bauverwaltung gearbeitet hatte und dann Leiter der Westfälischen Heimstätte und schließlich Leiter des Landesamtes für Baupflege wurde.

Grundlage und Maßstab für die architektonische Entwicklung, die Soest in der ersten Hälfte des 20. Jahrhunderts nahm, war die Identität einer stolzen Hansestadt. Dabei standen ästhetische Ideale und lokale Identität in einem engen Wirkungsverhältnis zueinander. Die Geschichtserzählung der Soester, die die ideologische Grundlage all dessen bildet, lässt sich wie folgt zusammenfassen: Die Geschichte der Stadt beginnt mit einer Bauernsiedlung in der fruchtbaren Börde. Im Laufe des Mittelalters kamen die Bewohner des Ortes durch Salzsiederei an den vorhandenen Quellen und durch die günstige Verkehrslage am Hellweg zu Reichtum. Soest wurde zu einer mächtigen Handelsstadt. Den Höhepunkt dieser Entwicklung markiert die Soester Fehde mit der Befreiung von der kölnischen Herrschaft. Sie hatte jedoch eine politische Isolation zur Folge, die zum wirtschaftlichen Niedergang führte. Verstärkt durch den Bedeutungsverlust der Hanse, die Verheerungen des Dreißigjährigen und schließlich des Siebenjährigen Krieges, dauerte dieser Niedergang bis in das 19. Jahrhundert an. Dabei erlebte Soest in der Spätgotik und im Spätbarock noch einmal künstlerische Blüten, die sich, scheinbar unabhängig von der sonstigen Entwicklung der Stadt, aus der ebenso groben wie schlichten Eigenart der Soester heraus nährten.[4]

Dieses Geschichtsbild, das, aufbauend auf einer glorreichen Vergangenheit, mit dem Niedergang der Stadt endete, ging Hand in Hand mit der Ansicht, dass die moderne Architektur nichts hervorzubringen vermochte, was von echtem Wert wäre. Der Ausweg für die Architektur konnte deshalb nur der Rückgriff auf die bewährte Formensprache einer ruhmreichen Vergangenheit sein. Hier verbanden sich die lokale Identität und die überregional anzutreffenden Forderungen des Heimatschutzes zu einer wirkmächtigen Symbiose.

Die »typisch soestische« Architektur zeigte sich nach Auffassung der Zeitgenossen vor allem in der Entwicklung des Bürgerhauses: Dieses entwickelte sich im Laufe des Mittelalters aus dem niederdeutschen Hallenhaus, wurde aber, vor allem in der frühen Neuzeit, zunehmend städtischer. Stall und Scheune wurden als eigene Nebengebäude hinter das Wohnhaus verlagert. Die Haupthäuser wurden kleiner und entwickelten sich mehrstöckig. Bis ins Spätmittelalter waren die Häuser äußerst einfach und wirkten über ihre Proportionen. Ab dem 16. Jahrhundert kamen dann Häuser mit geschnitzten Fachwerkgiebeln hinzu. Typisch waren die vorkragenden Obergeschosse und insbesondere die Fächerrosette. Auch Inschriften und religiöse Symbolik unter dem Einfluss Aldegrevers waren verbreitet. Stilistisch wird das Stadtbild durch Bürgerhäuser der Renaissance und die »zeitlosen einfachen Formen«[5] geprägt, doch auch Beispiele der Gotik gibt es. Vor allem die barocke Architektur wurde zum Stereotyp für eine lokale Bautradition, von der man glaubte, sie spiegele das Wesen der Einheimischen in ungebrochener Kontinuität seit der Romanik wider:

»Dieser mit vollem Recht so genannte Soester Spätbarock hat so gar nichts an sich von dem Schnörkelwerk der Niederlande, oder von dem Reichtum an Skulpturen, wie wir ihn in anderen deutschen Städten sehen, in jenen Bauten bricht kraftvoll noch einmal die alte Soester Eigenart durch, die einst in des Meisters Herenfridus herrlichem Patrocli-Münsterturm ihren höchsten Triumph gefeiert hatte.«[6]

In Fortsetzung dieser bodenständigen Schlichtheit sollte nach dem Krieg der Wiederaufbau erfolgen. Im April 1946 gründeten der Heimatverein, der Geschichtsverein und der Sauerländische Gebirgsverein auf Betreiben des Baurats August Dambleff die »Notgemeinschaft Soest baut auf«. Dieser Verein veranstaltete 1946 gemeinsam mit der Stadt eine Ausstellung, die anhand ausgewählter Entwürfe einheimischer Architekten aufzeigte, wie Soest zukünftig aussehen sollte. Ihr folgten weitere Ausstellungen in den Jahren 1947 und 1949, die die öffentliche Meinung stark beeinflussten. In den Jahren bis 1959 führte die »Notgemeinschaft« Bauberatung durch, sammelte Spenden und veranstaltete Lotterien, um Fördermittel für Baumaßnahmen im Sinne des Heimatschutzes auszuschütten. Insgesamt wurden auf diese Weise über 200 Gebäude mit insgesamt 100.000 DM gefördert.[7]

Die Art und Weise, wie der Wiederaufbau gelenkt wurde, lässt sich anhand eines Vermerks zu einer Sitzung der »Notgemeinschaft« konkretisieren, in der über die Grundsätze dieser Förderung beraten wurde. Es sollten demnach drei Arten von Projekten unterstützt werden: »a) Einzelobjekte, von besonderer baugeschichtlicher Bedeutung ohne Rücksicht auf ihre Umgebung, b) Bauten, die zur Erlangung eines guten Stadtbildes notwendig sind, c) ggf. auch Entfernung oder Abänderung entstellender Bauteile.«[8]

Bei Gebäuden der Kategorie a) handelt es sich um die mittelalterlichen und frühneuzeitlichen Kulturdenkmäler, allen voran die Kirchen. In einem symbolträchtigen Beschluss des Stadtrats wurde 1946 festgelegt, dass in jedem Jahr ein solcher Großbau wiederhergestellt werden sollte, was dann auch bis 1955 umgesetzt wurde. Völlig zerstört war keines dieser Bauwerke, aber einige Kirchen und die Stadtbefestigung hatten schwere Schäden zu verzeichnen. Bei der Wiederherstellung wurde eine möglichst große Annäherung an den Vorkriegszustand oder aber die Teilrekonstruktion noch früherer Zustände angestrebt. Die Gelegenheit wurde auch genutzt, um bauforscherische und archäologische Untersuchungen durchzuführen.[9]

Kategorie b) umfasst den weitaus größten Teil der zu fördernden Maßnahmen, denn beinahe jedes neu zu errichtende oder wiederherzustellende Haus konnte als bedeutend für das Stadtbild eingeordnet werden. Grundsätzlich wurde in den ersten Nachkriegsjahren an Bauformen angeknüpft, wie sie seit den 1920er Jahren für den Soester Heimatschutz typisch waren. Die Bauordnung vom Juli 1948 bestimmte:

»Neu- und Umbauten müssen sich in ihrer Masse, ihrer Stellung (Firstrichtung) und ihren Verhältnissen den vorhandenen Bauten der Umgebung, oder ihrer in Aussicht genommenen Gestaltung so einfügen, dass ein gutes Gesamtbild entsteht. Hierbei sind in der Regel solche bestehenden Gebäude unberücksichtigt zu lassen, die keine guten Formen aufweisen und für die weitere Bebauung nicht maßgebend sein sollen. [...] Auf heimische Bauweise ist bei allen Neu- und Umbauten Rücksicht zu nehmen.«[10]

Schwartz stellte im September 1945 in einem »Merkblatt für die in Soest schaffenden Architekten« klar, dass »Modetorheiten, wie lange Schlitzfenster oder breite, sprossenlose Fenster, schlechte Walmdächer, Erker, Treppenausbauten und ähnliches« bei Bauherren mit »unsicherem Geschmack« beliebt seien, in Soest aber zu unterbleiben hätten. Denn die Soester Architektur sei »sparsam und schlicht, derb und einfach.«[11] Ziel war dabei die Wiederherstellung eines Stadtbilds in Anlehnung an jenes, das als typisch für die Zeit vor der Industrialisierung angenommen wurde. In der Praxis näherte man sich jedoch vor allem dem ›Durchschnittsgeschmack‹ der Heimatschützer in allen Landesteilen an, wie auch eine Denkschrift von Schwartz für aus dem Jahre 1945 verrät:

»Hier könnte ein Beispiel für eine gestaffelte Stellung der Häuser gegeben werden, wie sie in andern Städten, z.B. Nördlingen, aber auch in einigen Lippischen Städten sehr reizvoll durchgeführt ist, die jedes weitere folgende Haus etwas über das vorhergehende Haus hinaus vorspringen läßt. Dabei würden zweckmäßig lauter Giebelbauten errichtet werden.«[12]

Hauptsächlich errichtete man traufständige Putzbauten mit Krüppelwalmdächern oder Spitzgiebeln, deren Türen und Fenster in Grünsandstein eingefasst wurden.

Abbildung 1: Thomästraße 14/16. Aneinandergereihte Giebel und vorgeblendetes Fachwerk der späten 1940er Jahre. Im Hintergrund das Haus Thomästraße 22 von 1546

Die Kubatur erinnert häufig an barocke Gebäude. Teilweise wurden auch giebelständige Häuser mit vorgeblendetem Fachwerk errichtet, die an Gebäude der Spätgotik und der Renaissance erinnern. Viele Neubauten hatten dabei keinerlei Bezug zu ihren Vorgängerbauten (Abb. 1).

Einigen Projekten wurde dabei zwangsläufig größeres Augenmerk zuteil als anderen. Dies war der Fall, wenn ihre zerstörten Vorgängerbauten aufgrund ihrer historischen Bedeutung und ihrer städtebaulichen Lage als für das Stadtbild besonders bedeutsam erachtet wurden. Hier zeigt sich eine interessante Vorgehensweise, die man als »Neuinterpretation statt Rekonstruktion« bezeichnen kann. Sie bestand darin, die einprägsamsten Merkmale des zerstörten Gebäudes wiederaufzugreifen und die Formensprache seiner Entstehungszeit frei zu imitieren, ohne dabei die Häuser zu rekonstruieren. Das wohl prägnanteste Beispiel für einen solchen Ersatzbau ist der Neubau Marktstraße 7 aus dem Jahr 1941 (Abb. 2). Sein Vorgänger, 1540 errichtet, galt als das älteste Renaissancehaus der Stadt und wurde 1940 als erstes Haus von englischen Bomben zerstört. Der Wiederaufbau wurde zu einem nationalsozialistischen Propagandaprojekt erhoben. Auch Schwartz nahm in seiner Rolle als Vorsitzender des Geschichtsvereines starken Einfluss auf den Neubau. So regte er an, das Dach um einen Meter zu erhöhen und die Fenster mit steinernen Kreuzen zu versehen, damit sie stilistisch stärker der Übergangszeit von Gotik zu Renaissance entsprächen als ursprünglich geplant. Das Dach wurde in Abweichung vom Vorgängerbau nicht mit einem Krüppelwalm, sondern mit einem Spitzgiebel versehen. Übernommen wurde der Bogengang im Erdgeschoss. Das Dach wurde in Abweichung vom Vorgängerbau nicht mit einem Krüppelwalm, sondern mit einem Spitzgiebel

Abbildung 2: Marktstraße 7. Das 1940 neu errichtete Wohn- und Geschäftsgebäude mit umfangreichen propagandistischen Schnitzereien

versehen. Übernommen wurde der Bogengang im Erdgeschoss. Das neue Haus wurde aber um drei Meter zurückgesetzt, um dem Straßenverkehr mehr Raum zu lassen. Die propagandistischen Schnitzereien im Fachwerk sind ein klares Bekenntnis zur Entstehungszeit des Hauses. Während äußerlich die Merkmale eines reichen Hauses des frühen 16. Jahrhunderts stark überzeichnet wurden, handelt es sich im Inneren um einen modernen Neubau der frühen 1940er Jahre.[13] Ähnlich wurde auch an anderen Stellen verfahren. Der Ersatzbau des Renaissancehauses Walburgerstraße 24 wurde beispielsweise um einige Meter versetzt errichtet, damit es an einer prägnanten Straßeneinmündung noch besser zur Geltung kommt. Er erscheint in den Schmuckformen deutlich einfacher und

Abbildung 3: Gebäude Markt 13 nach Vereinfachung der Kubatur und Abnahme des Bauschmucks. Klappläden und Vordach sind spätere Hinzufügungen. Dahinter der im Kern gotische, heute stark veränderte Patriziersitz Markt 14

symmetrischer als das verlorene Haus und hat, zugunsten größerer Raumhöhen, anstelle von dreien nur noch zwei Geschosse. Obwohl es sich um einen Neubau an anderer Stelle handelt, bei dem keine Spolien verwendet wurden und der nur noch entfernte Ähnlichkeit zum Vorgänger hat, wurde er als mit diesem identisch präsentiert. So kommentierte Stadtarchivar Deus in einer Rückschau wenige Jahre später Fotos des alten und des neuen Gebäudes als die »Wandlungen eines Hauses«[14].

In den Anforderungen zu Kategorie c) findet sich die Forderung nach der Fortführung so genannter »Entschandelung[en]« von Gebäuden. Betroffen waren hiervon vor allem die Häuser des Historismus. Ein gutes Beispiel ist das Kaufhaus Markt 13 (Abb. 3). Wolf stellte es bereits 1938 in einem Aufsatz als Beispiel für ein schlechtes Gebäude dar, das man »von unschönem Ballast befreien« müsse.[15]

Gemeint waren vor allem die beiden Eckerker, von denen einer von einem Glockendach, der andere von einem Spitzdach mit Laterne bekrönt war. Während des Krieges brannte das Haus teilweise aus. Trotz der Beteuerungen des Eigentümers, dass eine Instandsetzung problemlos möglich sei, bestand Schwartz darauf, dass es aufgrund seiner schweren Schäden abgerissen werden müsse. Dies gäbe auch die Gelegenheit, das im Kern gotische Patrizierhaus Markt 14 vom Marktplatz aus wieder sichtbarer zu machen.[16] Da aber die Wiederaufbaufähigkeit des Hauses nicht zu leugnen war, konnte der Abbruch nicht durchgesetzt werden. Stattdessen drängte die Stadtverwaltung auf den Einbau eines Laubenganges im Erdgeschoss und die Abnahme des Bauschmucks. Ausgeführt wurden aber nur kleinere Anpassungen des Erscheinungsbildes: Die Erkerdächer wurden abgeändert, das Mansard- durch ein einfaches Walmdach ersetzt und die Fensterformen vereinfacht.

Zumindest im innersten Stadtkern wurde mit den meisten Häusern der Kaiserzeit ähnlich verfahren, wobei oftmals starker Druck auf die Eigentümer ausgeübt wurde, die auf die Wiederherstellung der Häuser dringend angewiesen waren.

Die Forderung nach einem Laubengang im Haus Markt 13 ist auf eine weitere Herausforderung im Wiederaufbau zurückzuführen: Die Anpassung an den erwarteten Autoverkehr. Wichtigstes Ziel war dabei der Erhalt des auf das Mittelalter zurückgeführten Stadtgrundrisses. Die Planer legten großen Wert auf die Vor- und Rücksprünge der Fassaden und auf die zahlreichen malerischen Blickbeziehungen. Straßendurchbrüche und -verbreiterungen gab es nur in minimalem Umfang.[17] Dennoch wurde die größte verkehrsgeschuldete Umgestaltung für das innerste Zentrum der Stadt, den ottonischen Stadtkern, geplant. Ein Schwerpunkt der Bemühungen im Schnittbereich von Architektur und Stadtplanung war die Idee, dort großflächig Bogengänge nach Vorbild des Münsteraner Prinzipalmarktes zu errichten. Man nahm an, dass diese auch im vorindustriellen Soest ein wesentliches Element der heimischen Architektur gewesen seien, etwa im Bereich der Marktstraße, wo sie im Haus Nr. 7 noch vorhanden waren.[18] Nun wurden sie als Möglichkeit betrachtet, den Fußgänger- vom Autoverkehr zu trennen, ohne Straßenverbreiterungen vornehmen zu müssen.[19] Auch sollten sie die Schaufenster der Einkaufsstraßen hinter der Architektur zurücktreten lassen, anstatt sich prominent ins Stadtbild einzubringen.

Das barocke Rathaus und die Kirche St. Patrokli verfügten bereits über solche Gänge. Sie waren umringt von historistischen Bauten, die mitunter stark genug zerstört waren, um nun weitgehende Forderungen durchsetzen zu können. Wolf und Dambleff erarbeiteten und veröffentlichten Pläne für den etwa 200 Meter umfassenden Bereich vom Potsdamer Platz bis zur Rathausstraße. Einem Zeitungsbericht zufolge wünschte Schwartz die Gänge für die gesamte, etwa einen Kilometer lange, Brüderstraße bis zum Bahnhof.[20] Infolge der zunächst schwierigen wirtschaftlichen Verhältnisse und des in den 1950er Jahren zunehmend schwerer werdenden Standes des Heimatschutzes wurde nur ein kleiner Teil dieser Umgestaltungsmaßnahme ausgeführt. Dieser prägt jedoch bis heute das Stadt-bild an wichtigen Stellen mit, nämlich zwischen Rathaus und Markt (Abb. 4) sowie an der Kreuzung Potsdamer Platz am nordwestlichen Ende des Marktes. In den 1970er Jahren wurde die Idee der Bogengänge wieder aufgegriffen und beispielsweise an der Jakobistraße weitergeführt.

Abbildung 4: Rathausstraße 3/5. Anstelle zweier stark beschädigter Bauten des Historismus neu errichtete Geschäftshäuser mit Bogengang. Im Vordergrund das barocke Rathaus

Im Laufe der 1950er Jahre schwand der Einfluss der Heimatschützer. 1953 verlor Schwartz das Bürgermeisteramt. 1955 trat der neue Stadtdirektor Groot sein Amt an, der als erklärter Modernist nicht nur den Bau des Wilhelm-Morgner-Hauses unmittelbar neben St. Patrokli wesentlich vorantrieb, sondern auch einige Flächensanierungen durchführen ließ.[21] Die Auflösung der »Notgemeinschaft« im Jahre 1959 kann als Schlusspunkt der Wiederaufbauphase betrachtet werden. Doch die nun folgende Herrschaft der Moderne war in Soest nur ein Zwischenspiel: Was in den 1970er Jahren passierte, war das, was Pierre Nora als Wegfall der Ideologien und Institutionen beschreibt, die zuvor das kollektive Gedächtnis produziert haben:[22] Im Zuge der Denkmalschutzbewegung und des Kampfes gegen die »Unwirtlichkeit der Städte« besannen sich die Soester auf ihr kulturelles Erbe und griffen dabei auf die Geschichtserzählungen der Heimatschützer zurück. Das Stammesdenken und die völkische Komponente spielten nun keine Rolle mehr; was blieb, waren die »typisch soestischen« architektonischen Ideale, die nun, nach dem Wiederaufbau, das Stadtbild massiv prägten. Diese »Lieux de Memoire« wurden bald als städtische Satzung verbindlich und stehen bis heute in einem regen Wechselspiel zwischen verinnerlichter Identität und gebauter Umwelt.

1 Pinder, Wilhelm: Zur Rettung der Deutschen Altstadt, in: Wilhelm Pinder. Gesammelte Aufsätze aus den Jahren 1907 – 1935, hg. v. Leo Bruhns, Leipzig 1938, S.192–204, S. 202.

2 Vgl. dazu: Bartylla, Lena: Heimatschutzarchitektur in Soest, unveröffentlichte Magisterarbeit Universität Münster, Münster 2007, Dies.: Heimatschutzarchitektur in Soest, in: Soester Zeitschrift 120, 2008, S. 79–110, Dietrich, Eva: Die westfälische Denkmalpflege der Nachkriegszeit, Westfalen 2008, Dies.: Der Wiederaufbau Soests nach dem 2. Weltkrieg. Im Konflikt mit Leitbildern und Generationen, in: Zukunft braucht Herkunft. Beiträge zur Städtebaulichen Denkmalpflege, hg. v. Eva Dietrich / Magdalena Leyser-Droste / Walter Ollenik / Christa Reicher / Yasemin Utku, Essen 2011, S. 98–109, Hofmann, Jakob: Heimatschutz im Soester Wiederaufbau. Die Historisierung und »Enthässlichung« der Altstadt, in: Soester Zeitschrift, 125. Jg., 2013, S. 223–253, Dietrich, Eva: Die Westfälische Denkmalpflege in der Nachkriegszeit dargestellt am Beispiel von Soest, in: Eine neue Stadt entsteht – Planungskonzepte des Wiederaufbaus in der Bundesrepublik Deutschland nach 1945 an ausgewählten Beispielen, hg. v. Landschaftsverband Westfalen–Lippe, Münster 2014, S. 46–60.

3 Vgl. dazu: Spohn, Thomas: Hubertus Schwartz (1883–1966) – »Soest in seinen Denkmälern«, in: Soester Zeitschrift, 120. Jg., 2008, S. 111–134.

4 Vgl dazu: Wolf, Gustav: Das Stadtbild, in: Soest. Ein Heimatbuch und Führer durch Stadt und Börde, hg. v. Gustav Wolf, Soest 1921, S. 24–43.

5 Vgl.: ebd., S. 24–43; Schwartz, Hubertus: Der Typ des Soester Bürgerhauses, in: Gesammelte Aufsätze von Hubertus Schwartz, hg. v. ders. / Wolf-Heribert Deus, Soest 1963.

6 Schwartz, Hubertus 1963 (wie Anm. 5), S. 89.

7 Köhn, Gerhard: 100 Jahre Verein für Geschichte und Heimatpflege Soest, in: Soest. Stadt – Territorium – Reich. Festschrift zum hundertjährigen Bestehen des Vereins für Geschichte und Heimatpflege Soest mit Beiträgen zur Stadt-, Landes-, und Hansegeschichte, hg. von Gerhard Köhn, Soest 1981, S. 795–864; Landwehr, Friedrich Wilhelm: Die Anfänge der Planungen für den Wiederaufbau Soests, in: Nachkriegszeit in Soest, hg. v. Ilse Maas-Steinhoff, Soest 2011, S. 97–130.

8 StA Soest, Bestand D 1192, Aktenvermerk vom 10.8.1946.

9 Vgl. dazu: Röger, Bernd-Heiner: Der Wiederaufbau der St. Petri-Kirche, in: Nachkriegszeit in Soest, hg. v. Ilse Maas-Steinhoff, Soest 2011, S.31–38; Peters, Jürgen: Der Wiederaufbau von St. Patrocli, in: ebd., S. 39–54.

10 StA Soest, Bestand D 1870, Bauordnung vom Juli 1948, zitiert nach: Dietrich, Eva 2011 (wie Anm. 2), S. 106, f.

11 StA Soest, Bestand D 2748, Schwartz, Hubertus: Merkblatt für die in Soest schaffenden Architekten.

12 Ebd., Schwartz, Hubertus: Denkschrift an den Bürgermeister der Stadt Soest vom 23.9.1945.

13 Vgl.: Köhn, Gerhard 1981 (wie Anm. 7), S. 810ff.; Spohn, Thomas 2008 (wie Anm. 3), S. 129; Hofmann, Jakob 2013 (wie Anm. 2), S. 238.

14 Deus, Wolf-Herbert; Schwartz, Hubertus (Hg.): Soester Chronik 1954 – 1960, Soest 1966, S. 176.

15 Wolf, Gustav: Vom »häßlichen« Soest und seiner Börde, in: Heimatkalender Soest 18,1938, S. 33–37, S. 34, f.

16 Hofmann, Jakob 2013 (wie Anm. 2), S. 247.

17 Landwehr, Friedrich Wilhelm, 2011 (wie Anm. 7), S. 104.

18 Vgl. dazu: Meyer, Carl Ludwig: Das Soester Häuserbuch, in: Soester Zeitschrift 44–45, 1929, S. 121–223, Spohn, Thomas: Laube, Portikus, Arkade, Wandelgang. Varianten in den 1920er bis 1950er Jahren besonders beliebten architektonischen und

städtebaulichen Motive in Westfalen-Lippe, in: Denkmalpflege in Westfalen-Lippe, H. 2,2010, S. 62–70.

19 Landwehr, Friedrich Wilhelm: Die Wohnungsnot und der Wiederaufbau in Soest nach dem Krieg, in: Nachkriegszeit in Soest, hg. v. Ilse Maas-Steinhoff, Soest 2011, S. 55–96.

20 Dambleff, August: Clarenbach und der Wiederaufbau in Soest, in: Heimatkalender des Kreises Soest 1953, S. 37–39, S. 38.

21 Köhn, Gerhard 1981 (wie Anm. 7), S. 842; Vgl. dazu: Hartung, Hans Rudolf: Das neue Soest. Die 50 Nachkriegsjahre, Hamm 1996, S.100ff.

22 Vgl. dazu: Nora, Pierre: Zwischen Geschichte und Gedächtnis, Berlin 1990.

BILDNACHWEIS

1 bis 4 Jakob Hofmann.

Asymmetrie, Rhythmus, Bewegung –
Aspekte der historischen Stadt im Schaffen Wolfgang Raudas[*]

Asymmetry, Rhythm, Movement –
Aspects of the Historic City in the Work of Wolfgang Rauda

Sigrid Brandt

English Summary

The article gives insight into the work and theory of an important but now large-ly forgotten architect, one who made a vital contribution to the discussion of his-toric urban development after the Second World War. Wolfgang Rauda's aim was to continue the line of basic research pursued since 1900 – one focused on topics such as ground plan research, the plasticity and physicality of historic ci-ties, and their classification – and to enrich it with new aspects including rhythm, asymmetry and questions of the role of perception for understanding, maintaining and further developing this cultural heritage.

---

[*] Der Beitrag ist ein Ausschnitt aus der Habilitationsschrift der Autorin, die unter dem Titel »Stadtbaukunst. Methoden ihrer Geschichtsschreibung« im Hendrik Bäßler Verlag Berlin erschienen ist.

Städtebaugeschichte ist wie jede Geschichtsschreibung ein Konstrukt, in der je nach Interesse, Epoche und zeitgenössischen Schwerpunkten ein Bild von der Entstehung historischer Städte entworfen wird. Über mehrere Jahrzehnte, bis in die Zeit nach dem Zweiten Weltkrieg, dominiert in diesem Bereich die Frage nach der mittelalterlichen Stadt, deren Entwicklung, ihr »Making of«, kontrovers diskutiert wurde – die Kunstgeschichte lieferte dabei einen Zugang, der konzentrierter als dies andere Fächer tun konnten, nach Formen, Bildern, Grundrissen etc. fragte. Zu den wichtigen, heute fast völlig vergessenen Autoren der Städtebaugeschichte nach dem Zweiten Weltkrieg gehört neben dem weitaus bekannteren Karl Gruber vor allem der Dresdner Wolfgang Rauda. »Raumprobleme im europäischen Städtebau«, erschienen 1956 in München, »Lebendige städtebauliche Raumbildung. Asymmetrie und Rhythmus in der deutschen Stadt«, 1957 im Berliner Henschelverlag und gleichzeitig im Verlag Julius Hoffmann Stuttgart erschienen, schließlich »Die historische Stadt im Spiegel städtebaulicher Raumkulturen. Ein Beitrag zum Gestaltwandel und zur Regenerierung der europäischen Stadt«, als letztes Werk des Autors 1969 in Hannover publiziert, sind als gedruckte Werke nur Ausschnitte aus einer lebenslangen Beschäftigung mit dem Phänomen der europäischen Stadt. 1968 war es ihm noch gelungen, eine Studie zu Salzburg zu veröffentlichen. Für Wolfgang Rauda, Sohn des Dresdner Architekturprofessors Fritz Rauda, hatte dieses Interesse spätestens mit seiner Doktorarbeit eingesetzt.[1]

Raudas städtebaugeschichtliches Werk und sein Weg zwischen den beiden deutschen Staaten nach dem Zweiten Weltkrieg sind symptomatisch für eine Zeit, die von Kaltem Krieg einerseits und zunehmend geringer werdendem Verständnis für die historische Stadt andererseits geprägt ist – und die den Architekten schließlich in eine Verunsicherung führt, die zwischen der Verehrung der historischen Stadt einerseits und der ungewissen, aber verführerischen Fortschrittsgläubigkeit des westdeutschen Wirtschaftswunderlandes mit theoretischer Anstrengung orientierungslos hin- und hertaumelt.[2]

Für Dresden und Rostock hatte Rauda Wiederaufbaupläne vorgeschlagen, die von den durchgreifenden Stadtumbauten anderer Autoren deutlich abwichen, so bereits 1948 für Rostock und im Entwurf im Wettbewerb 1952 für Dresden.[3] Städtebauliche Wettbewerbsbeiträge lieferte er unmittelbar nach Kriegsende ebenso für Chemnitz, Kassel, Nürnberg, Plauen und Lübeck sowie das Landesregierungs-Viertel in Erfurt (1946). Im Wettbewerb zur Bonner Beethoven-Halle erhielt Rauda 1954 den 5. Preis. Waren die Jahre in der DDR vom Bestreben und auch von der Möglichkeit, am internationalen Architektur- und Stadtbaugeschehen teilzuhaben, geprägt – Wettbewerbsteilnahmen in Genf, Köln, Stuttgart, Karachi/Pakistan und Toronto zeigen dies deutlich –, so sind die nach seinem

Weggang nach Hannover 1958 deutlich von Existenzsicherung diktiert. In der Bundesrepublik Deutschland beteiligt er sich vornehmlich an Wettbewerben zu Kirchenbauten und kann einige Wohnsiedlungen realisieren.

Mit Kurt Junghanns hatte Rauda 1951 eine Studienreise zur »Sichtung des kulturellen Erbes« unternommen, die ihm die persönliche Begegnung mit zahlreichen Städten in Vorarbeit zu seinem wichtigsten Buch ermöglichte.[4] 1952 wurde er als Ordinarius auf den Lehrstuhl Wohnungsbau und Entwerfen der Technischen Hochschule in Dresden berufen, den er innerhalb kürzester Zeit zu einer Institution ausbaute.[5] Zum Lehrstuhl gehörte ein Entwurfsinstitut, mit dem er insbesondere Hochschulbauten planen und realisieren konnte. In diesen Jahren entstanden auch die beiden ersten größeren Publikationen zum Städtebau; eine dritte, italienischen Städten gewidmete, sowie eine vierte, den Städten »des westlichen Teils unseres Vaterlandes« kamen nie zustande, ebenso wenig eine geplante, fast fertig geschriebene Publikation zu Venedig, die er mit dem Architekten Luigi Vagnetti aus Rom herausbringen wollte.[6]

Sein bedeutendstes Werk, »Lebendige städtebauliche Raumbildung. Asymmetrie und Rhythmus in der deutschen Stadt«, ist unter dem Eindruck der verheerenden Zerstörungen des Zweiten Weltkrieges geschrieben und offenbart im Untertitel seine theoretische Orientierung: Sie wurzelt in einem Begriff, der um die Jahrhundertwende in der Kunstgeschichte eine enorme Beachtung gefunden hatte und später in der sogenannten formalistischen Kunstgeschichte zunehmend wieder aus dem Blick geriet: dem des Rhythmus.[7] Die Städte, die er nach ihren räumlichen Zusammenhängen untersucht, liegen in Mitteldeutschland, einem Gebiet, das von der Städtebaugeschichtsschreibung bis dahin eher vernachlässigt worden war. Eisenach, Erfurt, Weimar, Pößneck, Gotha, Naumburg, Leipzig, Oschatz, Torgau, Freiberg, Zwickau, Meißen, Dresden, Pirna, Bautzen, Görlitz – dies ist der Städtereigen, den Rauda eröffnet, bevor er abschließend den Blick nach Norden, nach Rostock, Stralsund und Greifswald lenkt. Mit Ausnahme von Dresden, Weimar und Leipzig wählt Rauda explizit Städte, die im Krieg nicht bzw. wenig zerstört worden waren, und an deren Gestalt sich Analysen durchführen ließen.

Ein weiterer methodischer Grundsatz, der sich prinzipiell auch an den meisten der Autoren bis dahin beobachten lässt, ist die Wahl von kleineren und mittleren Städten. Weniger am »Malerisch-Ästhetischen« ist ihm dabei gelegen als vielmehr am Versuch, »das Typische im Antlitz einer Stadt sowohl in der Struktur ihres Verkehrsnetzes wie in ihrem baulichen Gefüge darzustellen.«[8] Wesentlich für seine Auffassung vom »Raumbild eines Stadtkörpers« ist dabei der Begriff der Bewegung.

Standpunktfotos, so Rauda, könnten nur dem malerischen Sehen des Auges Vorschub leisten; er setzt eine *Folge* von Aufnahmen dagegen sowie – Rauda ist ein hervorragender Zeichner – gezeichnete Situationen in den Städten. In diesen beachtet und beschreibt er minutiös nicht zuletzt die gestaltgebende Wirkung des Tageslichts und zieht aus diesen natürlich modellierten Stadtkörpern einleuchtende Rückschlüsse auf die Absichten der Bauherren und Architekten.

Raudas Ziel ist ein »neu zu gewinnendes Sehen aus der Bewegung heraus«, ein Thema, das konsequent die in den 1920er Jahren geführten Debatten um Körperlichkeit, Plastizität und Wahrnehmung der Stadt fortsetzt und wesentlich weiterdenkt. Niemand außer Albert Erich Brinckmann hatte bisher in der hier vorgelegten Konsequenz den Begriff des Rhythmus in die Städtebaugeschichtsschreibung eingeführt. Seine Literaturhinweise enthalten die wichtigsten Publikationen von Brinckmann, Gantner und Zucker, doch geht er mit Hilfe der Musik und der Gestalttheorie eigene Wege.[9] Wesentlich für Raudas Denken ist darüber hinaus der Begriff der Stadtschönheit, den er nicht als etwas Äußerliches verstanden wissen möchte, sondern als Darstellung der »inneren strukturellen Ordnung«, der »Kompositionsordnung«. »Den städtebaulich denkenden Architekten soll die vorliegende Arbeit zu einem vertieften räumlich-plastischen Sehen anregen und ihm gewisse Gesetzmäßigkeiten und Gestaltungsmöglichkeiten vor Augen führen. Nicht beabsichtigt ist, bauliche Rezepte zu geben.«[10]

Der Grundrissforschung führt Rauda die Einseitigkeit ihrer Betrachtung vor Augen. Aus ähnlichen oder gleichartigen Stadtgrundrissen auf ähnliche oder gleichartige Stadtbilder zu schließen, widerlegen die von ihm gezeigten Beispiele nachdrücklich.

Die Kritik ist wiederum auf seinem Verständnis eines neuen Sehens gegründet. Von einem Standpunkt aus sehen ist für Rauda flüchtig sehen, lediglich Ansicht, Draufsicht, wie das Foto, das den lebendigen Zusammenhang und das Raumbild »verdirbt« (Abb. 1, 2).[11]

Wirkliches Sehen beinhaltet körperliche Teilnahme, Mitgehen, Erlebnis – Paul Zuckers Emphase für *Stadterkundung* findet hier ihren Nachhall und ihre Vertiefung. Wer Anschauen zu einem Erlebnis im Sinne Raudas werden lässt, »der wird die Betrachtung eines Einzelbauwerkes und seiner Einzelbauformen als weniger wichtig erkennen, dafür aber die einem Stadtgefüge innewohnende bauliche Ordnung, den Einklang von Einzelbauwerk und Gesamtorganismus begreifen.«[12] Rein optisches, oberflächliches Ansehen ist, so Rauda, um ein innerliches Hinhören zu ergänzen, damit ein »Sichten« daraus entwickelt werden kann. Das Thema des sehenden Auf- und Abgehens findet der Autor dabei beispielgebend formuliert in Goethes Fragment gebliebenem Aufsatz »Baukunst« von 1795, den dieser nach seiner zweiten und vor Aufbruch zur dritten italienischen

Abbildung 1: »Die einstige Esplanade mit Schillers Wohnhaus. Der trotz vieler maßstäblich entstellender Neubauten heute noch anziehende Straßenraum entstand durch Auffüllen des alten Stadtgrabens.«

Reise verfasst hatte: »Man sollte meinen, die Baukunst als schöne Kunst arbeite allein für das Auge; allein sie soll vorzüglich, und worauf man am wenigsten acht hat, für den Sinn der mechanischen Bewegung des menschlichen Körpers hinarbeiten.«[13] Kein Zufall ist es auch, dass Rauda in diesem Zusammenhang Fritz Schumacher erwähnt, der das optische Sehen um das »Motorische« erweitert wissen wollte. In den Überlegungen nach dem Zweiten Weltkrieg findet Rauda auch einen Münchner Gewährsmann, der, am historischen Beispiel Venedigs orientiert, dem *Fußgänger* in der Stadt sein altes Recht wieder einräumen möchte. Adolf Abels »Regeneration der Städte« war 1950 erschienen und ein leidenschaftliches Plädoyer gegen die Steinstädte des 19. Jahrhunderts. Der natürlich sich bewegende Mensch empfinde eine köstliche Ruhe und Freiheit auf den Straßen der Stadt, wenn nach venezianischem Vorbild die Verkehrsnetze getrennt werden: die Wasserkanäle für die Gondeln, Straßen und Plätze für den Fußgänger. »Heute muss sich der verdrängte Fußgänger gegen sie [die Maschine, Verf.] zur Wehr setzen, denn es ist ja nicht nur die Geschwindigkeit, die das Auto sich anmaßt, sondern der Anspruch, mit seinem Umfang das Mehrfache an Raum auf Straßen und Plätzen zu verlangen als den, den der normale Mensch nötig hat.«[14] Alle bisherige Stadtplanung sei vor allem Planung für den Wagenverkehr gewesen, die den Bewohner der Stadt zu dessen Sklaven gemacht habe. Wenn er von den »Bazarstraßen« spricht und namentlich auf die vor dem Krieg in Köln bestehende Hohe Straße verweist, an die es anzuknüpfen gilt, nimmt er in dieser Rückschau zugleich zukünftige Ideen vorweg; es ist die Vorstellung von »Fußgängerzonen«, die in den späten 1960er Jahren um sich greift und die

*Abbildung 2: »Die übliche photographische Darstellung des
Schillerschen Wohnhauses ohne Wiedergabe des räumlichen
Gefüges; links eine maßstabslose Neubebauung. Der Bau zeigt in
Lisenen, Fensterumrahmungen und Dachaufbauten eine sparsame
Detaillierung.«*

durch die dahinter liegenden Anlieferstraßen eine wiederum anders geartete Gefährdung der städtischen Räume mit sich bringen wird. Die Trennung der Verkehrsnetze begreift Abel als etwas gegensätzlich Vereintes: »Die neue Struktur, von der die Rede war, hat viel von den Eigenschaften des Kontrapunktes an sich, das heißt die Trennung der Räume für verschiedene Geschwindigkeiten der Fortbewegung erzeugt Gegenbewegungen, die sich nicht mehr stören, sondern harmonisch ergänzen.«[15]

Komposition, ein weiterer wesentlicher Begriff in Raudas Schaffen, ist in seinem Verständnis weniger im Sinne etwas Additiven, sondern vielmehr im Sinne etwas sich gegenseitig Durchdringenden, Entsprechenden zu verstehen. Die Komposition einer Stadt lasse sich nicht mit der unter Zuhilfenahme eines Weitwinkelobjektivs aufgenommenen Fotografie erfassen – das Insistieren auf der persönlichen Erfahrung ist in der fortschritts- und technikgläubigen Zeit der 1950er Jahre für Rauda, gewissermaßen in einer Gegenbewegung, unverzichtbar. Technische Hilfsmittel – wie Fotografie oder Luftbilder – zu begrüßen, heißt für ihn gleichzeitig auch, diesen mit gebotener Distanz zu begegnen.

Wie der Titel des Buches ankündigt, bilden Asymmetrie und Rhythmus die grundlegenden Überlegungen, von denen Rauda in seiner Darstellung der Städte ausgeht. Bereits in seiner Publikation von 1956 hatte er eine Übersicht über Raum- und Ordnungsprinzipien von der Antike bis in die Gegenwart gegeben, der er bezeichnenderweise den gestalttheoretischen Satz »Das Ganze ist mehr als die Summe seiner Teile. Aristoteles – Chr. v. Ehrenfels« voranstellt. Der Einfluss der Gestalttheorie in Raudas Denken kann kaum überschätzt werden. Es findet sich jedoch darüber hinaus der Hinweis auf Hermann Friedmann, den jüdischen Philosophen und Juristen, der 1925 sein *System eines morphologischen Idealismus* publiziert hatte.[16]

Der morphologische Idealismus Friedmanns von 1925 scheint *einen* Schlüssel für Raudas Annäherung an die historische Stadt zu bieten. Friedmann beschreibt seine Vorstellung eines neuen Ineinandergreifens von Wissenschaft und Religion im Sinne einer neuen Einheit von Faktizität und Symbolismus, von Tatsache und Sinnauslegung – und wendet sich dergestalt gegen reinen Empirismus und jedes mechanische Beschreiben der sinnlich gegebenen Welt, das darauf verzichtet, alle Dinge in Sinnbilder einer übersinnlichen Wirklichkeit umzudeuten, und das den »Appell an seine [des Menschen, Verf.] gläubige symbolische Phantasie« ausschlägt.[17] Das Ziel einer »symbolnahen Wissenschaft«, so der Titel einer späteren Schrift Friedmanns,[18] deren Grundgedanken er hier vorbereitet, führt unmittelbar zur *Form*, die ohne weltanschauliche, sittliche und ästhetische Aspekte bloßer Stoff, Material bleibt. Ziel ist das *schöpferische Auge*, das Rauda als »innerliches Hinhören«, als »Sichten«, was nicht Sehen meint, bezeichnet.

An Friedmanns Schrift muss Rauda vor allem der Blick des Philosophen interessiert haben, der analytisches, »wissenschaftliches« Denken mit einem »vorzüglich synthetischen, integralen« Denken vereinen und zu einem übergeordneten Ganzen zusammenbinden möchte, ein Überlegen, das Wissenschaft in erneuertem Sinn enger an das Leben, an die lebendige Gegenwart heranführt.[19] Friedmanns Anliegen war nicht zuletzt aus dem Unbehagen erwachsen, dass »Form ein Begriff von hochgradiger Unbestimmtheit sei«, um dessen Logik, das heißt eine Logik der *Gestaltqualitäten*, man sich gleichwohl seit Jahrzehnten bemühe.

Auch Christian von Ehrenfels, auf dessen bahnbrechenden Begriff der Gestaltqualitäten von 1890 Friedmann mehrfach zurückkommt, habe wesentliche Fragen nicht lösen können. Friedmanns System eines morphologischen Idealismus bietet mit der strengen theoretischen Unterscheidung und Diskussion der *optischen* und der haptischen Zugangsweise einerseits, mit dem Gedanken der *Bewegtheit* und einem prinzipiell musischen Zugang zur Welt, der Henri Bergsons *durée* im Grunde führt, andererseits grundsätzliche Anregungen für Rauda. Sie lohnt es, näher anzusehen. Während der Optiker die Welt als den Kosmos versteht, »mit allem Beziehungsreichtum und der ästhetischen Volltönigkeit des Begriffes«, ist dem Haptiker die Welt die »nach den Dimensionen des Raumes

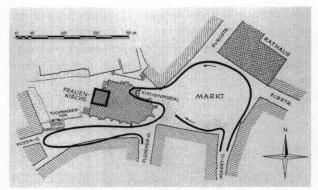

Abbildung 3: Ein Beispiel für Raudas Raumverständnis: Meißen.
»Die auf eine Linie projiziert gedachte Raumebene gleich einer
Membrane die Raumspannungen sichtbar werden lassen. Die
Frauenkirche bildet dabei das Kraftzentrum.«

und der Zeit sich ausdehnende Mannigfaltigkeit der Dinge.«[20] Die Kunstgeschichte um 1900 hatte die Bedeutung der Tastsinns für sich entdeckt.

Alois Riegl sprach dem Auge weniger Fähigkeiten zu als den Fingerspitzen, die »tastend über altägyptische Relieffiguren gleiten [...] und nun die feinste Modellierung dort wahrnehmen, wo das Auge aus einiger Entfernung bloss eine ungegliederte tote Fläche zu sehen glaubt.«[21] Erwartungsgemäß erwies sich auch August Schmarsow, sein Leipziger Gegenspieler, als Formenhaptiker; für seine Antrittsvorlesung »Das Wesen der architektonischen Schöpfung« von 1893, die die Grundlegung einer Raumlehre darstellte, war mit Gesicht und Gehör nicht auszukommen gewesen.

Raudas gehendes Abtasten der historischen Stadt ist im Sinne dieser Theorien körperliches Miterleben, Gehen, Bewegung (Abb. 3, 4). Erst im Gehen erschließen sich Räume – und Formen. Friedmann verweist mit Nachdruck darauf, dass Raum- und Formerlebnis nicht deckungsgleich sind, und physiologische Bewegtheit mit mechanischer Bewegung nichts zu tun habe.[22] Christian von Ehrenfels hatte einen intellektuellen Kern im Formerlebnis vermutet und sich damit nicht zuletzt gegen reine Sinnesphysiologie gewandt. Rauda ist Form ohne schöpferisches Erleben, ohne aktive geistige Bewegtheit undenkbar. Rauda hat die Idee des schöpferischen Erlebens, und zwar ein und desselben Raumes durch Begehen, körperliches Betasten in Folgen von Zeichnungen und Bildern meisterhaft umgesetzt. »Aktive Bewegung ist der Charakter des Lebens überhaupt«[23] – der Titel seines Buches »Lebendige städtebauliche Raumbildung« scheint Rauda ganz unmittelbar unter dem Einfluss Friedmanns zugegangen. Aber auch der Einfluss des Schweizer Romanisten Theophil Spoerri darf nicht unterschätzt werden, er bietet Rauda einen Begriff von »Ganzheit«, der in seinem Denken auf fruchtbaren Boden fällt.

»Form, so gesehen, ist im städtbaulichen Werden wie im menschlichen Reifen ›Harmonie, Proportion, Einheit in der Mannigfaltigkeit, Einklang von innen und außen, von Wesen und Erscheinung‹, mit einem Wort: ›Ganzheit‹ (Spoerri). Form bedeutet dabei nicht etwas zeitlich in sich Abgeschlossenes, sondern ein Aktivum, eine Richtung, ein ständiges Geschehen.«[24]

Wie in seinem 1956 erschienenen Buch bleibt auch 1957 der Begriff des Rhythmus bestimmend. Rauda leitet ihn ausdrücklich aus der Definition des Philosophen und Germanisten Johannes Hoffmeister[25] und aus dem musikalischen Verständnis, nicht jedoch aus dem kunsthistoriographischen Kontext ab. Rauda unterscheidet vier Prinzipien, die epochenübergreifend wirken: frei-rhythmisch-symbolhaftes Kompositionsprinzip (griechische Antike; die richtungslose, einschließende, ganzheitlich-umschließende Form), metrisches Ordnungsprinzip (römische Antike, Renaissance, teilweise Barock, Klassizismus; die gerichtete, abschließend bergende, begrenzte Form), gebunden-rhythmisches Ordnungsprinzip (Gotik, teilweise Barock und Gegenwart; die nicht perspektivische Welt), schließlich frei-rhythmisches Ordnungsprinzip (teilweise Gegenwart, zukünftiges Raumschaffen; die offene, strömende, durchscheinende, ganzheitliche Form). Friedmann hatte vor allem das musische Wesen der Zeit, der Bergson-schen *durée*[26] unterstrichen, das – im Gegensatz zur »leeren« Zeit, zu »temps« –

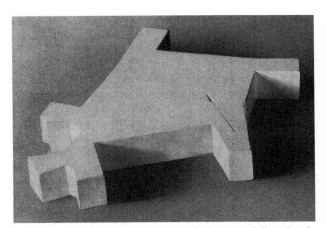

Abbildung 4: Die Raumgestalt des Marktplatzes modelliert Rauda im Sinne Adolf von Hildebrands als Hohlform, »indem der Raum nicht durch die ihn umgebenden Wände zur Darstellung kommt, sondern als plastische Masse sichtbar gemacht wird.«

nicht einen melodisch-linearen Tonablauf auf einen einsinnigen Zeitverlauf abbildet, sondern das als »ursprüngliches Maß der Seelenbewegung [...] in der musischen Kunst ihren ursprünglichsten Ausdruck sucht und findet.« Dieser Umstand komme auch in den musikalischen Ausdrucksbezeichnungen zum Ausdruck: »es ist undenkbar, dass ein Grave dahinstürmt, ein Sostenuto eilt, ein Allegro con brio zögert, ein Adagio stockt.«[27]

Rhythmus, das hatte Rauda 1956 betont, bedeutet nicht, dass ein Gleiches in gleichen Abständen wiederkehrt. Er ist in einem elementaren Sinne eine Bewegungsfolge, Gleichmäßigkeit, Ebenmäßigkeit.

»Rhythmisches Geschehen wird nicht von einem Einzelimpuls ausgelöst, sondern entsteht aus dem Zusammenklang mehrerer Teile einer übergeordneten Einheit. [...] Im Städtebau des Mittelalters sind die Teile, die Baukörper, die einzelnen architektonischen Räume (Straßen, Einzelplätze) miteinander verknüpft. Wir können dort von einem gebundenrhythmischen Gestalten sprechen, das in einer Zusammenfassung, der Raumgestalt einer Stadt, eine höhere Entsprechung sucht.«[28]

Der Vergleich mit der Musik ist auch hier hilfreich: es sei unmöglich, von einem »rhythmischen Sein« zu sprechen, einzig von »rhythmischem Geschehen«. Im Städtebau wie in der Musik spielten dabei alle Kräfte der Bewegung, der Dauer, des Schwungs, der Schwere einheitlich zusammen.

In der Analyse der Wirkungen ist Rauda nicht zuletzt der Begriff der »optischen Leitlinien«, die Brinckmann unter dem Einfluss von Christian von Ehrenfels entwickelt hatte, von Nutzen. Optische Leitlinien binden die Architekturen in einen Zusammenhang, der ihnen Selbständigkeit der Form und die Wahrung einer einheitlichen räumlichen Wirkung gleichzeitig ermöglicht.

In seiner im Jahr zuvor, 1956, in München publizierten Darstellung »Raumprobleme im europäischen Städtebau. Das Herz der Stadt – Idee und Gestaltung« hatte er sich mit deutlichem Schwerpunkt auf dem historischen Städtebau auch für Tendenzen des zeitgenössischen Schaffens eingesetzt. Gleichzeitig warnte er hier davor, bisherige Raumerfahrungen aufzugeben und das Räumliche generell zu verneinen, eine Tendenz, die ihm in der Beschäftigung mit den Ideen der gegliederten, aufgelockerten Stadt als Gefahr erschien. »Bei den Grindelberghochhäusern in Hamburg wird, im Gegensatz zur rhythmischen Grundstruktur der Siedlung Hamburg-Hohnerkamp, jede räumliche Spannung verdrängt und damit der architektonische Freiraum als Erlebnis aufgegeben.«[29]

Zur Gartenstadt Hohnerkamp in Hamburg-Bramfeld, nach einem Entwurf von Hans Bernhard Reichow errichtet, schreibt Rauda dagegen mit seinem an historischen Räumen geschulten Erleben unter dem Stichwort »Beispiel eines freikörperlich-rhythmischen Ordnungsprinzips«:

»Drei Siedlungsquartiere sind kleeblattförmig, Trauben gleichend, zu *einem* Siedlungsorganismus verschmolzen. Bewusst ist auf die Bildung von geschlossenen Straßen- und Platzräumen verzichtet worden. Die Hauszeilen der einzelnen Wohnhäuser zeigen nahezu im gesamten Siedlungsbereich die gleiche, zur Sonne günstig gelegene Richtung. Hierbei wird, unterstützt durch die Hanglage, die wachsende Bildausschnitte, Überschneidungen usw. ergibt, ein Schematismus, der dem Zeilenbau oft anhaftet, vermieden. Die Dominanten liegen an der höchsten Erhebung des Geländes und ergeben wichtige Blickbeziehungen. Maßstäblich sind innerhalb der einzelnen Wohnhauszeilen, durch verschiedene Geschoßzahlen bedingt, Differenzierungen angestrebt, um die Hochhäuser trotz ihrer vielleicht etwas zu bescheidenen Höhenbemessung maßstäblich und optisch zu steigern. Die Siedlung ist ein glückliches Beispiel für die Bestrebungen unserer Zeit, unter Einbeziehung des Landschaftsgrüns menschlich erlebbare Raumabschnitte in einer freien Kompositionsweise zu schaffen.«[30]

Für die Publikation von 1956, »Raumprobleme im europäischen Städtebau«, muss schließlich auf einen Autor hingewiesen werden, dem Rauda ebenfalls entscheidende Impulse verdankt. In den Untersuchungen von Konstantinos A. Doxiadis[31] sah Rauda den Nachweis einer optischen Gesetzmäßigkeit der regellos erscheinenden griechischen Agora und Akropolis in greifbare Nähe gerückt.

Diese Herangehensweise lehnten sowohl Adolf Abel als auch Wolfgang Braunfels grundsätzlich ab. Für Raudas Interpretation des Pisaner Dombezirkes ist Doxiadis' Sicht jedoch grundlegend. Besonders auf dem Gebiet des griechisch-antiken Städtebaus war bis in die Mitte der 1930er Jahre kaum geforscht worden, Armin von Gerkans Arbeit und die Beschäftigung von Joseph Gantner mit diesem Thema hatten Ausnahmen dargestellt.[32] Doxiadis beobachtet an allen von ihm untersuchten Anlagen einen gesetzmäßig entworfenen Plan, der nur deshalb bis dahin nicht gesehen werden konnte, da auch dem griechischen Städtebau ein rechtwinkliges Koordinatensystem zugrunde gelegt worden war, ein System, das die antike Wissenschaft ebenso wenig kannte wie ein mathematisches Koordinatensystem überhaupt.[33]

Mit dem Begriff des Polar-Koordinatensystems kann Doxiadis zweierlei Dinge benennen: zum einen den Umstand, dass kein abstraktes Planbild, sondern der erlebte Raum vor Ort entscheidend für den antiken griechischen Städtebau wurde, zum anderen, dass in diesem ein zentraler Punkt den wichtigsten Anhaltspunkt darstellt: der Ort, von dem aus die gesamte Anlage überschaut werden kann. Von diesem Eingangspunkt aus sind die Anlagen geplant; sie sind so

angelegt, dass wichtige Gebäude ganz, nicht nur teilweise zu sehen sind. Überschneidungen werden vermieden; tritt ein Bauwerk zurück, wird es durch die
davorstehenden gänzlich verdeckt. Zudem fand Doxiadis Winkelgrößen in den
Richtungen der Gebäude, die sich entweder im Rahmen einer Zwölfteilung des
Raumes (mit 36°, 72°, 108°, 144°) oder einer Zehnteilung des Raumes (mit
Winkeln von 30°, 60°, 90°, 120°, 150°) bewegen. Die Abstände der Gebäude
wiederum sind von diesen Teilungen der Winkel abhängig und bewegen sich,
gemessen in Fuß, in einfachen geometrischen Verhältnissen. Doxiadis zeigte,
dass sowohl die gewachsenen wie auch die gegründeten griechischen Anlagen
durch dieselben Gesetze bestimmt sind – eine Entdeckung, die die Diskussion
um die mittelalterlichen Städte unschwer erreichte, war sie doch in ihrer voll-
kommenen Rationalität jedem mittelalterlich-mystifizierenden Begreifen diamet-
ral entgegengesetzt. Rauda selbst hat davon insbesondere für Pisa profitiert, die
Piazza del Duomo wird vor dem Hintergrund des erlebten Raums geschildert, in
dem ein Ausgangspunkt die Erklärung für die Platzierung aller Gebäude darstellt. Von den Überlegungen Wolfgang Braunfels', der denselben Platz aus völlig anderer Sicht – der der zurückgelegten Wege – sieht, war dies fundamental
unterschieden.

1   Zur Biographie Raudas vgl. Brandt, Sigrid: Zwei Architekten. Eine Reise. Eine Flucht, in: Ordnung und Mannigfaltigkeit. Beiträge zur Architektur- und Stadtbaugeschichte für Ulrich Reinisch, hg. v. Christof Baier u. a., Weimar 2011, S. 71–76.

2   Rauda arbeitete zunächst, nun wieder in Dresden, als freischaffender Architekt und beteiligte sich an einer Reihe von Wettbewerben: so unter anderem zum Neubau eines Belvedere auf der Brühlschen Terrasse in Dresden. Ein früher Kirchenneubau, die Bethlehemkirche in Dresden-Tolkewitz, geht auf seinen Entwurf zurück.

3   Vgl. Durth, Werner / Düwel, Jörn / Gutschow, Niels: Architektur und Städtebau der DDR, 2 Bde., Frankfurt / New York 1998, Bd. 1, S. 231, und Paul, Jürgen: Dresden: Suche nach der verlorenen Mitte, in: Neue Städte aus Ruinen. Deutscher Städtebau der Nachkriegszeit, hg. v. Klaus von Beyme u. a., München 1992, S. 313–333, S. 321 ff.

4   Vgl. Junghanns, Kurt: Die deutsche Stadt im Frühfeudalismus, Berlin 1959. Das Interesse an städtebaulichen Fragen wurde an der Deutschen Bauakademie Berlin vor allem durch Gerhard Strauss, dem späteren Professor für Kunstgeschichte an der Humboldt-Universität, gefördert. Vgl. Brandt, Sigrid: Geschichte der Denkmalpflege in der SBZ/DDR 1945–1961. Dargestellt an Beispielen aus dem sächsischen Raum, Berlin 2003; Reinisch, Ulrich: Brinckmanns »Platz und Monument« von 1908 und die ideale Stadtform des Sozialismus. Forschung und Lehre zur ›Stadtbaukunst‹ an der Friedrich-Wilhelms- und Humboldt-Universität, in: In der Mitte Berlins. 200 Jahre Kunstgeschichte an der Humboldt-Universität, hg. v. Horst Bredekamp und Adam S. Labuda, Berlin 2010, S. 257–272.

5   Für das Gespräch am 3. November 2010 danke ich seinem Assistenten, Prof. Dr. habil. em. Manfred Zumpe, Dresden. Vgl. auch: www.das-neue-dresden.de/wolfgangrauda.html (3. November 2010).

6   Rauda, Wolfgang: Raumprobleme im europäischen Städtebau. Das Herz der Stadt – Idee und Gestaltung, München 1956; Rauda, Wolfgang: Lebendige städtebauliche Raumbildung. Asymmetrie und Rhythmus in der deutschen Stadt, Berlin / Stuttgart 1957.

7   Vgl. dazu Vasold, Georg: Anschauung versus Erlebnis. Der Rhythmus in der deutschsprachigen Kunstforschung um 1900, in: Rhythmus. Harmonie. Proportion. Zum Verhältnis von Architektur und Musik, hg. v. Sigrid Brandt / Andrea Gottdang, Worms 2012, S. 36–41.

8   Rauda, Wolfgang 1957 (wie Anm. 6), S. 7.

9   Ebd., S. 8, Literaturhinweise S. 405 ff.

10 Ebd., S. 8.

11 Ebd., S. 12.

12 Ebd.

13 Johann Wolfgang v. Goethe in seiner »Baukunst« von 1795, zitiert nach Rauda, Wolfgang 1957 (wie Anm. 6), S. 12. Vgl. auch Büchenschuß, Jan: Goethe und die Architekturtheorie, Hamburg 2010.

14 Abel, Adolf: Regeneration der Städte, Erlenbach-Zürich 1950, S. 11.

15 Ebd.

16 Vgl. Friedmann, Herrmann: Die Welt der Formen. System eines morphologischen Idealismus, Berlin 1925.

17 Ebd., S. 22.

18 Vgl. Friedmann, Herrmann: Wissenschaft und Symbol. Aufriss einer symbolnahen Wissenschaft, München 1949.

19 Friedmann, Hermann 1925 (wie Anm. 16), S. IX.

20 Ebd., S. 161 ff.

21 Zitiert nach Friedmann, Hermann, ebd., S. 103.

22 Ebd. S. 185.

23 Ebd.
24 Rauda, Wolfgang 1957 (wie Anm. 6), S. 16. Theophil Spoerri (1890–1974) hatte 1954 »Der Weg zur Form: Dasein und Verwirklichung des Menschen im Spiegel der europäischen Dichtung« veröffentlicht, auf das Rauda explizit verweist.
25 Hoffmeister, 1942 in Bonn habilitiert, betreute dort als außerplanmäßiger Professor nach dem Zweiten Weltkrieg u. a. eine kritische Hegel-Ausgabe, er starb bereits 1955.
26 Vgl. zum Begriff der »durée« auch Spyridon Koutroufinis, Zur zeitlichen Dimension der Denkmale, in: kunsttexte.de, Nr. 1, 2004, http://edoc.hu-berlin.de/kunsttexte/download/denk/sym3-koutroufinis.pdf (26.09.2015).
27 Friedmann, Hermann 1925 (wie Anm. 16), S. 193.
28 Rauda, Wolfgang 1956 (wie Anm. 6), S. 17ff.
29 Ebd., S. 31.
30 Ebd., S. 71.
31 Konstantinos A. Doxiadis (1913–1975), griechischer Architekt, hatte 1935 sein Studium in Athen beendet und wurde 1936 in Berlin promoviert.
32 Vgl. Gerkan, Armin von: Griechische Städteanlagen. Untersuchungen zur Entwicklung des Städtebaus im Altertum, Leipzig 1924; Gantner, Joseph: Grundformen der europäischen Stadt. Versuch eines historischen Aufbaus in Genealogien, Wien 1928.
33 Doxiadis, Konstantinos A.: Raumordnung im griechischen Städtebau, Heidelberg / Berlin 1937 (Beiträge zur Raumforschung und Raumordnung, hg. für die Reichsarbeitsgemeinschaft für Raumforschung von Konrad Meyer, Bd. 2), S. 11.

BILDNACHWEIS

1,2 Rauda, Wolfgang: Lebendige städtebauliche Raumbildung. Asymmetrie und Rhythmus in der deutschen Stadt, Berlin und Stuttgart 1957, S. 52, 53.
3,4 Rauda, Wolfgang 1957, S. 195.

Erfassung und Vermittlung

Vor dem Denkmalschutzjahr
Debatten um Stadtbild, Stadterhalt und Stadtgestaltung in Berlin und anderswo

Before the European Cultural Heritage Year
Debates on the Cityscape, Urban Preservation and Urban Planning in Berlin and Elsewhere

HANS-RUDOLF MEIER

English Summary

Images have a decisive influence on the creation and maintenance of historic quarters or city centres. Historic images of the city function as manuals for historic reconstruction and mental images of the »old town« serve as touchstones for activity in preservation and restoration. This paper focuses instead on the use of cityscape analysis as an instrument for historic preservation. Confronted with the malaise arising from a perceived lack of formal identity in modern architecture, architects themselves have turned renewed attention to the image, morphology and planning of the urban landscape. In the period after 1970, cityscape analysis was applied in varying approaches and different places in an attempt to identify objects worthy of preservation. A project in Munich attempted the objective evaluation of rows of facades dating from the Gründerzeit, applying semiotic and cybernetic principles typical of the time. At the same time, a team under Josef Paul Kleihues was commissioned by the Berlin Senate to complete an atlas of the cityscape and surroundings. The areas to be investigated were Kreuzberg and Charlottenburg, which at the time were the objects of an urban renewal controversy. The attention to cityscape analysis thus became rapidly politicized and was criticized as a diversion and a pretense. In retrospect, however, this criticism appears unfair. In West Berlin, cityscape analysis resulted in early attempts at so-called »critical reconstruction«, while in East Berlin at the same time, the Bauakademie attempted to develop cityscape analysis into an instrument for urban planning.

Abbildung 1: Berlin-Atlas zu Stadtbild und Stadtraum, Versuchsgebiet Charlottenburg, Objektbewertungsplan

Bilder sind ein wesentlicher Faktor der Altstadt-Produktion. Das wurde jüngst wieder deutlich anlässlich der Auftaktveranstaltung, mit welcher der Berliner Senat am 18. April 2015 einen Bürgerdialog zur zukünftigen Gestaltung der Stadtmitte lancierte.[1] Der Verein Bürgerforum Berlin beabsichtigte, dort seine Flyer auszulegen, mit denen er »für die Realisierung lebendiger und schöner Plätze [...], wie sie bis 1933 bestanden haben«, wirbt, was ihm untersagt wurde.[2] Stadtbaudirektorin Regula Lüscher wollte die Diskussion nicht einengen auf die vermeintliche Option eines ›zurück wie es war‹. In Berlin artikuliert sich diese Fiktion in online-Diskussionsbeiträgen mit der Forderung, dem Schloss müsse die Altstadt folgen: »Da geht kein Weg dran vorbei. Das Schloss braucht die Stadt in seinem Rücken.«[3] Das Bürgerforum Berlin kritisierte Lüschers Entscheid als »Bilderverbot«.

Das ist nur ein jüngstes Beispiel aus einer langen Reihe von Konflikten und Debatten, in denen historische Stadtbilder zu Handlungsanleitungen der Altstadt-Generierung werden sollen.[4] Einen Überblick über solche Bestrebungen liefert die Webseite »stadtbild-deutschland.org«. Nicht nur durch ihre umfassende Verlinkung, sondern auch in der Diktion hat sie sich gleichsam als Zentralorgan einer Bewegung etabliert, für und durch die »Stadtbild« zum Kampfbegriff geworden ist. Es geht dabei nicht primär um Denkmalerhalt oder Stadtentwicklung, sondern um Versuche einer zumindest partiellen architektonischen Restituierung einer scheinbar besseren Zeit. Man könnte nun auf die Gemeinsamkeiten und Differenzen dieser oft durch lokale Medien gepushten Interessengruppen eingehen, auf die Zusammenhänge mit der gegenwärtigen diffusen gesellschaftlichen Verunsicherung breiter Mittelschichten oder auf sich auch anders artikulierenden Neokonservatismus. Nicht zuletzt wäre die Koinzidenz von Dresden als Zentrum der Rekonstruktions- und Stadtbild-Bewegung und von Pegida eine Diskussion wert. Aber nicht die aktuelle Debatte soll hier im Zentrum stehen, sondern der Blick zurück und zwar vor das Europäische Denkmalschutzjahr 1975, dessen 40. Jubiläum zum Zeitpunkt der Niederschrift dieses Beitrags gefeiert wird.

Um 1975: Stadtbild versus Stadterhaltung?

Im Zentrum meines Interesses steht dabei der von Josef Paul Kleihues 1973 im Auftrag des Senators für Bau- und Wohnungswesen herausgegebene »Berlin-Atlas zu Stadtbild und Stadtraum«.[5] In der jüngeren Forschungsliteratur taucht dieser Berlin-Atlas kaum auf und ist daher nur mehr wenig bekannt (Abb. 1). Einzig Michael Falser erwähnt ihn in seiner Dissertation zur »politischen

Geschichte der Denkmalpflege in Deutschland«, und zwar als Beispiel dafür, wie die ästhetisierende Beschäftigung mit dem Stadtbild von der gesellschaftlichen Wirklichkeit ablenke.[6] Stadtbildkonflikte erscheinen daher als anhaltende wenn auch in Zielrichtung und praktischer Konsequenz variierende Problematik, quasi als eine der Erbschaften oder Erblasten des Denkmalschutzjahres.[7] Falser sieht darin die Folge eines Prozesses, der zwischen 1965 und 1975 »das Gründungscharakteristikum der modernen Denkmalpflege in ihrer rationalwissenschaftlichen und moralisch-ethischen Betrachtungsweise um 1900 [...] als beginnende post-moderne Denkmalpflege zu einem wesentlichen Anteil in einen emotionalisierten und (z.t. kommerzialisiert) ästhetisierten Gestaltungsauftrag (rück-)-gewandelt« habe.[8]

Diese Darstellung suggeriert, mit der beginnenden Postmoderne der späten 1960er und der 1970er Jahre habe gleichsam ein »Sündenfall« der modernen Denkmalpflege stattgefunden, eine Sichtweise, die in der ›großen Erzählung‹ der Moderne und deren Mythos verhaftet bleibt. Die Interpretation des »Gestaltungsauftrags« als ausschließlich reaktionär folgt überdies einem zeitgenössischen Deutungsstrang, wie er besonders scharfsinnig 1976 von Werner Durth in seiner Dissertation »zur gesellschaftlichen Funktion von Kritik und Theorie der Stadtgestaltung« analysiert worden ist.[9] Rückblickend erscheint aus denkmalpflegerischer Perspektive diese Sicht aber doch allzu eindimensional. Fraglich ist auch, ob der Denkmalpflege im Prozess der (erneuten) Hinwendung zu Stadtgestalt und Stadtbild überhaupt eine wesentliche Rolle zukam. Zwar werden Anfang und Ende der von Falser genannten Dekade in der Bundesrepublik durch Denkmalpflege-Ausstellungen markiert und nimmt die 1965er Ausstellung durch den Titel »Bewahren und Gestalten«, die 1975er durch die Bildrhetorik Bezug auf die hier diskutierte Thematik (Abb. 2).[10] Doch zumindest die erstgenannte, deren Schwerpunkt in der Präsentation erfolgreicher – und das hieß oft purifizierender und verbessernder – Wiederherstellungen von kriegszerstörten Einzelmonumenten bestand,[11] darf in unserem Zusammenhang kein allzu großes Gewicht beigemessen werden.

DIE ›WIEDERENTDECKUNG‹ DER STADT DURCH DAS STADTBILD

Die Hauptimpulse kamen jedenfalls von anderer Seite und waren vielseitig und widersprüchlich. Ihre gemeinsamen Wurzeln haben sie in der Kritik der funktionalistischen Stadtplanung und der entsprechenden Sicht auf die Stadt. Als konservative Kritik bildete die antimoderne Strömung eine zur funktionalistischen

Eine Zukunft für unsere Vergangenheit

Denkmalschutz und Denkmalpflege
in der Bundesrepublik Deutschland

Abbildung 2: »Eine Zukunft für unsere Vergangenheit« zum Europäischen Denkmalschutzjahr 1975: Stadtbild-Vergleich mit unschöner Moderne und harmonischer Altstadt

Moderne komplementäre Parallelbewegung des 20. Jahrhunderts, in der etwa Karl Gruber 1952 kulturkritisch die Geistlosigkeit des modernen Stadtbildes beklagte: »aus der Macht ohne Gott lässt sich kein Stadtbild gestalten, das irgendwie das Leben in einer solchen Stadt als lebenswert erscheinen ließe.«[12] In dieser Tradition steht Wolf Jobst Siedlers Abrechnung mit der jüngeren Stadtentwicklung in Berlin, die er 1964 unter dem Titel »Die gemordete Stadt: Abgesang auf Putte und Straße, Platz und Baum« publizierte.[13] Seine auch an der Sprache der Stadtplaner festgemachte Kritik am Funktionalismus und Rationalismus wird mit suggestiven Fotos von Elisabeth Niggemeyer unterstrichen, die in der über Schultze-Naumburgs Kulturarbeiten auf Pugins Contrasts zurückreichenden Tradition das gute Alte hier dem kalten gesichtslosen Neuen gegenüberstellt. Neben melancholisch vorgetragen Untergangstopoi finden sich in Siedlers Essays auch Aussagen wie folgende: »Es geht nicht um das Neue und es geht nicht um das Alte. Es geht darum, mit neuen Mitteln alte Wohnfiguren zu verwirklichen.

Hätte man nicht Angst vor großen Worten, sagte man: soziale Räume schaffen.«[14] Voraussetzung dafür sei allerdings die Möglichkeit von Ungeordnetem, Nicht-Geplantem, Nicht-Geglättetem etc.

Damit trifft sich der oft brillant formulierende Siedler mit einer sich erst allmählich artikulierenden zeitgenössischen Kritik, die sein Buch zu einem Best- und Longseller werden ließ. Es erreichte mehrere Neuauflagen (1967, 1978, 1993) und wurde schon 1965 von Manfred Durniok verfilmt, wobei Drehbuch und der mit einer optimistischen Wendung schließende Kommentar vom Bauwelt-Chefredaktor Ulrich Conrads stammte.[15] Obwohl aus einem konservativen Kulturpessimismus geschrieben, erscheint »Die gemordete Stadt« so rückblickend neben Jane Jacobs 1961 erschienenen »Death and Live of Great American Cities« als früher Vertreter einer sozial motivierten Kritik der funktionalistischen Stadt.[16] Dass beide Titel die Todesmetapher verbindet, ist nicht zufällig, erfolgte aber unabhängig voneinander: Siedler und Niggemeyer kannten Jacobs Werk, doch Siedlers ältester Beitrag war schon 1959 unter der Überschrift »Gemordete Städte« im Berliner Tagesspiegel erschienen.[17]

Die zunehmend als gestaltlos empfundene Moderne motivierte gleichzeitig Architekten zur erneuten Beschäftigung mit dem Bild, der Morphologie und der Gestaltung der Stadt. Die Sichtweisen und Ziele waren im einzelnen sehr unterschiedlich, doch ist insgesamt ein Bemühen um Systematisierung und Verwissenschaftlichung zu beobachten.[18] Frühe Versuche sind die bereits 1949 in der Zeitschrift »Architectural Review« ihren Ausgang nehmenden Townscape Studien, die 1961 in Gordon Cullens Buch gipfelten (Abb. 3), dessen ungewöhnlich späte deutsche Übersetzung 1991 mit »Vokabular der Stadt« untertitelt ist.[19] Mit bildlichen Erkundungen englischer und mediterraner Städte sucht der Verfasser das Kleinräumige, Zufällige und Malerische zu erfassen und damit das Pittoreske als Thema der zeitgenössischen Beschäftigung mit Stadt zu rehabilitieren. Cullen beschreibt serielles Sehen, räumliches Empfinden und Ordnung der Dinge als Grundkategorien der Stadtwahrnehmung. Für seine Kategorien beansprucht er aber keine Systematik, womit er sich von Kevin Lynch und dessen fast gleichzeitigem und sehr viel einflussreicheren Werk »Image of the City« unterschied.[20] Unter dem Einfluss von György Kepes Gestalttheorie Form und Bedeutung voneinander trennend, rückte Lynch die bildhafte Repräsentation der Stadt ins Zentrum, grenzte sie auf die fünf Grundelemente Wege, Knoten, Ränder, Landmarken/Merkzeichen und Bereiche ein und versuchte über diese Parameter eine objektive Notation zu erreichen, welche ein Bild der Stadt als Ordnungssystem ihrer Bewohner ermöglichen sollte.[21] Lynchs Verdienst ist es, kognitive Bilder (»mental maps«) als Forschungsgegenstand der planerischen

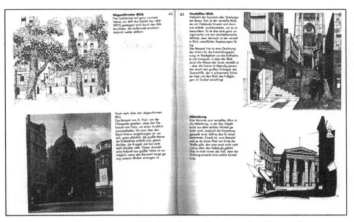

Abbildung 3: »Townscape«: Die Wiederentdeckung des Pittoresken

Disziplinen eingeführt und damit die Stadt als individuellen Wahrnehmungs-
raum erschlossen zu haben.

Auch von architektur- und kunsthistorischer Seite versuchte man unter dem
zeittypischen Einfluss von Semiotik und Kybernetik, Gestaltqualitäten historischer Architektur und Stadt objektivierend zu erfassen.[22] 1972 publizierten Adrian von Buttlar, Heinz Selig und Alexander Wetzig eine Untersuchung, in der sie
– wie ein Beitrag in der Süddeutschen Zeitung plakativ überschrieb – die Schönheit der Stadt berechneten.[23] Durch informationsästhetische Bewertung von Fas-
sadensequenzen im gründerzeitlichen Münchner Lehel sollten erhaltenswerte
Stadtbildelemente bestimmt werden. Gestützt auf semiotische Ansätze und konkre-
tisiert durch Erfassungsblätter wurde der »gestaltbildende Anteil eines Gebäudes
am Stadtbild bestimmt und so auf seine Erhaltenswürdigkeit geschlossen«. Die
dem Einzelobjekt verhaftete Denkweise sollte auf diese Weise überwunden werden zugunsten größerer baulicher Einheiten.[24] Ein errechneter Richtwert »um-
schreibt den Beitrag des einzelnen Hauses an der über die registrierten Reper-
toirelemente im Untersuchungsgebiet realisierten Gesamtinformationen«. Durch
die (im Aufsatz leider nicht mitgelieferte) Kartierung seinen »die erhaltenswer-
ten Merkmalstrukturen des jeweiligen Stadtteils erst überschaubar« zu machen.[25]
Das Ganze sei aber nicht formaler Selbstzweck, vielmehr zählen die Verfasser
das Stadtbild zu den »Funktionen« der Stadt, da es der Orientierung, dem Sich-
zurechtfinden und der Ortsvergewisserung diene und »eine Bedingung für Be-
heimatetheit« darstelle.[26]

Der Berlin-Atlas zu Stadtbild und Stadtraum und der Kampf um die Stadtsanierung in Charlottenburg

Zeitgleich mit der informationsästhetischen Stadtbildanalyse in München lief in Berlin das Projekt des Atlas zu Stadtbild und Stadtraum, mit dem der Senat 1970–73 ein Team um Josef Paul Kleihues beauftragt hatte. Publiziert worden sind 1973 zwei Hefte zu den Versuchsgebieten Kreuzberg und Charlottenburg – mithin den Brennpunkten der damaligen Auseinandersetzungen um die Stadtsanierung. Heft 1 mit der Methodendiskussion und den weitergehenden Intentionen, auf das in den beiden publizierten Heften mehrfach verwiesen wird, ist leider nie erschienen. Ein Manuskript soll es gegeben haben, doch ist das auch im Nachlass von Kleihues nicht auffindbar.[27]

Das Heft zum Untersuchungsgebiet Charlottenburg besteht aus drei Teilen: einem Planteil, der visuelle und räumliche Merkmale der Bebauung kartiert und erläutert, beginnend mit sog. Informationsplänen im Maßstab 1:10.000 zum Untersuchungsgebiet als Ganzem, gefolgt von 1:2.500-Plänen zur Erschließungsstruktur und schließlich den »Objektbewertungsplänen« (Abb. 1). Teil zwei ist ein reich mit alten Karten und Ansichten illustrierter Überblick zur Stadtentwicklung von Charlottenburg und insbesondere dem Sanierungsgebiet, Teil drei dann ein bauhistorischer Kommentar zu dreißig ausgewählten Gebäuden und Ensembles (Abb. 4). Diese beiden Teile verfassten in beiden Heften die Architekturhistorikerinnen Franziska Bollerey und Kristiana Hartmann, die das

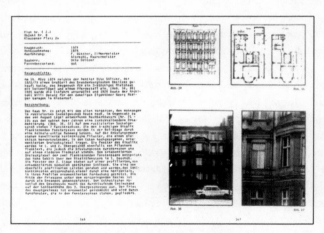

*Abbildung 4: Berlin-Atlas zu Stadtbild und Stadtraum
Versuchsgebiet Charlottenburg, aus dem Katalog
exemplarischer Beispiele*

Sanierungsgebiet Klausener Platz als »Modellverfahren zur Modernisierung eines historischen Stadtgebietes« auch in der zum Europäischen Denkmalschutzjahr verfassten Publikation »Denkmalpflege in der Bundesrepublik Deutschland« vorstellten.[28] In der Tat war das Gebiet um den Klausener Platz durch verschiedene Initiativen zu einem Labor neuer Ansätze geworden – und erfuhr entsprechende Publizität sowohl in der zeitgenössischen Fachpresse[29] als auch in der Historiographie der Berliner Stadtsanierung.[30] Bereits 1963 mit dem ersten Stadterneuerungsprogramm war das Gebiet südlich des Charlottenburger Schlosses und westlich der Schlossstraße als Sanierungsgebiet ausgewiesen worden. Bis zehn Jahre später die Sanierungarbeiten begannen, waren in Westberlin im Rahmen der als Flächensanierung praktizierten Stadtsanierung 13.000 Altbauwohnungen abgerissen und durch Neubauten ersetzt worden und 120 Wohnungen (0,9 %) »modernisiert« worden.[31] Für das Sanierungsgebiet »Klausenerplatz« war aufgrund der Schlossnähe die »Revitalisierung« unter Erhaltung des historischen Stadtbildes vorgesehen; als Sanierungsträger wurde die Neue Heimat Berlin bestellt.[32] Erste Modernisierungsvorhaben einzelner Häuser an der Christstraße folgten 1968 damaliger Sanierungspraxis, was bedeutete, dass hinter den Fassaden quasi neu gebaut wurde. Was in einer Broschüre des Landes als »ein Stück wiedererstandenes romantisches Alt-Berlin« gefeiert wurde, erschien der Kritik »als Produktion einer Art Disneyland des 19. Jh.«[33] 1972 wurde ein Wettbewerbsverfahren ausgeschrieben, dessen Unterlagen von allen Akteuren als unzureichend und nicht mehr zeitgemäß zurückgewiesen wurden, worauf man dem eigentlichen Wettbewerb eine sog. »Programmphase« voranstellte, in der die Teilnehmer in Arbeitsgruppen umfangreiche Planungsgrundlagen zu erstellen hatten für die Bereiche Stadtbild, Modernisierung, Soziale Belange und Strukturdaten.[34] Parallel dazu – und »nicht immer von Konkurrenzeifer befreit«[35] – erfolgten die Untersuchungen zum Berlin-Atlas. Und schließlich ist ebenfalls in der Zeit der sich ab 1973 in einer Mieterinitiative als Verein konstituierende Widerstand der Bewohner zu nennen, der die Partizipation der Mieter forderte und sich für deren Verbleib in den Wohnungen einsetzte. Die Mieterinitiative konzentrierte ihre Aktivitäten dann auf Block 118, in dem Hardt Waltherr Hämer ein Modell realisierte, das grundsätzlich den Verbleib der Mieter und nur ihren kurzzeitigen Umzug während der eigentlichen Baumaßnahmen vorsah. Wurde das zum vielgerühmten aber vorerst eher selten wiederholten Modellfall, so erschienen nicht zuletzt durch die öffentlich wirksamen Aktivitäten der Mieterinitiative, in der Jusos und KPD-Sympathisanten um Einfluss und strategische Deutungshoheit rangen[36], die Bemühungen um die Stadtbildanalyse nicht nur als Nebenschauplatz, sondern geradezu als Ablenkungsmanöver.

Dies obwohl die Verfasser des Berlin-Atlas im Kreuzberger Heft den Versuch unternahmen, »den Rahmen einer formalästhetischen Einschätzung zu sprengen«, um u.a. durch eine Nutzungsanalyse »festzustellen, wo es Übereinstimmungen und Abweichungen zwischen Nutzungsstruktur und städtebaulichem ›Expertenurteil‹ gibt. In einem weiteren Arbeitsschritt sollte mit Hilfe einer Umfrage die Einschätzung der Bewohner zu ihrem Stadtbereich ermittelt werden.«[37] Das war zeitlich und finanziell nicht mehr zu leisten; außerdem verunmöglichte die Fluktuation der Bewohner im Sanierungsgebiet eine Kartierung. Dennoch wird aus dem Kartenmaterial dieses Hefts das Bemühen deutlich, Informationen zur Sozial- und Nutzungsstruktur zu erfassen.

Der latent bemerkbare Zwang zur Rechtfertigung verweist auf das positive Gegenmodell zur Berliner (bzw. bundesrepublikanischen) Stadterneuerung, das in der zeitgenössischen Debatte Bologna spielte. Im gleichen Heft der »Deutschen Kunst und Denkmalpflege«, in dem der Stadtbild-Lehel-Beitrag erschien, stellte Astrid Debold-Kritter Konzept und Methodik der Erhaltung des Centro Storico von Bologna vor und resümierte, wie das primär sozial ausgerichtete Projekt der kommunistischen Bologneser Stadtverwaltung »dem historischen Dokument Architektur und Stadtstruktur in einer Weise gerecht wird, die über das historische Interesse der dafür zuständigen Institution und Denkmalpflege und zahlreicher kulturverpflichtender Konzepte weit hinausgeht.« Dies obwohl oder vielleicht gerade weil die Kommune das Konzept »ohne Zusammenarbeit mit der für die Monumente zuständigen Denkmalpflege« realisiere. Verallgemeinert liege die mangelnde Koordination zwischen Denkmalpflege und Stadtplanung an der auf das Einzelmonument fixierten Kunstgeschichte.[38]

STADTBILDANALYSEN ALS PLANUNGSINSTRUMENT DER ALTSTADTERHALTUNG ODER ALIBI-ÜBUNG?

Die hier kurz vorgestellten Bemühungen um Stadtbildanalyen und insbesondere der Berlin-Atlas waren nicht zuletzt Schritte, diesem Monitum Abhilfe zu schaffen. Das hatte einher zu gehen mit dem, was Bollerey und Hartmann als Voraussetzung zum Erhalt der Charlottenburger Bausubstanz forderten: »Das Tabu ›Gründerzeit‹ muss durchbrochen, der ästhetische und baugeschichtliche Stellenwert des Berliner Stadtbildes muss endlich erkannt werden.«[39] Dieser Prozess war eben erst im Gange – das grundlegende Historismus-Buch von Monika Steinhauser und Michael Brix erschien erst fünf Jahre später[40] –, wobei bei der Rehabilitation der gründerzeitlichen Wohnarchitektur die ästhetische Neubewertung vom Bemühen um den Erhalt kostengünstigen Wohnraums nicht zu trennen ist. Der Kampf für diese bezahlbaren Wohnungen war wesentlicher Antrieb dafür, über die Analyse des Stadtbildes ihre Erhaltungswürdigkeit mit zu begründen.

Rückblickend greift die zeitgenössische Kritik an der Beschäftigung mit dem Stadtbild, die aus der Sicht der damaligen politischen Auseinandersetzungen nachvollziehbar ist, daher aber doch zu kurz, wenn sie mit Lucius Burckhardt Stadtbilder allein als »vorfabrizierte Klischees [...] der fixen Public-Relations-Männer [...] welche die Städte als Ersatz für eine soziale Stadtplanung beschäftigen«, denunzierte.[41] Die Stadtbildanalysen waren auch nicht einfach Resultat oder wissenschaftliche Begleitung der »Stadtgestaltungseuphorie«, vor der Cord Meckseper im Vorjahr des Denkmalschutzjahres warnte, indem er auf die Geschichtlichkeit insistierte, die er selber – damit dem gleichzeitigen Artikel der Münchner Stadtbildforscher nicht unähnlich –, zeittypisch in Tabellen zu qualifizieren suchte.[42]

Zumindest vermerkt sei, dass auch in Ost-Berlin in den 1970er Jahren über Stadtbildanalysen als Mittel zum Erkennen erhaltenswerter Altbauten nachgedacht wurde. Bereits zu Beginn der Dekade waren am Prenzlauer Berg die Modellprojekte Arkonaplatz und Arnimplatz als »komplexe Rekonstruktionen« realisiert worden, d.h. die Erneuerung der Altbauten erfolgte unter dem Gebot der Erhaltung und denkmalpflegerischer Fassadensanierung.[43] Die Bauakademie entwickelte danach die Stadtbildanalyse zu einem Planungsinstrument, mit dem die Frage untersucht werden sollte, »was an städtebaulichen Strukturen, Bebauungssituationen, Plätzen und Straßen bewahrt und weiterentwickelt werden kann.«[44] Die Analyse sollte dabei »sowohl formalästhetische Qualitäten als auch den Bedeutungsgehalt für Orientierung, Identifikation und Heimatgefühl« erfassen, was auch begrifflich den Zielen der Stadtbildanalysen im Münchner Lehel recht nahe kommt.[45] Stadtbildanalysen erweisen sich damit auch als Instrumente der Altstadtkonstruktion.

In West-Berlin resultierte für die *Stadtgestaltung* aus der Stadtbild-Analyse im Kontext des Berlin-Atlas – anders als heute – kein Gebot mimetisch-historistischer, wohl aber möglicherweise erste Ansätze zur sog. »Kritischen Rekonstruktion«. Jedenfalls wird der Block 270 am Vinetaplatz im Wedding, den Josef Paul Kleihues in der Zeit des Berlin-Atlas-Projekts plante, als »erste geschlossene Randbebauung nach dem Krieg und [...] konsequente Rückbesinnung auf die traditionelle Bebauungsweise des Berliner Stadtraums« gelobt.[46] Allerdings – und das ist die Crux jeder Rekonstruktion – setzte auch die kritische den Abriss des Bestandes voraus.

1   http://stadtdebatte.berlin.de/ (25. April 2015).
2   Loy, Thomas: Historische Mitte Berlins. Bürgerdialog zur Zukunft der Altstadt hat begonnen, in: Tagesspiegel 18.04.2015. Zitiert aus: http://www.tagesspiegel.de/berlin/historische-mitte-berlins-buergerdialog-zur-zukunft-der-altstadt-hat-begonnen/11656480.html/ (25. April 2015).
3   Stadtdebatte, Beitrag vom 15.04.2015. Zitiert aus: http://stadtdebatte.berlin.de/sites/default/files/umfrage.xml (25. April 2015).
4   Zum Thema generell vgl. die Beiträge in: Brandt, Sigrid / Meier, Hans-Rudolf (Hg.): StadtBild und Denkmalpflege. Konstruktion und Rezeption von Bildern der Stadt, Berlin 2008.
5   Kleihues, Josef Paul (Hg. im Auftrag des Senators für Bau- und Wohnungswesen): Berlin-Atlas zu Stadtbild und Stadtraum, 2 Bde., Berlin 1973.
6   Falser, Michael S.: Zwischen Identität und Authentizität. Zur politischen Geschichte der Denkmalpflege in Deutschland, Dresden 2008, S. 110; Durth, Werner / Sigel, Paul: Baukultur. Spiegel gesellschaftlichen Wandels, Berlin ²2010, S. 600; zu früheren Erwähnungen vgl. unten Anm. 30.
7   Für Norbert Huse war 1984 (rückblickend auf 1975) die Stadtbildpflege eine »der gefährlichsten, weil unerkannten Feinde« der Stadterhaltung: Huse, Norbert (Hg.): Denkmalpflege. Deutsche Texte aus drei Jahrhunderten, München 1984, S. 217; vgl. dazu Meier, Hans-Rudolf: Norbert Huse und die Denkmalpflege, in: Die Präsenz des Vergangenen ist Teil der Gegenwart. Zur Würdigung von Norbert Huse, hg. v. Dietrich Erben, München 2015, S. 69–84.
8   Falser, Michael 2008 (Anm. 6), S. 306.
9   Durth, Werner: Zur gesellschaftlichen Funktion von Kritik und Theorie der Stadtgestaltung, Darmstadt 1976.
10 Bewahren und Gestalten. Deutsche Denkmalpflege. Katalog der Ausstellung, hg. v. der Vereinigung der Landesdenkmalpfleger in der Bundesrepublik Deutschland, Berlin 1965; Eine Zukunft für unsere Vergangenheit. Denkmalschutz und Denkmalpflege in der Bundesrepublik Deutschland. Katalog der Wanderausstellung 1975–76 für das Europäische Denkmalschutzjahr 1975. Unter Mitarbeit v. Michael Petzet / Wolfgang Wolters, hg. vom Deutschen Nationalkomitee für Denkmalschutz, München 1975.
11 Dazu: Thiele, Susanne: Bildstrategien der Denkmalpflege. Die Fokussierung auf ästhetische Werte, in: Werte. Begründungen der Denkmalpflege in Geschichte und Gegenwart, hg. v. Hans-Rudolf Meier / Ingrid Scheurmann / Wolfgang Sonne, Berlin 2013, S. 182–195, hier: S. 186.
12 Gruber, Karl: Die Gestalt der deutschen Stadt. Ihr Wandel aus der geistigen Ordnung der Zeiten, München 1952, S. 190f. (Neubearbeitung des gleichnamigen Buches von 1937); dazu auch Meier, Hans-Rudolf: Annäherung an das Stadtbild, in: Das Auge der Architektur. Zur Frage der Bildlichkeit in der Baukunst, hg. v. Andreas Beyer / Matteo Burioni / Johannes Grave, München 2011, S. 93–113.
13 Siedler, Wolf Jobst / Niggemeyer, Elisabeth / Angress, Gina: Die gemordete Stadt: Abgesang auf Putte und Straße, Platz und Baum, Berlin 1964.
14 Ebd., S. 194.
15 Die gemordete Stadt, Regie und Produktion: Manfred Durniok, Drehbuch: Ulrich Conrads, Sender Freies Berlin 1965, s/w 40 Min.
16 Vgl. etwa Sack, Manfred: Es hat sich nichts geändert, Artikel zum Buch: Siedler / Niggemeyer / Angreß: »Die gemordete Stadt« in: Die Zeit 1.12.1978. Zitiert aus: http://www.zeit.de/1978/49/es-hat-sich-etwas-geaendert (11. Januar 2016).
17 Dazu de Rudder, Steffen: »Die gemordete Stadt«. Zum fünfzigjährigen Erscheinen eines Klassikers der Städtebau-Literatur, in: Forum Stadt 41, 2014/2, S. 135–144, bes. S. 136 und 138.
18 Dazu Durth, Werner 1976 (wie Anm. 9), S. 63ff.

19 Cullen, Gordon: Townscape, London 1961; deutsche Ausgabe: Townscape. Das Vokabular der Stadt, Basel / Berlin / Boston 1991; vgl. auch: Stierlin, Martino: Die Stadt als Bild. Die urbane Form der Nachkriegszeit im Zeichen von Automobilisierung und Pop-Ästhetik, in: Neue Zürcher Zeitung 1. November 2008.

20 Lynch, Kevin: The Image of the City, Cambridge/MA 1960 (dt. 1965).

21 Vgl. die Kritik u.a. von Durth, Werner 1976 (wie Anm. 9), S. 67; Wagner, Kirstin: Die visuelle Ordnung der Stadt. Das Bild der Stadt bei Kevin Lynch, in: Das Ende der Urbanisierung? Wandelnde Perspektiven auf die Stadt, ihre Geschichte und Erforschung, hg. v. Karsten Borgmann et al., Berlin 2006, S. 101–121. Zitiert aus: http://edoc.hu-berlin.de/e_histfor/8 (11.Januar 2016).

22 Falser, Michael 2008 (wie Anm. 6), S. 108f., 125ff.

23 Von Buttlar, Adrian / Wetzig, Alexander: Die Schönheit der Stadt – berechnet, in: Süddeutsche Zeitung 1973/103, S. 151; von Buttlar, Adrian / Selig, Heinz / Wetzig, Alexander: Erhaltenswerte Stadtbildelemente des Münchener Cityrandgebiets Lehel, in: Deutsche Kunst und Denkmalpflege 30. Jg., Heft 1, 1972, S. 65–71.

24 Von Buttlar / Selig / Wetzig 1972 (wie Anm. 23), S. 67.

25 Ebd., S. 70.

26 Ebd., S. 68.

27 Die Existenz des Manuskripts bestätigt dankenswerterweise Franziska Bollerey; die Auskunft zum Nachlass verdanke ich Wolfgang Sonne.

28 Bollerey, Franziska / Hartmann, Kristiana: Berlin-Charlottenburg: Das Sanierungsgebiet »Klausenerplatz«. Ein Modellverfahren zur Modernisierung eines historischen Stadtgebietes, in: Denkmalpflege in der BRD. Geschichte, Organisation, Aufgaben, Beispiele. Ein Beitrag zum Europäischen Denkmalschutzjahr, München 1974, S. 56–59.

29 Sanierungswettbewerb Klausenerplatz, Berlin, in: Bauwelt 19, 65. Jg., 20.5. 1974, S. 720–725; Berlin-Atlas zu Stadtbild und Stadtraum, in: ebd., S. 728f.; Hämer, Hardt Waltherr / Rosemann, Jürgen: Stadterneuerung ohne Verdrängung – ein Versuch. Das Pilotprojekt Block 118 im Sanierungsgebiet Berlin Charlottenburg Klausener Platz. Bericht über den Versuch bei der Altbauerneuerung die Verdrängung der Bewohner zu vermeiden, in: Arch+ 29. Jg., 1976, S. 2–13.

30 Bodenschatz, Harald / Heise, Volker / Korfmacher, Jochen: Schluss mit der Zerstörung? Stadterneuerung und städtische Opposition in Westberlin, Amsterdam und London, Gießen 1983, S. 64–78; Bodenschatz, Harald: Platz frei für das Neue Berlin! Geschichte der Stadterneuerung seit 1871, Berlin 1987, S. 186; Bodenschatz, Harald et al.: Tendenzen der Stadterneuerung. Entwicklungen in Berlin. Erfahrungen europäischer Großstädte. Empfehlungen für Berlin, Berlin 1994.

31 Bollerey, Franziska / Hartmann, Kristiana 1974 (wie Anm. 28), S. 56; bis zum Jahre nach dem Denkmalschutzjahr standen den 18.000 Kahlschlagsanierungen 400 modernisierte Altbauwohnungen gegenüber: Bodenschatz, Harald / Polinna, Cordelia: Learning from IBA – die IBA 1987 in Berlin, Berlin 2010, S. 11.

32 Bodenschatz, Harald / Heise, Volker / Korfmacher, Jochen (wie Anm. 30), S. 66; dort ff. auch zum Folgenden.

33 Bodenschatz et al. 1994 (wie Anm. 30), S. 42.

34 Sanierungswettbewerb Klausernerplatz; Hämer, Hardt Waltherr / Rosemann, Jürgen 1976 (wie Anm. 29), S. 3.

35 Bollerey, Franziska / Hartmann, Kristiana 1974 (wie Anm. 28).

36 Bodenschatz, Harald / Heise, Volker / Korfmacher, Jochen (wie Anm. 30), S. 68ff.

37 Kleihues, Josef Paul 1973 (wie Anm. 5), Heft 2, Versuchsgebiet Kreuzberg, S. 9f.

38 Debold-Kritter, Astrid: Das Konzept zur Erhaltung des Centro Storico von Bologna, in: Deutsche Kunst und Denkmalpflege 30. Jg., Heft 1, 1972, S. 1–24, hier: S. 23f.

39 Bollerey, Franziska / Hartmann, Kristiana: Stadtentwicklung Charlottenburgs, Schwerpunkt Sanierungsgebiet Klausener Platz, in: Kleihues, Josef Paul 1973, Heft 3, S. 62.

40 Brix, Michael / Steinhauser, Monika (Hg.): »Geschichte allein ist zeitgemäss«. Historismus in Deutschland, Gießen 1978.

41 Burckhardt, Lucius: Was erwartet der Bürger von der Stadtgestalt? (1972), in: Ders.: Die Kinder fressen ihre Revolution. Wohnen – Planen – Bauen – Grünen, hg. v. Bazon Brock, Köln 1985, S. 69–75, hier: S. 70 (Erstpubl. in Stadtbauwelt 35. Jg., 1972, S. 188–190).

42 Meckseper, Cord: »Stadtbild«, Denkmal und Geschichte. Zur Funktion des Historischen, in: Zeitschrift für Stadtgeschichte, Stadtsoziologie und Denkmalpflege 1. Jg., 1974, S. 3–22. Zum vermeintlichen Gegensatz: Mörsch, Georg: Stadtgestaltung oder Denkmalpflege. Vom falschen Gegensatz und von verpassten Chancen, in: Denkmalverständnis. Vorträge und Aufsätze 1990–2002, hg. v. Georg Mörsch, Zürich 2004, S. 85–105 (Erstpublikation 1994).

43 Atmadi, Sigit: Die komplexe sozialistische Rekonstruktion von Altbaugebieten in dem ehemaligen Ost-Berlin, Diss. TU Berlin 2012, Bd. 1, S. 85.

44 Städtebau. Grundsätze, Methoden, Beispiele, Richtwerte, hg. v. der Bauakademie der DDR, Institut für Städtebau und Architektur, Autorenkollektiv Ule Lammert, Berlin 1979, S. 189; zur Anwendung dieses Instruments vgl. Richter, Juliane: Innerstädtischer Wohnungsbau in der DDR und das Leipziger Kolonnadenviertel, in: DDR-Architektur in der Leipziger Innenstadt. Forschungen zum baukulturellen Erbe der DDR, hg. v. Juliane Richter / Katja Weise, Bd. 5, Weimar 2015, S. 91–230, bes. S. 144f.

45 Vgl. oben bei Anm. 26.

46 Hilpert, Thilo: Der Block 270 von Josef Paul Kleihues. Keimform in der Nische, in: Century of Modernity. Architektur und Städtebau. Essays und Texte, hg. von Thilo Hilpert, Wiesbaden 2015, S. 395 (Erstpubl. 1999); Durth, Werner / Sigel, Paul 2010 (wie Anm. 6), S. 600. Der Wettbewerb fand 1971 statt, fertig gestellt war die Anlage 1977. Für sie beansprucht allerdings auch Léon Krier, der 1971 (oder 1973) als Zeichner von James Stirling kommend, Mitarbeiter im Büro von Kleihues wurde, die (Mit-)Autorenschaft für das neue Entwurfsdenken zum städtischen Raum. Zum Folgenden auch Bodenschatz, Harald / Heise, Volker / Korfmacher, Jochen (wie Anm. 30), S. 47.

BILDNACHWEIS

1 Kleihues, Josef Paul (Hg. im Auftrag des Senators für Bau- und Wohnungswesen): Berlin-Atlas zu Stadtbild und Stadtraum. Versuchsgebiet Charlottenburg, H. 3, Berlin 1973, S. 44.

2 Petzet, Michael / Wolters, Wolfgang 1975 (wie Anm. 10), Titelbild.

3 Cullen, Gordon 1991 (wie Anm. 24), S. 42–43.

4 Kleihues, Josef Paul (Hg. im Auftrag des Senators für Bau- und Wohnungswesen): Berlin-Atlas zu Stadtbild und Stadtraum. Versuchsgebiet Charlottenburg, H. 3, Berlin 1973, S. 106–107.

»Alte Stadt« und »Stadt der Techniker«
Die Zürcher Baubestand und seine planerische Erfassung[1]

»Old Town« and »City of Technicians«
Zurich's Urban Fabric and Its Record in Surveys and Plans

ANDREAS PUTZ

English Summary

On first sight, and despite some obvious intrusions from the middle of the last century, the old town of Zurich seems to be preserved and well cared for. However, this convincing impression of an authentic historic building stock is the product of modern remodelling. In order to be passed on, the built heritage had to be assessed and defined as such, a process which necessarily brought transformations.

Organized and systematic examination of Zurich's existing building stock in the 1930s generated a dispositif of building surveys, inventories and rehabilitation and conservation guidelines, all of which determined the course of the stock's ongoing maintenance and modernization into the 1970s and beyond. Clearly, the interaction between observing and constructing built heritage is signified in the longtime use of the survey drawings. The records of the 1930s – held up as impersonal, objective and thus scientific – produced something new, the ›old town‹ of the 20th century.

Reproducible and easily accessible, the idealized view of Zurich's built heritage became a useful planning device for a regenerative process of rehabilitation and repair. Since the actual complexity and heterogeneity of the building stock undermined the implicitness of an ›old town‹ in the making, the historic conditions and the stock itself were simplified, reduced and homogenized.

Furthermore, the history of the continued use of the survey materials calls into question the common narrative of old town rehabilitation and preservation. It seems clear, for example, that the applied rationality of the process in Zurich was not in opposition to modern architectural and urbanistic activity of the time.

»Die alte Stadt« steht in Heinrich Wölfflins Beschreibung Zürichs von 1933 für die Beständigkeit der »Stadt als Ganzes«.[2] Im Bestreben, diese anhand ihres organisch, wurzelhaften Kerns zu begreifen, betonte Wölfflin das naturhaft und damit scheinbar dauerhaft Gegebene. Die Objekte des Stadtbildes beschreibt er als in spezifischem Verhältnis stehende abstrakte Formen, die als solche zeitlos oder zeitlich unbestimmt seien, während ihre Gestaltung, gleich einem Muster oder einer modischen Applikation, komme und gehe. Hinter der sich historisch wandelnden Oberfläche aber bliebe ein immergleicher Bedeutungsgehalt bestehen. Die Altstadt wurde Wölfflin zum Sinnbild für Dauerhaftigkeit.

Diese Perspektive erstaunt zunächst. Nichts hatte die Stadtmitte Zürichs seit dem späten 19. bis zur Mitte des 20. Jahrhunderts stärker gekennzeichnet als umfassender gesellschaftlicher, wirtschaftlicher und baulicher Wandel. Neu war die Hinwendung der Stadt an der Limmat zum See, neu waren die breiten Brücken und Straßen, die Quaianlagen, die Verkehrsplätze, Bahnhof und Bahnhofstrasse. Neu war der soziale Abstieg des historischen Stadtkerns in Folge von Überbelegung und Verwahrlosung der alten Bausubstanz im Kontext des Citybildungsprozesses.[3] Neu waren die großmaßstäblichen Strukturen der Bankgebäude und Verwaltungsbauten, neu aber auch die Gebäude der Universität und des Polytechnikums, von denen herab man die alte Stadt in den Blick nahm.

Gerade die wissenschaftliche Betrachtung war es, die in Reaktion auf die tatsächliche Dynamik und Unstetigkeit der städtebaulichen Transformationen die bestimmenden Konstanten und Leitbilder erst suchte und betonte, mit denen der alte Baubestand und dessen Geschichte(n) als Objekt wissenschaftlich rationaler Auseinandersetzung zu fassen waren. Im Zuge der Erfassung des Bestands wurde die alte Stadt zu etwas historisch unwiederbringlich Abgeschlossenem, damit beständig, gleichbleibend, abschließend beschreibbar. War sie lange bereits Wohn-, Tätigkeits- und Aufenthaltsort der Studenten und Forschenden Zürichs, wurde sie mit Beginn der 1930er Jahre zu einem Gegenstand, mit dem sich die »Stadt der Techniker« intensiv beschäftigte.[4]

Wölfflins Blick auf etwas Bewahrtes und Bewahrenswertes erstaunt aber auch in Hinblick auf die Totalsanierungsprojekte, wie sie zeitgleich insbesondere für die rechts der Limmat gelegenen Teile der Altstadt ausgearbeitet wurden.[5] Am bekanntesten sind zweifellos die Studien Karl Mosers für eine komplette Neubebauung, ebenso wenig Rücksicht auf den historischen Bestand bezeugten in der ersten Hälfte der 1930er Jahre aber auch Hans Rudolf Salvisberg oder die Gebrüder Pfister. Auf internationaler Ebene wurden die Planungen zur Sanierung der Zürcher Altstadt als *Slum Clearance and Reconditioning of Insanitary Dwellings* vorgestellt.[6] Gegenüber diesen radikal modernisierenden, aber hinsichtlich der gegebenen Möglichkeiten und Bedürfnisse unrealistischen Planungsutopien setzte sich in der zweiten Hälfte des Jahrzehnts allmählich eine Erhaltungspraxis durch, die in der primären Absicht des Erhalts von Stadtbild, Maßstab und altstädtischem Charakter zum einen einen tiefgreifenden Erneuerungsprozess einleitete, zum anderen aber auch die Verpflichtung zum langfristigen Schutz des historischen Bauerbes der Altstadt reklamierte. Grundlage dafür bildete nicht zuletzt die erstmalige systematische Erfassung der Denkmalwürdigkeit der historischen Bausubstanz Zürichs seit 1930 im Rahmen des schweizerischen Großinventars, der Reihe »Kunstdenkmäler der Schweiz«.[7]

Die schweizerische Kunsttopografie des 20. Jahrhunderts – und damit auch das durch diese etablierte Verständnis der Denkmallandschaft der Schweiz – war in hohem Maße verbunden mit der besonderen Krisensituation der Großen Depression und der Geistigen Landesverteidigung vor und während des Zweiten Weltkriegs. Ausgerichtet war der Großforschungsbetrieb, der um die Herausgabe der *Kunstdenkmäler*-Bände entstand, auf das politisch und gesellschaftlich aktuelle Ziel, den Bestand der nationalen Bau- und Kunstdenkmäler zu erfassen und dadurch dauerhaft sichern zu können. Die ersten Grundsätze von 1926 bezeichneten als Zweck der Publikationsreihe die »wissenschaftliche Aufnahme der Kunstdenkmäler«, die »dem Schutz und der Erhaltung dieser Denkmäler« dienen sollte.[8] »Aufnahme« bezeichnete in diesem Zusammenhang die »beschreibende, zeichnerische und photographische Fixierung« des Bestands.[9] In den 1930er Jahren erarbeitet und 1939 und 1949 publiziert, hatten die Bände für mindestens ein halbes Jahrhundert Anspruch auf Gültigkeit.[10] Dieser systematisch erarbeitete Kenntnisstand der altstädtischen Baudenkmäler bildete in der Folge die Grundlage für die administrative Pflege und Unterschutzstellung fast des gesamten Bestands der Altstadt.

Der Anspruch des Unternehmens wurde dadurch bekräftigt, dass in möglichst »grosser Zahl und bester Ausführung« Abbildungen und Reproduktionen wichtiger Ansichten, Pläne und Modelle sowie Kartenmaterial die textliche Darstellung begleiten sollten.[11] Die umfangreiche Anfertigung von Bauaufnahmeplänen sollte in Zürich erstmals der *Technische Arbeitsdienst für stellenlose Techniker* (TAD) übernehmen.

Auch der TAD war eine Reaktion auf die wirtschaftliche und soziale Not der Weltwirtschaftskrise, die mit Verspätung auch in der Schweiz zu massiven

Verwerfungen geführt hatte. Mitte 1932 in Zürich durch Hermann Fietz, Sohn des verstorbenen Kantonsbaumeisters gleichen Namens, als *Technikerhilfe* gegründet,[12] verstand der TAD sich als eine Eigeninitiative der ›Techniker‹ zur Linderung »der geistigen und materiellen Not einer grossen Anzahl von Berufskollegen«[13] und zur Erhaltung ihrer Berufstüchtigkeit.

Angelehnt war die Tätigkeit zunächst an eine ähnliche Arbeitsbeschaffungsaktion im Umfeld des Heimatschutzes nach dem Ersten Weltkrieg zur Aufnahme von Bauernhäusern.[14] Erst nachdem die Gruppe um Fietz im Herbst 1932 auch mit der zeichnerischen Aufnahme der Baudenkmäler in Kanton und Stadt Zürich für die Bände der »Kunstdenkmäler der Schweiz« beauftragt worden war, konnte der TAD längerfristig tätig werden – erst Ende 1941 wurde die Herstellung der Bauaufnahmen für die stadtzürcher Bände der »Kunstdenkmäler« abgeschlossen.[15] Der TAD Zürich verantwortete bald auch die Aufnahme der Baudenkmäler für die jeweiligen Bände der »Kunstdenkmäler« der Kantone Aargau, Glarus und Graubünden.

Die aus spontanen Anfängen hervorgegangene Aktion zählte in der Hochphase ihrer Tätigkeit bis 1938 insgesamt über 700 Beschäftigte, die aus allen technischen Fächern kamen, sich zu einem hohen Anteil jedoch aus Architekten, Bauingenieuren, Maschinenbauern und technischen Zeichnern zusammensetzte. Neben einer parallelen Gründung in Basel entstanden nach dem zürcher Vorbild in den Folgejahren organisatorisch eigenständige und ähnlich strukturierte Technische Arbeitsdienste in Bern, Genf, Luzern, Lausanne, Schaffhausen und Winterthur.

Ab 1937 kamen dem TAD mit der wirtschaftlichen Erholung sowohl die ursprüngliche Begründung als auch das Reservoir der bisherigen meist jungen Teilnehmer abhanden. Den Sozial- und Arbeitsämtern stellte sich dagegen zunehmend das Problem, Beschäftigung für ältere, schwer vermittelbare Techniker zu finden. Eine soziale Auffangstation aber widersprach der Intention Hermann Fietz'. Mit dem Jahreswechsel 1938 legte er die Leitung des TAD in Zürich nieder.[16] Nach Ausscheiden des Initiators wurde der *Verein Technischer Arbeitsdienst* im Kanton Zürich neu gegründet.[17] Obwohl die meisten Tätigkeiten fortgesetzt und abgeschlossen und die grundlegende Arbeitsweise beibehalten wurden, veränderte sich der TAD jetzt zu einer tatsächlich staatlichen Beschäftigungsmaßnahme.[18] Als solche bestand der TAD Zürich während des Krieges mit verminderter Teilnehmerzahl fort. Mit einsetzender Nachkriegskonjunktur wurde seine arbeitsmarktpolitische Aufgabe jedoch obsolet, Ende Mai 1947 wurden Büro und Zeichensaal geschlossen.[19]

Neben den Aufnahmen für die Inventarbände war der TAD zunehmend auch für die Bauämter der Stadt und für private Hauseigentümer tätig geworden. Für diese führte er in gleicher Weise Bauaufnahmen in Vorbereitung von Abbruch, Entkernungs- und Umbaumaßnahmen durch. Auch die Zeichnungen im ersten Band von Joseph Gantners »Kunstgeschichte der Schweiz« entstanden durch den TAD Zürich.[20] Der Umfang der Tätigkeiten des TAD ging jedoch weit über die Herstellung von Bauaufnahmen hinaus und deckte bald ein geradezu polytechnisches Feld ab. Zu den Arbeiten zählte beispielsweise die vergleichende Sammlung von Bauerfahrungen, Bau- und Betriebskosten, räumlichen Dispositionen und haustechnischen Installationen von Schul- und Spitalbauten, die bis weit in die Nachkriegszeit die Grundlage für den hohen schweizerischen Standard auf diesen Gebieten bilden sollten. Daneben bereitete der TAD die Regionalplanung in der Schweiz vor,[21] erfasste Verkehrsströme, führte statische und bauphysikalische Untersuchungen durch. Als Pendant zum Inventar der Baudenkmäler wurde ein Objektverzeichnis der bedeutendsten jüngeren technischen Anlagen der Schweiz begonnen, welches jedoch unvollendet bleiben sollte. Darüber hinaus war der TAD intensiv mit der Anfertigung von Wirtschafts- und Sozialstatistiken befasst.[22] Die Bauaufnahmen fügen sich damit ein in ein umfassendes Zusammentragen und zeichnerisches Festhalten der technischen und baulichen Umwelt. Die durch die Notstandskredite zur Verfügung stehenden personellen und finanziellen Ressourcen wurden genutzt, um den Bestand zu inventarisieren und dauerhaft zu speichern. Nicht zuletzt aber zielte die Erfassung in Zeiten der Krise auf spätere Neugestaltung.

Trotz häufiger Wechsel der Mitarbeitenden weisen die Bauaufnahmepläne des TAD über die ganze Tätigkeitszeit eine bemerkenswerte darstellerische Einheitlichkeit auf. Die Bauaufnahmepläne des TAD entsprechen dabei den Standards, wie sie Karl Staatsmann bereits 1910 für die Aufnahme von Bauwerken festgehalten hatte.[23] Sie übertreffen die von Gert Thomas Mader wiederholt kritisierten »sogenannten Architekten-Aufnahmen« der 1970er und 1980er Jahre an Qualität.[24]

Von Beginn an stellte man die zeichnerische Arbeit auf rationelle und preiswerte Vervielfältigung ab. Schon 1930 hatte Armin von Gerkan bei der Erläuterung der Bauaufnahme als Methode wissenschaftlicher historischer Bauforschung auf die Zwänge hingewiesen, die der zeichnerischen Darstellung durch die Mittel der zeitgenössischen Reproduktionstechnik entstanden.[25] Auch bei den Bauaufnahmen des TAD sind die als Handaufmaß vor Ort gezeichneten Aufnahmen von den im Büro erstellten Reproduktionsvorlagen der Bauaufnahmepläne zu unterscheiden. Nur letztere konnten in verschiedenen fotochemischen Verfahren vervielfältigt werden und standen auch später noch zur Verfügung (Abb. 1).

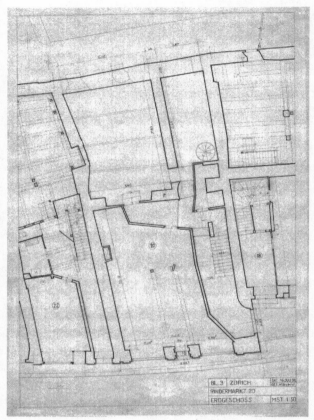

Abbildung 1: Grundriss Rindermarkt 20, Erdgeschoss, TAD Zürich 1938, überarbeitete Fassung des ursprünglichen Vor-Ort-Aufmaßes, sog. Bleioriginal. Es diente zur Anfertigung des klischierfähigen Reproduktionsplans und von Heliografien.

Dabei entstanden die klischierfähigen Reproduktionspläne durch mehrfache Umzeichnung der ursprünglichen Aufnahmen, wobei nicht nur der Maßstab verkleinert wurde, sondern auch erfasste Details, das konstruktive Gefüge und bauliche Besonderheiten verloren gingen. Die teils verformungsgerechten Aufnahmen wurden begradigt und nicht nur grafisch normiert. Mit besonderer Genugtuung und als Ausweis der hohen Qualität der Arbeit wurde betont, dass es für die Reproduktion der Zeichnungen des TAD keiner Retouschierung bedurfte.[26] Einzuwenden wäre aus heutiger Sicht, dass die zeitgenössisch übliche Retouche im arbeitsteiligen Herstellungsprozess der Aufnahmepläne integriert worden war.

Trotz der ursprünglichen Akribie und Detaillierung der Aufnahmen vor Ort waren die erfassten Kenntnisse über den Gebäudebestand in den schlussendlichen Plänen nicht nur maßstäblich reduziert. Die einzelnen Arbeitsschritte des Herstellungsprozesses und die technischen Mittel der Planvervielfältigung waren auf Vereinfachung ausgelegt. Anstelle komplexer Auseinandersetzung und Abwägens trat die wiederholte, regelhafte und dadurch effiziente Art der Aufnahme und Klischeeherstellung. Unverstandenes und Widersprüchliches, teilweise in den Aufnahmezeichnungen noch vermerkt, ist in den reproduktionsfähigen Plänen nicht mehr enthalten. Die Selektion wichtiger und unwichtiger Befundinformationen bei der Aufnahme selbst und bei der Verwendung von Bauaufnahmen in Bau- oder Reproduktionsplänen ist ein auch heute noch notwendiger Arbeitsschritt. Die damit stets verbundene Interpretation und Bewertung der vorgefundenen Ergebnisse erscheint aber bei der Arbeitsweise des TAD geradezu automatistisch.

Die Sanierung der Altstädte wurde seit Mitte der 1930er Jahre in der Schweiz allgemein als effektive Möglichkeit zur Arbeitsbeschaffung in der Krise angesehen. Mit der Sanierung, die in soziokultureller wie wirtschaftlicher Hinsicht als »Erneuerung und Gesundung« verstanden wurde, verband sich auch der Ruf nach einer aktiven staatlichen Wirtschaftspolitik und Kritik am privatwirtschaftlichen Kapitalismus: »Es gibt denn noch viel alten, stehenden und hochkapitalistischen Schutt zu räumen.«[27] Während die Subventionierung privater Reparaturen, Umbauten und Renovationen seit 1936 zeitnah als arbeitsmarktpolitischer Erfolg gewertet werden konnte,[28] blieben umfassende Altstadtsanierungen in der Schweiz aufgrund fehlender Vorbereitungen und durchführbarer Planungen in den 1930er Jahren jedoch weitgehend aus.[29]

In Erwartung einer Depression nach Kriegsende sollte zu Beginn der 1940er Jahre eine Eidgenössische Kommission unter dem Sozialdemokraten Ernst Reinhard die Bedingungen eruieren, unter denen die Sanierung der Altstädte dennoch im Sinne einer antizyklischen Wirtschafts- und Arbeitsmarktpolitik Anwendung finden könne.[30] Die Kommission fasste dazu bis 1945 die Erfahrungen, die in den verschiedenen schweizerischen Städten in den 1930er und frühen 1940er Jahren gemacht worden waren, in einem Bericht und in 30 Thesen zusammen.[31] Die widererwarten starke und anhaltende Nachkriegskonjunktur führte zwar dazu, dass die Arbeitsbeschaffungsmaßnahmen letztlich nicht durchgeführt werden mussten, die seitens der Kommission aufgestellten Prinzipien sollten in der Nachkriegszeit jedoch wirkmächtig bleiben und wurden durch Vermittlung etwa Johannes Göderitz' auch in Deutschland rezipiert.

Der Bericht plädierte für die »Rettung der Altstadt in eine gute Wohnstadt und Gewerbestadt«.[32] Altstadt wurde als etwas Gegebenes verstanden, innerhalb dessen nur bescheidene Verschiebungen möglich seien, wenn das Gesamtbild nicht gestört werden sollte, die Altstadtsanierung habe entsprechend Rücksicht auf das Bestehende zu nehmen. Damit kritisierte der Bericht die noch verbreitete Planungspraxis.[33] Ohne genaue Kenntnis des Altbestands gingen Sanierungspläne »[...] an den realen Tatsachen vorbei, schaffen künstliche Hindernisse für die Sanierung und führen in der Regel zu keinem brauchbaren Ergebnis.«[34] Die schriftliche Dokumentation baulicher Mängel und Vorzüge des Bestands wurde ebenso angemahnt wie ordentliche Bauaufnahmen. Auf dieser Grundlage erst sei ein Projekt zur Reorganisation zu erarbeiten, dass auch eine detaillierte wirtschaftliche Kosten-Nutzen-Berechung zu enthalten habe – dieser Punkt erscheint nicht unwesentlich, ging es doch auch um die Begründung und den Nachweis für Bundessubventionen.

Von einer gesamthaften und großflächigen Sanierung durch die öffentliche Hand hatte man sich in Zürich spätestens zu Beginn der 1940er Jahre verabschiedet, auch wenn gelegentlich noch Vorschläge für umfassende Neugestaltungen erstellt wurden. Das Zürcher Quartier- und Bebauungsplanbüro, bis 1944 für die Altstadt zuständig, plädierte bereits in seinen Antworten auf den Fragebogen der Kommission Reinhards für eine erhaltende Anpassung des Bestands anstelle einer Totalsanierung.[35] Grundlagen eines abwägenden, reflektierenden Umgangs mit dem Bestand waren nicht zuletzt unter Einsatz des TAD in Zürich seit den 1930er Jahren erstellt worden. Parallel zur kunsthistorischen Inventarisation und zeichnerischen Aufnahme war die bautechnische und statistische Erfassung des Bestands durch die personellen Ressourcen des TAD möglich geworden, die Feststellung baulicher Mängel und Bauschäden der einzelnen Objekte, detaillierte bautechnische Bewertungen für zusammenhängende Teilgebiete ebenso wie statistische Auswertungen von Gebäudenutzung und Wohndichte. Der Umfang dieser Untersuchungen und Analysen liegt nicht hinter der Sanierungsstudie zum Zürcher Langstrassenquartier durch die örtliche CIAM-Gruppe 1935–1937 zurück, die Angelus Eisinger als ersten elaborierten Versuch bezeichnet, in der Schweiz Stadtplanung auf Grundlage moderner Grundsätze zu betreiben.[36]

Endgültig zur Maxime der Altstadtsanierung in Zürich aber wurden die Forderungen der Kommission Reinhards mit dem Wechsel der Zuständigkeit für die Altstadt an das Hochbauamt unter Albert H. Steiner, der seit 1946 auch Mitglied der Eidgenössischen Kommission für Altstadtsanierung war. In seinen eigenen Rechtfertigungen der Altstadtsanierung in Zürich übernahm er Formulierungen des Berichts zum Teil wörtlich.[37] Die bautechnische und baugeschichtliche Untersuchung in Form eines Inventars und sogenannter Inventarpläne wurde nun definitiv zur notwendigen Grundlage jeder weiteren Planung und baulichen

Maßnahme im altstädtischen Bestand erklärt. Ein eigenes Büro für Altstadtsanierung im Hochbauamt koordinierte und leitete seit 1945 die Bauvorhaben und setzte die Prinzipien der Altstadtsanierung um.[38]

Um den historischen Bestand planerisch in den Griff zu bekommen, wurde der Bereich der Altstadt, mit Ausnahme des Niederdorfes, in 34 sogenannte Sanierungsblöcke eingeteilt und durch das Büro für Altstadtsanierung selbst oder durch direkt beauftragte kleine Architektengruppen jeweils innerhalb eines Jahres bearbeitet. Im Ergebnis lagen bis 1951 für alle Teile der Altstadt Richtprojekte für die weitere bauliche Entwicklung vor, die in den Inventarplänen des Bestands ihre realistische Grundlage hatten (Abb. 2). Dass in kurzer Zeit zusammenhängende

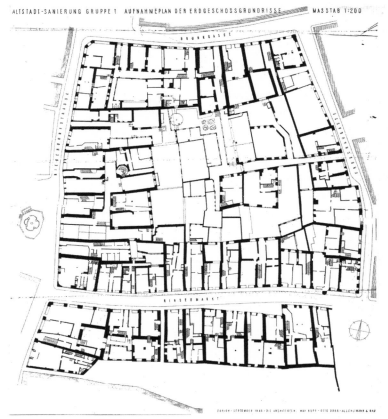

Abbildung 2: Inventarplan der Altstadtsanierung auf Grundlage der TAD Bauaufnahmen. Sanierungsblock 5 zwischen Rindermarkt – Froschaugasse – Brunngasse – Niederdorfstrasse, Grundrisse Erdgeschoss, 1945. Der Grundriss aus Abb. 1 liegt, gedreht und verkleinert, im Südosten des Sanierungsblocks

Grundrisse, Fassadenabwicklungen und Schnitte der komplexen Baugefüge erstellt werden konnten, ist nur durch den Rückgriff auf das seit 1932 erstellte Material des TAD verständlich. Ergänzt durch wenige erforderliche nachträgliche
Aufmaße und vorhandene Baueingabepläne des Bauamtes für jüngere Bauten
wurden auf Grundlage von Katasterplanauszügen die vorhandenen Bestandsplä-
ne im Maßstab 1:100 oder 1:200 zusammengefügt und zeichnerisch übertragen.
Die bereits idealisierten und vereinfachten Reproduktionspläne – nur diese konnten überhaupt weiter verwendet werden – wurden so nochmals reduziert und
vereinfacht.

Die Richtprojekte beabsichtigten keine zusammenhängende Ausführung,
sondern bildeten den Bewertungsmaßstab und oft auch die Vorgabe für die an-
stehenden Bauvorhaben. Auch ohne besondere staatliche Initiative sollte in den
Nachkriegsjahrzehnten ein umfassender baulicher Wandel der Altstadt erfolgen.
Allein für die Zeit zwischen 1950 und 1970 – nach den umfangreichen Block-
entkernungen und der Niederlegung der Bebauung im Flussraum – liegen für die
Hälfte der Altstadthäuser Zürichs Baubewilligungen für Umbau oder Ersatz vor,
insgesamt waren über 500 Objekte betroffen.[39] Dabei entfiel der Hauptteil der
baulichen Maßnahmen auf Eingriffe in den Bestand durch Abstockungen, Zu-
sammenlegungen und Modernisierungen. Der Anteil an tatsächlichen Neubauten
ist in diesen beiden Jahrzehnten gering, nur zwölf Prozent der Baubewilligungen
betrafen Abbruch und Ersatz, allerdings handelte es sich oft um Objekte an prominenten Stellen. Bezeichnend ist, dass der Transformationsdruck in der Nachkriegszeit kaum von äußeren Faktoren beeinträchtigt scheint. Selbst institutionel-
le Änderungen wie die zaghafte Installierung einer eigenen städtischen Denkmalpflege 1958 – durch Umbenennung des Büros für Altstadtsanierung – oder
der Erlass von Bauvorschriften für die Altstadt und einer Denkmalschutzverordnung[40] 1962 – die im Wesentlichen nur die bisherige Praxis stadtbilderhaltender
Denkmalpflege bestätigten – drosselten die rege Umbautätigkeit in der Altstadt
kaum. Tatsächlich finden sich noch Ende der 1960er und in den 1970er Jahren
Renovations- und Restaurierungsprojekte, nicht selten in öffentlicher Träger-
schaft, die nicht viel anders auch zwei oder drei Jahrzehnte zuvor ausgeführt
worden wären. Trotz vielfältiger Akteure, einer Vielzahl punktueller Einzelmaß-
nahmen und dem schlussendlichen Scheitern übergeordneter städtischer Ge-
samtplanungen wurde die Altstadt Zürichs in diesen Jahrzehnten einheitlicher in
ihrer Erscheinung und verlor insbesondere an historischer Vielschichtigkeit –
nicht zuletzt die Umbauten und Hinterlassenschaften des 19. Jahrhunderts. Je
›mittelalterlicher‹ und gleichförmiger jedoch die Fassaden wurden, desto mehr
verschwand auch die Diversität der Milieus und Nutzungen, die sich dahinter
eingenistet hatten.

So unterschiedlich im Einzelnen die Ursachen dieser inneren Verluste gewesen sein mögen, eines hatten die Umbauplanungen in der Altstadt gemein: sie setzten sich kaum einmal mit der materiellen Substanz des Bestands auseinander, für nahezu alle Objekte lagen schließlich ausreichende Plandarstellungen vor. So basierten Umbauten wie Ersatzbauten, die sich am Bestand orientierten, auf dem gleichen Vorgehen: die vereinfachenden Aufnahmepläne der 1930er Jahren wurden erneut überzeichnet, dabei neue Anforderungen eingeschrieben und vermeintliche Baufehler und Unstimmigkeiten begradigt. Der neue Bestand wurde ein besserer Bestand als der vorhandene, und das methodische Überzeichnen und Verbessern des einmal erarbeiteten, objektivierten Kenntnisstandes entbehrte der individuellen, persönlichen Auseinandersetzung (Abb. 3). Sicherlich unbeabsichtigt, entsprach das Vorgehen sogar einem der Grundsätze der eidgenössischen Denkmalpflege dieser Zeit: »Die ›persönliche Note‹ des Architekten darf bei uns nicht gespielt werden.«[41]

Nur wenn die zum Klischee gewordene wiederholte Reproduktion dem historischen Einzelfall nicht mehr gerecht zu werden vermochte, kam es gelegentlich zum Hinterfragen der eingespielten Prozesse. Meist hatte jedoch der Plan Vorrang vor der Substanz. Daher lassen sich seit Mitte der 1960er Jahre neue,

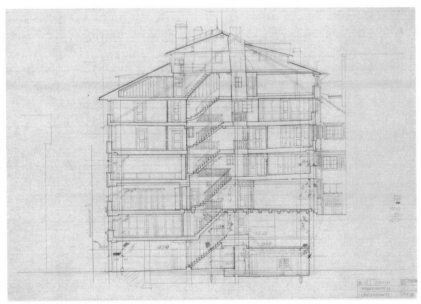

Abbildung 3: Ersatzneubau Rindermarkt 20/22, Arch. M Kopp, um 1952, Entwurf, Gebäudeschnitt auf Grundlage der Bauaufnahme des TAD von 1938. Planpause der Bauaufnahme mit Buntstifteinzeichnungen für den Neubau

schonendere und sensiblere Wege des Umgangs mit dem Bestand gerade bei historisch weniger prominenten und daher kaum erfassten Objekten beobachten. Seitens der amtlichen Denkmalpflege lange bekämpft, wurden sie erst spät Vorbild der heutigen Praxis. Bei diesen Umbauten erst wurde wieder notwendig, was die vermeintlich abgesicherte Richtigkeit ›ursprünglicher‹ Zustände verneinte – ein Wiederentdecken und die Interpretation und Übersetzung des Bestands in neue Sinnzusammenhänge. Für eine solche »interpretierende Denkmalpflege«, die die Architektur sowohl als Träger wie Ausdruck kollektiver Erinnerungen begriff, plädierten etwa 1970 Fabio Reinhart und Bruno Reichlin.[42]

Obwohl nahezu die gesamte Zürcher Altstadt zeichnerisch erfasst worden war, sollte eine erstmalige Komposition aller vorhandenen Pläne zu einer zusammenhängenden Grundrissaufnahme des Stadtkerns (Abb. 4) erst im Rahmen der Gastprofessur Aldo Rossis an der ETH Zürich von 1972 bis 1974 erfolgen.[43] Auch die zusammenhängende Grundrissaufnahme bezeichnete keine neue Erfassung des materiellen Bestands, dazu fehlten den fünf Tessiner Studenten,[44] die sich mit viel Eigeninitiative in das Vorhaben stürzten, auch die Möglichkeiten. Der sogenannte Rossi-Plan ist vielmehr eine Collage aus verschiedenalten Baueingabeplänen für den Bereich der City und den Inventarplänen der Sanierungsplanung für den Bereich der Altstadt, welche aus den Bauaufnahmen des TAD zusammengestellt worden waren. Unbedacht blieb, dass die meisten der Objekte aufgrund der zwischenzeitlich erfolgten Umbaumaßnahmen bereits ganz andere Grundrisse aufwiesen.

Noch einmal wurden also die Bauaufnahmen umgezeichnet, erneut im Maßstab skaliert und vereinfacht. Reduziert auf die wesentlichsten Mauerzüge war es nun auch nicht mehr schwer, typologische Gruppen im Bestand zu differenzieren. Auf der Suche nach vormodernen Typologien sollte schließlich das *rilievo,* die vormoderne Stadt im Unterschied zur neuzeitlichen Struktur lesbar gemacht werden. In den zusammenhängenden Grundrisszeichnungen sah Rossi in Anlehnung an Saverio Muratori nicht einfach nur die Folgeerscheinungen geschichtlicher Entwicklungen, sondern faktische Tatbestände (*fatti urbani)* festgehalten, erst sie konnten die Grundlage architektonischer Analysen bilden. Wie Rossi ausführte, war die »Analyse der Stadtgeschichte« im Kontext der Studentenarbeit gleichbedeutend mit einer »Analyse der Bezeichnungen für Stadtelemente«.[45] Solche Typologien, die sich im Laufe der Zeit wiederholten, bildeten die Form der Stadt.[46] Hierin kam Rossi der Anschauung Wölfflins sehr nahe, die Beständigkeit der alten Stadt lag nicht zuletzt in der fortwährenden Reproduktion ihres Verständnisses. Der sogenannte Rossi-Plan, 1976 als »Die Stadt Zürich: Zusammenhängende Bauaufnahme, typologische und morphologische Untersuchungen«

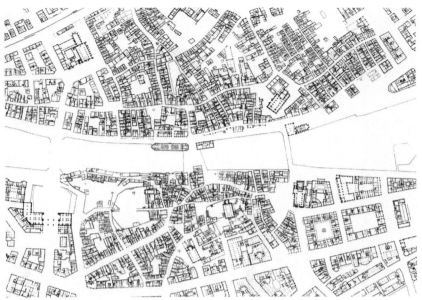

Abbildung 4: Zusammenhängende Grundrissaufnahme Zürichs auf Grundlage der Inventarpläne der Altstadtsanierung der 1940er Jahre, sogenannter Rossi-Plan. Erdgeschoss, Departement Architektur ETH Zürich, Gastprofessur A. Rossi, 1974

durch die Studenten publiziert,[47] verweist methodisch auf die zeitgleichen Altstadtsanierungsprojekte in Italien, insbesondere in Bologna – aber eben auch auf die Sanierungsprojekte und die systematische Bestandserfassung der 1930er Jahre. Es entbehrt nicht der Ironie, dass das behauptete Verständnis der *città gotica* tatsächlich ein Produkt eben jener Zeit der Neuen Sachlichkeit und des Rationalismus war, als deren Gegenüber sie dienen sollte.

Die planerische Erfassung des Bestands in den 1930er Jahren hatte etwas konzeptionell Neues produziert – die Altstadt im 20. Jahrhundert. Gleichzeitig bildeten die reproduzierbaren Bauaufnahmepläne die Mittel, mit denen der materielle Baubestand für planende Gestaltung und Erhaltung erst verfügbar wurde. Die Medien, auf deren Grundlage erhalten wurde, nahmen bereits vorweg, was heute am überlieferten Bestand kritisiert wird: die Homogenität, Simplifizierung und purifizierende Reduzierung des baulichen Erbes in Folge der Sanierungen. Wie jeder Abbildungsprozess, war bereits die Erfassung des Bestands mit Verlusten an Informationen und Kenntnissen verbunden. Die planerische Erhaltung, die nicht auf dem Bestand selbst als materiellem Träger von Informationen, sondern auf dessen Abbildern aufbaute, tradierte die Verluste der Erfassung und setzte sie durch bauliche Anpassung fort. Dass der Bestand zumeist mehr beinhaltete, als einmal erfasst worden war, wurde nur gelegentlich von zufälligen Funden während Abbruch- und Umbauarbeiten offenbar und thematisiert.

Der Umgang mit der Altstadt Zürichs in der letzten Jahrhundertmitte zeigt auf, dass die bestandserhaltenden und dabei neugestaltenden Maßnahmen, mit denen ›Altstadt‹ produziert wurde, durchaus Teil des architektonischen Handels der Moderne waren. Nicht zuletzt mit den Instrumenten und Mitteln eines angewandten Rationalismus wurde bauliches Erbe erfasst und als solches erst definiert, um es (nicht ohne Veränderungen) überhaupt weitergeben zu können.

1   Der Aufsatz beruht auf der Dissertation des Verfassers: Der Bestand der Stadt – Leitbilder und Praktiken der Erhaltung, Zürich 1930–1970, Diss. ETH Zürich 2015, Referenten: Uta Hassler und Norbert Nußbaum. Das Dissertationsprojekt wurde unterstützt durch die Albert-Lück-Stiftung Zürich.

2   Wölfflin, Heinrich: Die alte Stadt, in: Zürich: Geschichte Kultur Wirtschaft, Zürich 1933, S. 19–48.

3   Zur Stadtplanungsgeschichte Zürichs im frühen 20. Jahrhundert vgl. u.a. Kurz, Daniel: Die Disziplinierung der Stadt: Moderner Städtebau in Zürich 1900 bis 1940, Zürich 2008.

4   Nach Reichlin, Bruno:»Amarcord«: Erinnerung an Aldo Rossi, in: Aldo Rossi und die Schweiz: Architektonische Wechselwirkungen, hg. v. Ákos Moravánszky und Judith Hopfengärtner, Zürich 2011, S. 29–44, hier S. 30. Gemeint ist Gaston Bachelards Begriff der»cité technicienne«; vgl. Bachelard Gaston: L'activité rationaliste de la physique contemporaine, Paris 1951, S. 9–10. Die deutsche Erstübersetzung von 1974 verwendet allerdings den weniger poetischen Begriff des»szientifischen« und»technischen Gemeinwesens«.

5   Eine erste zeitgenössische Studie zur Altstadtsanierung in Zürich stammt von Scotoni, Anton Eric: Die Sanierung der Zürcher Altstadt, Zürich 1944; ebenfalls aufschlussreich Marti, Hans: Die Entwicklung des Zürcher Stadtzentrums: Vortrag, abgedruckt in: Schweizerische Bauzeitung 69. Jg., Nr. 31 und Nr. 33, 1951, S. 425–432 und S. 455–461. Einen Rückblick auf die erfolgten Sanierungen bis Anfang der 1960er Jahre gab anlässlich einer Ausstellung des Baugeschichtlichen Archivs Guyer, Paul: Wege der Erneuerung und Erhaltung der Zürcher Altstadt. Ein Kapitel aus der Baugeschichte unserer Stadt seit 1860, Zürich 1968. Den gleichen Betrachtungszeitraum fasste neu auch die detailreiche Lizentiatsarbeit Fischli, Melchior: Eine Planungs- und Baugeschichte der Zürcher Altstadt 1855–1962, Universität Zürich 2007, publiziert als Fischli, Melchior: Geplante Altstadt. Zürich, 1920–1960, Mitteilungen der Antiquarischen Gesellschaft in Zürich, Band 79, Zürich 2012. Mit einem Fokus auf die Neubauten und die Institutionen- und Stadtplanungsgeschichte sehen letztere Arbeiten in der Einsetzung einer städtischen Denkmalpflege 1958 einen wesentlichen Wendepunkt, der die späteren Umbaumaßnahmen von den früheren Sanierungen unterscheide. Im Gegensatz dazu versucht vorliegender wissensgeschichtlicher Ansatz auf die lange Wirksamkeit der Planungsgrundlagen der Umbau- und Erhaltungsmaßnahmen hinzuweisen, die erklären kann, weshalb unabhängig von institutionellen Rahmenbedingungen von den 1940er bis über die 1970er Jahre hinaus ähnliche Formen des Umgangs mit dem Bestand zu beobachten sind, insbesondere, weshalb die tatsächliche Bauerneuerung als Erhaltung des Denkmalbestands verstanden wurde.

6   Internationaler Verband für Wohnungswesen (Hg.): Beseitigung von Elendsvierteln und Verfallswohnungen, 2 Bände, Stuttgart 1935.

7   Immernoch gültig Eggenberger, Dorothee / Germann, Georg: Geschichte der Schweizer Kunsttopographie, Beiträge zur Geschichte der Kunstwissenschaft in der Schweiz 2, Zürich 1975. Als eine neuere Arbeit: Noell, Matthias:»Ein Bild voller Widersprüche«. Schweizer Kunstdenkmäler und ihre Erfassung im Inventar, in: Helvetische Merkwürdigkeiten: Wahrnehmung und Darstellung der Schweiz in der Kunst- und Kulturgeschichte seit dem 18. Jahrhundert, Bern / Berlin 2010, S. 119–137.

8   Die Grundsätze wurden 1927 dem ersten Inventarband Birchlers vorangestellt und im Jahresbericht der Erhaltungsgesellschaft von 1926 auf S. 14–15 erstmals veröffentlicht. Auf letzterem beruhen die Zitatstellen.

9   Wegeli[n], Rudolf / Meyer-Rahn, Hans u.a.: Die Kunstdenkmäler der Schweiz. Die Kunstdenkmäler des Kantons Zürich, hg. v. d. Schweizerische Gesellschaft für

Erhaltung der historischen Kunstdenkmäler und d. Ausschuss für die Aufnahme der Bau- und Kunstdenkmäler des Kantons Zürich, Zürich 1930, hier S. 3.

10 Escher, Konrad: Die Stadt Zürich Erster Teil. Die Kunstdenkmäler des Kantons Zürich Band IV, Die Kunstdenkmäler der Schweiz 10, Basel 1939; sowie Escher, Konrad / Hoffmann, Hans u. a.: Die Stadt Zürich Zweiter Teil, Die Kunstdenkmäler des Kantons Zürich Band V, Die Kunstdenkmäler der Schweiz 22, Basel 1949.

11 Im Gegensatz zu der arbeitsteiligen, organisierten Herangehensweise in Zürich hatte etwa noch Linus Birchler sich für das erste Schwyzer Band der Reihe Fotografien noch »auf allerbilligstem Wege beschafft« und Planaufnahmen teilweise gestiftet bekommen, teilweise gemeinsam mit seiner Frau aufmessen müssen; vgl. Birchler, Linus: Die Kunstdenkmäler des Kantons Luzern, in: Innerschweizerisches Jahrbuch für Heimatkunde, 2. Bd., Luzern 1937, S. 47–56, hier S. 50.

12 Die Bezeichnung »Technischer Arbeitsdienst« setzte sich erst 1933 durch. Noch im Oktober 1932 verwendete Fietz gegenüber der Zürcherischen Kommission für die Statistik der Kunstdenkmäler auch die Bezeichnung »Bureau der techn. Unterstützungsaktion« bzw. »Notstandsbureau für die Beschäftigung stellenloser Techniker«. Im Folgenden wird durchgehend TAD verwendet.

13 Fietz, Hermann: Technischer Arbeitsdienst Zürich 1932–34, Bericht an die Behörden, die Mitglieder der Aufsichtskommission, die interessierten Verbände und an die Mitarbeiter, Typoskript, Zürich 1934, S. 3.

14 Ebd., S. 19–27.

15 Escher, Konrad: Bericht über den Stand der Bearbeitung der Kunstdenkmäler der Stadt Zürich, Typoskript, 2 Seiten, vom 24.10.1941. Stadtarchiv Zürich VII.108, 3.1.

16 Vgl. Zentralsekretariat STV: Reorganisation des Technischen Arbeitsdienstes Zürich, in: Schweizerische Technische Zeitschrift 35. Jg., Nr. 7, 1938, S. 104–105.

17 Vgl. Zaugg, Otto (Hg.): Arbeitsdienst in 13 Staaten, Berichte und Vorträge der II. Internationalen Arbeistdiensttagung in Seelisberg, (Kt. Uri) Schweiz vom 5.-10. September 1937, Zürich / Leipzig 1937, S. 1–2.

18 Vgl. die Kritik dieser »Verstaatlichung« durch Jegher, Charles: T.A.D. Technischer Arbeits-Dienst, Zürich, in: Schweizerische Bauzeitung 111. Jg., Nr. 7, 1938, S. 80–82.

19 Protokoll der 9. und 10. Generalversammlung des TAD Zürich vom 01.10.1948, Staatsarchiv Kanton Zürich, O 401.3 Arbeitsdienste.

20 Gantner, Joseph: Von den helvetisch-römischen Anfängen bis zum Ende des romanischen Stiles, Kunstgeschichte der Schweiz Band 1 (4), Frauenfeld / Leipzig 1936.

21 In Zusammenarbeit mit einem von Heinrich Peter, Werner M. Moser und Rudolf Steiger gebildeten Arbeitsausschuss des BSA, dem kantonalen Hochbauamt und dem stadtzürcher Bebauungsplanbüro.

22 Vgl. Katalog der Ausstellung des Technischen Arbeitsdienstes Zürich im ETH Hauptgebäude vom 25.09.–15.10.1935, in: Fietz, Hermann: Technischer Arbeitsdienst Zürich 1935, Bericht an die Behörden, die Mitglieder der Aufsichtskommission, die interessierten Verbände und an die Mitarbeiter, Typoskript, Zürich 1936.

23 Staatsmann, Karl: Das Aufnehmen von Architekturen [...] 1. Teil Das Vermessen und Darstellen von Architekturen, Leipzig 1910.

24 Mader, Gert Thomas: Bauaufnahme als Forschungsmethode und Bestandsdokumentation des Denkmalpflegers, in: Bauaufnahme: Bestandsuntersuchung und Dokumentation historischer Bauwerke, Arbeisthefte des Sonderforschungsbereich 315 Jg., Heft 7, Karlsruhe 1987, S. 44–70, hier S. 45; sowie Petzet, Michael / Mader, Gert Thomas: Praktische Denkmalpflege, Stuttgart 1993, hier S. 159–160.

25 Von Gerkan, Armin: Grundlegendes zur Darstellungsmethode, in: Von antiker Architektur und Topographie: Gesammelte Aufsätze von Armin von Gerkan, hg. v. Erich Boehringer, Stuttgart 1959, S. 99–106.

26 Fietz, Hermann 1934 (wie Anm. 14), hier S. 44 und Jegher, Charles: Schweizer. Technischer Arbeitsdienst für stellenlose Techniker, in: Schweizerische Bauzeitung 102. Jg., Nr. 3, 1933, 27–34.

27 Beeler, Jos. [J.B.]: Bau und Arbeit, in: Schweizerische Technische Zeitschrift 32. Jg., Nr. 29, 1935, S. 441–442, hier S. 441.

28 Durch den Bundesbeschluss vom 23.12.1936; vgl. ZfA, Eidgenössische Zentralstelle für Arbeitsbeschaffung: Arbeitsbeschaffung & öffentliche Arbeiten, Bd. 2, Bern 1938, S. 116 und S. 120.

29 Zu gleichem Schluss kommt Schnell, der Altstadtsanierungen in der Schweiz vor 1940 jedoch nur am Rande betrachtet; vgl. Schnell, Dieter: Bleiben wir sachlich! Deutschschweizerischer Architekturdiskurs 1919–1939 im Spiegel der Fachzeitschriften, Basel 2005, S. 135.

30 Die Expertenkommission unter dem Vorsitz des Berner Gemeinde- und Nationalrats Ernst Reinhards war auf Grundlage des Bundesratsbeschlusses über die Arbeitsbeschaffung vom 29.07.1942 gebildet worden vgl.: Eidgenössische Gesetzsammlung. Amtliche Sammlung der Bundesgesetze und Verordnungen, Band 58, 1942, S. 717ff. Siehe zur Intention der Gründung auch Schreiben d. Eidg. Volkswirtschaftsdepartements an A. H. Steiner vom 01.12.1960, Nachlass A. H. Steiner, Ordner Eidg. Kommission für Altstadtsanierung, gta Archiv, ETH Zürich.

31 Reinhard, Ernst: Die Sanierung der Altstädte, Schriftenreihe zur Frage der Arbeitsbeschaffung Bautechnische Reihe Nr. 11, Zürich 1945.

32 Ebd., S. 82.

33 Gefordert wurde stattdessen die »volle Sanierung« der Altstädte als umfassende Aufgabe, die die Erstellung und Verbesserung von zeitgemäßen Wohn- und Gewerbeflächen ebenso beinhalte wie die Denkmalpflege als »Erhaltung des Altstadtbildes unter Berücksichtigung der Forderungen an Wohn- und Gewerberäume« sowie insgesamt eine »bewußte Stadtplanung«. Reinhard, Ernst 1945 (wie Anm. 31), S. 96.

34 Reinhard, Ernst 1945 (wie Anm. 31), These 18, S. 264.

35 Vgl. Bericht des Bebauungs- und Quartierplanbureaus der Stadt Zürich zum Fragebogen der Expertenkommission für Altstadtsanierung über die Alttstadtsanierung in Zürich, dat. 19.04.1944, zu Frage 36, Stadtarchiv Zürich V.G.c.709, Mappe 1.1.

36 Eisinger, Angelus: Städte bauen: Städtebau und Stadtentwicklung in der Schweiz 1940–1970, Zürich 2004, S. 40.

37 Steiner, Albert H.: Bericht über die Altstadtsanierung, hg. v. Hochbauamt der Stadt Zürich, Zürich 1949, S. 7.

38 Weisung der Vorstände der Bauämter I und II an den Stadtrat, Zürich 07.06.1945, Typoskript, Stadtarchiv Zürich, V.G.c.709; sowie Stadtratbeschluss vom 13.04.1945, Prot. Nr. 725: Beschluss d. Stadrat zur Schaffung einer Zentralstelle für die Altstadtsanierung.

39 Vgl. Kap. 7 sowie Appendix in Putz, Andreas 2015 (wie Anm. 1).

40 Bauvorschriften für die Altstadt vom 14.02.1962, in Kraft gesetzt am 08.11.1962 und Verordnung über den Schutz des Stadtbildes und der Baudenkmäler (Denkmalschutzverordnung) vom 14.02.1962, Amt. Sammlung d. Stadt Zürich Bd. XXXI/29, Gemeinderatsbeschluss, Zürich 1962, S. 445–448.

41 Birchler, Linus: Restaurierungspraxis und Kunsterbe in der Schweiz, Kultur- und Staatswissenschaftliche Schriften 62, Zürich 1948, 3. Grundsatz, S. 16.

42 Reinhart, Fabio / Reichlin, Bruno: Interpretierende Denkmalpflege (ein Vorschlag), in: (Das) Werk 57. Jg., Nr. 12, 1970, S. 826.

43 Vgl. u.a. den Sammelband: Moravánszky, Ákos / Hopfengärtner, Judith (Hg.): Aldo Rossi und die Schweiz: Architektonische Wechselwirkungen, Zürich 2011 sowie eine gegenläufige Darstellung in Schnell, Angelika: Von Jörn Janssen zu Aldo Rossi: Eine hochschulpolitische Affäre an der ETH Zürich, in: arch+ 215, 2014, S. 16–23.
44 Zur Gruppe gehörten Sandro Cantoni, Bruno Keller, Orlando Pampuri, Riccardo Serena, Ivano Martini und Antonio Pisoni.
45 Cantoni, Sandro / Keller, Bruno u. a.: Die Stadt Zürich: Zusammenhängende Bauaufnahme, typologische und morphologische Untersuchungen (1972–1974), Zürich 1976, Einleitung [S. 3].
46 Rossi, Aldo: L'Architettura della Città, Padova 1966.
47 Cantoni, Sandro / Keller, Bruno 1976 (wie Anm. 45).

BILDNACHWEIS

1 Stadtarchiv Zürich IX.JJ.81.c, Maßstab ursprünglich 1:50.
2 Stadtarchiv Zürich IX.G.240, Maßstab ursprünglich 1:200, Arch. M. Kopp, O. Dürr, M. Aeschlimann und A. Baumgartner.
3 Nachlass Max Kopp, gta Archiv, ETH Zürich.
4 Stadtarchiv Zürich IX.C.311, Ausschnitt, Maßstab ursprünglich 1:1500.

Vom Produkt zum Dokument
Die Altstadt im Modell – Ein historischer Überblick

From Product to Document
Models of the Old Town – An Historical Survey

FRANZISKA HAAS

English Summary

In Frankfurt, Dresden and Potsdam, the large-scale reconstructions carried out during the past decade were prepared and accompanied by a flood of digital images. In addition, many cities now offer new virtual tours through the streets of the historical past. City models both digital and haptic are the products of close study of the city and are therefore expressive of different trends in urban development. This is apparent not only today, in the current nostalgia for the »historic« city. In the late 19th and early 20th centuries, the Heimatschutz movement also turned to historic city models to buttress its arguments, while after the Second World War, scale models of ruined cities were created to illustrate the vast extent of the destruction, and large-scale planning models accompanied the process of reconstruction. However, while the built environment continuously changes, models remain static and thus become documents of the moment of their creation. Likewise, models give three-dimensional expression to architectural visions that may be implemented only partially, or not at all. The investigation of such models in terms of their content, presentation forms, functions and reception offers much more than just an opportunity for spatial analysis. The paper provides an overview of the development of city models up to the 21st century and thus another perspective on the »Making of the Old Town«.

Entwicklung

Physische Stadtmodelle sind spätestens seit dem 16. Jahrhundert bekannt.[1] Das älteste existierende Stadtmodell in Deutschland ist eine dreidimensionale Abbildung der Stadt Nürnberg von 1540.[2] Ebenso bekannt wie faszinierend ist die Sammlung von Modellen altbayerischer Städte im Bayerischen Nationalmuseum. Der Drechslermeister Jakob Sandtner fertigte diese Modelle in der Zeit von 1568 bis 1574. Nachdem Sandtner das erste Modell dieser Reihe, das seiner Heimatstadt Straubing, auf eigene Kosten und Risiken hergestellt hatte, erhielt er von Fürst Herzog Albrecht V. von Bayern die Folgeaufträge für München, Landshut, Ingolstadt und Burghausen.[3] Die Modelle sollten in der Kunstkammer Platz finden und dienten damit vorwiegend repräsentativen Zwecken.

Neben der Bedeutung als Kunst- und Sammelobjekt kam den Stadtmodellen schon früh eine Funktion in der militärischen Planung zu. Viele Stadtmodelle entstanden in Zusammenhang mit der Anlage neuer Festungswerke zur Verteidigung oder vor der geplanten Einnahme einer Stadt. Verwiesen sei an dieser Stelle auf die Sammlung von über einhundert Modellen befestigter Städte in Paris, die vor allem auf die Regentschaften von Ludwig XIV. bis Napoleon III. zurückgehen.[4] Ihrem Zweck entsprechend waren die Modelle bis in die 1870er Jahre hinein lediglich einem kleinen Betrachterkreis vorbehalten und der Öffentlichkeit nicht zugänglich.[5]

Kunsthandwerk

Daneben wurden bereits in der ersten Hälfte des 19. Jahrhunderts Stadtmodelle produziert, deren eigentliches Ziel es war, Öffentlichkeit zu erreichen. Zu verstehen sind diese Modelle wohl am ehesten als kunsthandwerkliche Technik, zweidimensionale Darstellungen mit der dritten Dimension aufzuwerten und so eine Attraktivität für den Betrachter zu erreichen. Eindrückliches Beispiel ist hier das zwischen 1826 und 1837 entstandene Modell der Stadt Prag. Der Lithograph Anton Langweil hatte in mühsamer Kleinarbeit und einer beachtlichen Detailversessenheit Lithographien aller Fassaden angefertigt, die er auf die vorgefertigten Häuser klebte. Langweil arbeitete dabei ohne Auftraggeber und finanzielle Unterstützung. Weder die Ausstellung noch der Verkauf des Modells brachten ihm am Ende die erhofften Einnahmen.[6]

In Leipzig stellte der Möbeltischler und Tapezierer Johann Christoph Merzdorf ein 20m² großes Modell der Stadt her. Zu diesem Zweck hatte er von einem Wiener Geodäten alle Häuser der Stadt vermessen lassen. Im Gegensatz zu

Langweil schaffte es Merzdorf mit dem Modell zumindest ein wenig Geld zu verdienen, zunächst auf Reiseausstellungen, später an einem festen Platz in Leipzig für einen Eintritt von vier Groschen. Nach dem Verkauf geriet das Modell zunächst in Vergessenheit und wurde erst ein halbes Jahrhundert später, 1874, verstaubt auf einem Dachboden wiederentdeckt, vom Verein für die Geschichte Leipzigs erworben und seit 1909 der Öffentlichkeit zugänglich gemacht.[7]

SEHNSUCHTSBILDER

Seit der Mitte des 19. Jahrhunderts, mit der voranschreitenden Industrialisierung und damit den zunehmenden Veränderungen der alten Städte, rückte der Abbildungsgegenstand selbst mehr und mehr in das Interesse. Dreidimensionale Abformungen des vorhandenen Baubestandes standen im Abgleich mit einer sich verändernden Umwelt. Modellbauer arbeiteten nicht mehr als Kunsthandwerker auf eigenes Risiko, sondern im Auftrag verschiedener Interessengruppen. Der Münchner Kupferstecher Johann Baptist Seitz etwa fertigte 1850 bis 1861 im Auftrag von König Ludwig I. ein topo-plastisches Stadtmodell im Maßstab 1:700. Die Idee des Königs war es, an dem Modell seine großen baupolitischen Änderungen des Stadtbildes zu prüfen.[8]

Auf der anderen Seite spiegelt sich in der zunehmenden Wertschätzung historischer Modelle die Neigung zur Romantisierung und Idealisierung in der zweiten Hälfte des 19. Jahrhunderts. Dabei berief man sich insbesondere auf das Mittelalter: Städte, in denen noch mittelalterliche Strukturen existierten, wurden im Modell nachgebaut und präsentiert. So zeigt das 1886 fertiggestellte Modell des Holzbildhauers Heinrich Scherpf die Stadt Speyer in ihrem Zustand vor dem großen Brand 1689. Auch vorhandene Modelle historischer Städte wurden erschlossen und in Museen ausgestellt. In Dresden wurde das Stadtmodell, welches die Stadt im Zustand um die Mitte des 16. Jahrhunderts zeigte, hervorgeholt, vermessen, beschrieben und als wichtige Quelle der Stadtgeschichte untersucht (Abb. 1).[9]

Damit waren die plastischen Stadtmodelle gegen Ende des 19. Jahrhunderts immer stärker in das Interesse der Heimatschutzbewegung gekommen. Auf die Initiative regionaler Geschichtsvereine gehen dann auch die Präsentationen historisch anmutender Bauten in Miniaturwelten oder auch im Maßstab 1:1 zurück. Auf der 1896 stattfindenden Ausstellung des sächsischen Handwerks und Kunstgewerbes wurde unter dem Titel »Die alte Stadt« ein mittelalterlich anmutendes Freilichtmuseum mit Marktplatz, Brunnen, Fachwerkhäuschen und

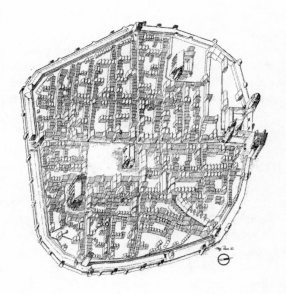

*Abbildung 1: Dresden, isometrische Darstellung nach
dem Stadtmodell um 1520/30 von Wolfgang Rauda, 1930*

verwinkelten Höfen präsentiert.[10] Die Repliken von Wilsdruffer Tor, turm-
bekröntem Rathaus, Post oder Münze stellten den Bezug zur realen Stadt her,
Darsteller in Mittelalterkostümen belebten die Szenerie.

FUNKTIONALITÄT

Nach dem I. Weltkrieg erhielten die Architekturmodelle insbesondere mit den
Vertretern des Neuen Bauens allgemein eine neue Bedeutung als Planungsin-
strumente, die nun zur räumlichen Modellierung auch ohne vorhergegangene
zweidimensionale Plangrundlage dienten. Modelle bestehender Architektur entstanden zur Dokumentation oder als Argument gegen geplante Substanzverluste.

Eines der bekanntesten Stadtmodelle des letzten Jahrhunderts in Deutschland
ist sicher das Frankfurter Altstadtmodell der Brüder Treuner. Der 1922 gegründete »Bund tätiger Altstadtfreunde« in Frankfurt hatte vor dem Hintergrund geplanter Abrisse in der Altstadt den Auftrag erteilt, die Sanierungsgebiete zu dokumentieren.[11] Erste Aufträge für die Anfertigung solcher Modelle wurden seit
1911 vom Stadtmuseum vergeben. Der 1925 erstellte Straßenzug bildete wohl
den Anlass für die Brüder Treuner, sich der Dokumentation der gesamten Altstadt

zuzuwenden. 1932 erscheint in der Frankfurter Illustrierten ein erster Bericht über die Arbeiten unter dem Titel: »Museumsschatz für das Jahr 2000. Die Frankfurter Altstadt wird im Maßstab 1:200 für die Nachwelt gerettet.« Heute gilt das Modell als »Altstadtikone«. Das dreidimensionale Abbild des Vorkriegszustandes vor den schweren Zerstörungen im II. Weltkrieg und danach wurde zum Urbild und bald auch zum Vorbild für Versuche, das »Original« wieder herzustellen, so der Direktor des Historischen Museums Jan Gerchow.[12]

HISTORISCHE LEGITIMATION IM NATIONALSOZIALISMUS

Die Bedeutung des Modellbaus in der Zeit des Nationalsozialismus ist bekannt. Gerade die raumgreifenden Stadtplanungen sind ohne die Planung am Modell kaum denkbar. Sogenannte Sanierungen der Innenstädte unter dem Ziel der »Altstadtgesundung« wurden gleichermaßen im Modell dargestellt. Eines der ungewöhnlichsten Beispiele ist wohl ein Kurbelmodell Frankfurts, welches ebenfalls den Brüdern Treuner zugeschrieben wird.[13] Aus einem Block der Altstadt ließ sich die zum Abriss vorgesehene Bebauung mittels Kurbel herausheben.

Ebenfalls mit dem Ziel der Altstadtgesundung gab es für die Dresdner Bebauung am Neumarkt Abrissplanungen. Die vorgesehenen Entkernungen zeigte ein 1936 für die Ausstellung »Die deutsche Gemeinde« in Berlin gefertigtes Modell (Abb. 2).[14] Lediglich die repräsentativen Bürgerhäuser direkt am Neumarkt wurden 1936 im Rahmen einer Propagandamaßnahme restauriert.[15] In Nürnberg wurden in dieser Zeit nicht nur die Großplanungen für das Reichsparteitagsgelände im Modell dargestellt und auf der Pariser Weltausstellung

Abbildung 2: Modell der Stadt Dresden, 1936

präsentiert. 1935 gab der Oberbürgermeister Willy Liebel den Auftrag zur Erstellung eines Altstadtmodells, sicher mit dem Ziel, die Altstadt als Kulisse für die Reichsparteitage neu zu bewerten.[16] Damit ordnete sich das Altstadtmodell ganz der Idee der Neuplanung unter. Vom ältesten Stadtmodell Nürnbergs von 1540, das sich seit 1879 nicht mehr in der Stadt befand, wurde ebenfalls in den Jahren 1941/42 eine Modellkopie angefertigt und der Öffentlichkeit präsentiert.

ZERSTÖRUNG UND KRIEG

An dieser Stelle soll eine weitere Gruppe von Stadtmodellen vorgestellt werden, die selten Gegenstand historischer Betrachtungen sind. Um zielgenaue Bombardements vorbereiten zu können, wurden von den verschiedenen Armeen auch in den beiden Weltkriegen Modelle angefertigt. Alastair Pearson hat das spärliche Material zu den Modellbauwerkstätten der Alliierten im Zweiten Weltkrieg zusammengetragen.[17] Die Landschaftsmodelle stellten einen unschätzbaren Wert bei der Planung von militärischen Schlüsseloperationen dar. Angefertigt wurden diese Modelle von Künstlern, Architekten und Bühnenbildnern in eigens eingerichteten Modellbauwerkstätten. Neben kleinmaßstäblichen Landschaftsmodellen entstanden für den Angriff kleinerer Ziele in den Städten großmaßstäbliche Modelle, die der fehlerfreien Identifizierung der Objekte durch die Flugzeugbesatzungen dienten. Pearson zeigt ein Modell der Stadt Den Haag. Für den Angriff der Sowjetarmee auf Berlin wurde ebenfalls ein solches Modell angefertigt, das sich heute im Deutsch-Russischen Museum Berlin-Karlshorst befindet.[18] Für die Fertigung dieser militärisch initiierten Modelle waren weder lokale Akteure noch lokale Interessen maßgebend.

ARGUMENTATION IN DER WIEDERAUFBAUDEBATTE

Der Zweite Weltkrieg und die Folgen spiegeln sich auch in der Produktion von Stadtmodellen. Am eindrücklichsten wird dies in den Trümmermodellen, die den zerstörten Zustand deutscher Städte zeigen. Nach dem Ende des Krieges entbrannte in der Wiederaufbaudebatte für das Stadtzentrum Frankfurts erneut der Konflikt zwischen »Traditionsbewahrern« und »Modernisierern«. Die Brüder Treuner erhielten nun vom Historischen Museum den Auftrag, die Arbeiten an ihrem Altstadtmodell fortzusetzen. Bis 1943 hatten sie ihre Skizzen und Aufmaße vervollständigt, sodass sie über ein umfangreiches Quellenmaterial verfügten.[19] Das Modell wurde 1950 als zentrales Objekt in der Ausstellung »Unsere Stadt«

präsentiert. Die Modernisten setzten dagegen ein Modell des zerstörten Frankfurts, das jeden Gedanken an einen Wiederaufbau von Anfang an unterbinden sollte. Der Vergleich mit Luftaufnahmen nach dem Krieg zeigt, dass zur Erhöhung der visuellen Wirksamkeit die Situation überzogen dargestellt wurde.[20] Bekanntermaßen konnten sich die Altstadtfreunde auch mit dem eindrücklichen Modell der Brüder Treuner nicht durchsetzen. Trotzdem wurde und wird dieses Modell immer wieder als Argumentationshilfe in den neu aufflammenden Debatten um die Rekonstruktion der Frankfurter Altstadt herangezogen.

In der Nürnberger Modellwerkstatt wurde auf der Grundlage des Altstadtmodells von 1939 ebenfalls eine Momentaufnahme des Jahres 1950 gefertigt, die anlässlich einer Ausstellung zum Nationalsozialismus gezeigt wurde. In Hannover ging man noch weiter. Anlässlich der 1951 sattfindenden Bauausstellung »Constructa« ließ die Stadt Hannover eine Serie von Modellen anfertigen, die die Stadt im Zustand um 1689, kurz vor dem Zweiten Weltkrieg, im Zustand der Zerstörung sowie die Bebauung des zeitgenössischen Hannovers zeigte. Die letzten drei der genannten Modelle waren auch auf der Ausstellung »Moderne Architektur in der Bundesrepublik Deutschland« 1966/67 in der Sowjetunion zu sehen und sollten die Erfolge des Wiederaufbaus in Hannover verdeutlichen.[21]

Bis Anfang der 1960er Jahre wurden die Trümmermodelle in direktem Zusammenhang mit Modellen des Wiederaufbaus gezeigt, dies wohl in der Absicht, das bereits Geschaffte in den Mittelpunkt zu rücken und vielleicht auch, um damit gezielt neue Identitäten zu stiften. Nachdem die ersten Trümmermodelle in den 1950er und 60er Jahren entstanden waren, gab es eine Pause von etwa 20 Jahren, in denen die zerstörte Stadt nicht als Modell abgeformt wurde. Auch die schon vorhandenen Modelle waren zunächst bis auf weiteres in den Depots verschwunden. Erst in den 1980er Jahren wurde das Thema wieder aufgegriffen. Das allgemein gestiegene Interesse an der historischen Stadt und die zunehmende öffentliche Auseinandersetzung mit der Stadtgeschichte lenkten den Blick erneut auf die Zerstörungen durch den Zweiten Weltkrieg. Die Präsentation der Modelle hatte sich nun aber von einem memorialen hin zu einem historischen Kontext verschoben.[22] Helmut Puff, der sich intensiv mit der Gruppe der Trümmermodelle auseinandergesetzt hat, hebt hervor, dass die zehn bekannten Modelle in Deutschland sämtlich im westlichen Teil des Landes entstanden sind. Das Fehlen dieser Modellgattung im Osten Deutschlands begründet Puff, sicher zurecht, mit einer spezifischen Erinnerungskultur. Die lokale Geschichte hatte sich den staatlichen Interessen unterzuordnen, dagegen lag in den westdeutschen Städten der Fokus auf der Erinnerung an die eigene (Zerstörungs-) Geschichte.[23] So ist es denn auch kaum überraschend, dass gerade in Dresden in jüngster Zeit eine dreidimensionale Darstellung des Zerstörungszustandes nach

Abbildung 3: DRESDEN 1945,
Rundpanorama im Maßstab 1:1, Plattform

dem Zweiten Weltkrieg entstand. Der Künstler und Architekt Yadegar Asisi macht die zerstörte Stadt nach dem Bombenangriff in einem Rundpanorama im Maßstab 1:1 erlebbar (Abb. 3). Dabei soll nicht nur die Tragik der Zerstörung gezeigt werden, sondern auch die Erfolge des Wiederaufbaus demonstriert. Die Begleitausstellung widmet sich den Themen »Aufbau«, »Glanzzeit«, »Zerstörung« und »Wiederaufbau«.

HISTORISCHE DARSTELLUNGEN

Während in der Zeit nach dem II. Weltkrieg die Stadtmodelle eine gewisse mediale Verbreitung fanden und damit auch eine nicht zu leugnende Rolle in der Auseinandersetzung mit den Wiederaufbauplanungen spielten, blieben die Bemühungen um die Herstellung dreidimensionaler historischer Stadtbilder seit den 1960er Jahren im Wesentlichen auf die stadtgeschichtlichen Museen beschränkt.

Eingebunden in die stadthistorischen Ausstellungen zogen sich die Modelle aus der medialen Auseinandersetzung im Stadtplanungsprozess zurück. In einigen Fällen wurden schon lang angedachte Vorhaben, die durch den Krieg und die erste Phase des Wiederaufbaus unterbrochen worden waren, nun noch realisiert. So entstand in Würzburg ein Modell, das der, wie es im Begleitheft heißt, »Ur-Stadt« gewidmet ist, also einem Zustand des ausgehenden Mittelalters.[24]

Das Dresdner Stadtmuseum besitzt vier Stadtmodelle, die die Stadt in den Zuständen von 1520, 1678, 1760 und 1930 wiedergeben. Keines davon ist vor 1945 entstanden. Bereits 1956 wurde im Auftrag des Stadtmuseums ein Modell des

Zustandes von 1678 hergestellt. Nachdem Dresden in der Zeit des Nationalsozialismus als barocke Touristenattraktion gestaltet werden sollte, rekurrierte man nun auf eine Zeit, in der die Stadt noch in der Baugestalt der Renaissance erlebbar war. 1975 kaufte das Stadtmuseum auf Wunsch der Bevölkerung ein in privater Arbeit entstandenes Modell der Stadt um 1930 an.[25]

Zahllose weitere, gewissermaßen namenlose Modelle könnten hier genannt werden, die kleinere und mittlere Städte in historischen Zuständen abbilden und nahezu jede stadthistorische Ausstellung bereichern. Der Kunstkritiker und -soziologe Walter Grasskamp stellt dann auch 1980 in einem Beitrag über »sentimentale Modelle« fest, dass mit der Präsentation von Stadtmodellen in Heimatmuseen und deren ausschließlicher Orientierung auf die Vergangenheit einer Entfaltung der aus der Betrachtung der Modelle herrührenden politischen Kraft kein Raum gegeben wird, dass man in bloßer Nostalgie verharre.[26]

PARTIZIPATION UND IMAGEKONSTRUKTION

Mit den Möglichkeiten der digitalen Darstellung erfuhren auch die historischen Stadtmodelle seit den 1990er Jahren eine Renaissance in der medialen Wahrnehmung. Mit der digitalen Rekonstruktion von Cluny II hatte Manfred Koob die virtuelle Welt auch für die Darstellung historischer Architektur erschlossen und mit der TV-Produktion des SWR einem breiten Publikum erstmals zugänglich gemacht.[27] Die Möglichkeiten der neuen Technik trafen am Ende des vergangenen Jahrhunderts zusammen mit erneut aufkommenden Wiederaufbaubestrebungen in den neuen Bundesländern. Die digitalen Stadtmodelle fanden nun wieder Eingang in die öffentlichen Debatten über Bewahrung, Sanierung und Rekonstruktion der Altstädte. Seither ist eine große Zahl solcher Altstadtmodelle entstanden, auf die an dieser Stelle nur beispielhaft eingegangen werden kann.

2003 begann der Geograph Jörg Ott mit der computergestützten, dreidimensionalen Visualisierung der Altstadt von Frankfurt auf der Grundlage der Aufzeichnungen, die die Brüder Treuner für die Erstellung ihres Modells angefertigt hatten. Das Modell wurde 2011 im Internet veröffentlicht, war jedoch schon vorher bestens bekannt. Jörg Ott hatte es als Argumentationshilfe in die Diskussionen um die Neubebauung auf der Fläche des Technischen Rathauses eingebracht. Nach einer Pressekonferenz im März 2006 im Historischen Museum verbreiteten sich die attraktiven bunten Bilder.[28]

Auch in Dresden wurde die Rekonstruktionsdebatte um die Bebauung am Neumarkt von einer publikumswirksamen virtuellen Rekonstruktion begleitet. Dazu hatte Yadegar Assisi die Stadt im Zustand vor dem Siebenjährigen Krieg

1756 auf einem monumentalen Rundpanorama dargestellt und damit im digitalen Zeitalter ein konservatives Medium wiederbelebt. Nach eigenem Bekunden sollte die begleitende Ausstellung »zur Meinungsbildung der Dresdner Öffentlichkeit, der Investoren und auch der Besucher Dresdens beitragen«. Die Ausstellungsmacher begründen ihre Motivation damit, dass die »bauliche Vergangenheit der Stadt [...] damit in der Debatte um ihr Aussehen künftig kein Thema mehr [bleibt], das lediglich Fachleuten über die Literatur oder historische Akten und Pläne zugänglich ist. Vielmehr rückt sie in das Blickfeld eines jeden, der sich für Architektur und Städtebau in Dresden interessiert«.[29]

Wenn es um die Partizipation in laufenden Stadtplanungsprozessen geht, dürfen an dieser Stelle natürlich auch die großen Stadtmodelle der Stadtplanungsämter nicht fehlen. In Berlin West entstand ein solches Modell seit dem Anfang der 1980er Jahre, Ostberlin zog 1987 mit einem ähnlichen Modell nach. Das Referat für Stadtplanung in München arbeitet bereits seit den 1970er Jahren an seinem Modell. Nach eigenen Angaben war das Modell Münchens von Jacob Sandtner das Vorbild. Während eines Erfahrungsaustausches der städtischen Modellwerkstätten in den Stadtplanungsämtern 2007 wurde zusammenfassend festgestellt, dass »beim Betrachten des realen Stadtmodells [...] Gefühle und Erinnerungen geweckt [werden]; wir können uns mit den dargestellten Gebäuden und Straßenzügen identifizieren und empfinden vielleicht sogar eine Art Stolz für die Schönheit unserer (Heimat-)Stadt. Das physische Stadtmodell zeigt uns deutlich die Grundstruktur der Stadt und unterstützt somit das Gefühl für Verständnis und Identifikation mit ›unserer‹ Stadt.«[30]

Mit den neuen technischen Möglichkeiten werden neben diesen haptischen Modellen auch georeferenzierte digitale Modelle in den Stadtplanungsämtern geschaffen. 2006 zeigte Bamberg das erste deutsche Stadtmodell auf der Basis von GoogleEarth.[31] 2007 feierte sich Dresden als weltweit größtes digitales Stadtmodell im Netz. Dabei ist es Ziel, die virtuellen Modelle laufend zu aktualisieren, den Datensatz also an die jeweilig neu entstandene Situation anzupassen.

Daneben werden, ganz im Sinne der Demokratisierung des Wissens, die digitalen Modelle mit immer komplexeren Informationen überlagert. Bestand, historische Bebauung und Planung stehen nun nicht mehr, wie in der ersten Hälfte des 20. Jahrhunderts, in physischen Modellen nebeneinander, sondern werden überblendet und so meist bis ins Detail untersucht und nachvollziehbar gemacht. Auch die vorhandenen historischen Stadtmodelle in den städtischen Sammlungen werden zunehmend aus ihrem Dornröschenschlaf geweckt und medial neu aufbereitet. Das einfache Holzmodell der Altstadt ist scheinbar nicht mehr zeitgemäß.

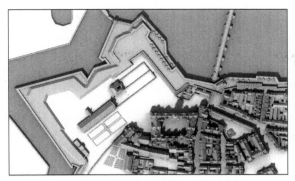

Abbildung 4: Altstadt Dresden im Zustand von 1678,
digitale Vorlage für ein Rapid-Prototyping-Modell

Beachtung finden vielmehr neue Präsentationen, die die Modelle erklingen, erleuchten, erfühlen und in der virtuellen Welt erleben lassen. Kopien der Modelle werden für temporäre Ausstellungen auf die Reise geschickt.

In Dresden gaben die staatlichen Kunstsammlungen ein Modell in Auftrag, das den Zustand der Stadt im Jahr 1678 zeigt. (Abb. 4) Das entspricht eben jener Phase, die das bereits bestehende Modell in der städtischen Sammlung zeigt.[32] Charakteristisch ist dabei der Wunsch, nicht nur eine einzelne Bauphase der Stadt zu simulieren, sondern mehrere Zeitschnitte maßstabidentisch nebeneinander zu stellen.[33]

ENTMATERIALISIERUNG/VIRTUALISIERUNG

Jüngst ist ein neuer Trend auf der Grundlage der digitalen Techniken zu beobachten. Es geht um die allumfassende und ›nachhaltige‹ Dokumentation von Denkmalen, die jedoch im Gegensatz zu den vorher genannten Beispielen zunächst einmal wertfrei, das heißt ohne konkretes Ziel erfolgt. Dazu ein Beispiel: Im März diesen Jahres reiste Elisabeth Lee von der renommierten Nonprofite Organisation CyArk durch Europa, um die Highlights europäischer Architektur für die digitale Dokumentation auszuwählen.[34] Gestartet war das Projekt mit der Digitalisierung von Babylon, nachdem die Zerstörung der Buddhas von Bamian weitere Verluste von materiellem Kulturerbe befürchten ließen. Auf dem Markt der digitalen Erfassung ist inzwischen ein regelrechter Konkurrenzkampf um die meisten und besten virtuellen Kopien entstanden, was sicher auch mit dem Sponsoring zusammenhängt. Doch der Wettbewerb erstreckt sich nicht nur auf die höchste Scanauflösung, immer mehr und vielfältigere Daten sollen eingebunden werden, sodass sich das Gefühl aufdrängt, dass es tatsächlich nicht um die Dokumentation der materiellen Objekte, sondern um einen langfristigen Ersatz derselben geht. In einem Beitrag der ZEIT am 19. März 2015 hieß es zum erwähnten Projekt CyArk dann auch: »Der Scanner unterscheidet zwar verschiedene Materialien, darunter Glas und Stein. Aber die Technologie erfasst keine Originalfarben. Solange das so ist, haben die Fachleute spezielle Fotokameras im Gepäck. Nicht dass einst die Datenreisenden der Zukunft durch eine farblose Vergangenheit wandeln müssen.« Die Produzenten sehen sich dabei also ganz selbstverständlich als Bewahrer von Kulturgut. Die in diesem Zusammenhang vertretene optimistische These, dass mit der zunehmenden Bedeutung der virtuellen Welten eine neue Wertschätzung für die reale Welt zu verzeichnen ist, muss man nicht teilen. Wohl schon deshalb, weil diese Dokumentationen, seit neuestem auch als »Smart Heritage« bezeichnet, ganz selbstverständlich zum digitalen Kulturerbe gezählt werden. Das Denkmal als Träger von Erinnerung gibt seine Funktion immer mehr an sein digitales Double ab.

1 Dem Tagungsthema entsprechend möchte ich mich im Folgenden insbesondere auf jene Modelle konzentrieren, deren Abbildungsgegenstand die Altstadt ist, ganz gleich ob es sich dabei um einen Rückgriff auf einen nicht mehr existenten Zustand handelt oder um die Abbildung der vorhandenen Bebauung.

2 Schiermeier, Franz: Stadtatlas Nürnberg. Karten und Modelle der Stadt Nürnberg von 1492 bis heute, Nürnberg 2006, zitert nach: http://www.stadtatlas-muenchen.de/ stadtatlas-nuernberg/1540-nuernberg-modell-der-reichsstadt-hans-baier.html (15. November 2015). Ein aus Abbildungen bekanntes Modell der Stadt Dresden wird in die 1. Hälfte des 16. Jahrhunderts datiert. Da das Modell jedoch seit dem II. Weltkrieg verschollen ist, ist ein endgültiger Nachweis dieser Datierung nicht möglich.

3 Reitzenstein, Alexander Freiherr von: Die alte bairische Stadt dargestellt an Modellen des Tischlermeisters Jakob Sandtner, gefertigt in den Jahren 1568–1574 im Auftrag von Herzog Albrecht V. von Bayern, München 1967, S. 5–6.

4 Buisseret, David: Modeling Cities in Early Modern Europe, in: Buisseret, David (Hg.): Envisioning the City. Six Studies in Urban Cartography. S. 125–143.

5 Martin, Andrew John: Stadtmodelle, in: Das Bild der Stadt in der Neuzeit: 1400–1800, hg. v. Wolfgang Behringer, Bernd Roeck, München 1999, S. 66–72, hier S. 71.

6 http://www.prague.net/langweil-model. (15. November 2015). Das Prager Modell, angefertigt durch Antonin Langweil in der Zeit zwischen 1826 bis 1837, befindet sich heute im Stadtmuseum.

7 Orbeck, Mathias: Schönheitskur fürs Leipziger Stadtmodell, zitiert nach: http://www. uniklinikum-leipzig.de/files/lvzpat/pdf/0177/12.pdf (15. November 2015).

8 Bayerisches Nationalmuseum München, Sammlungen, 19. Jahrhundert, Onlinekatalog: Modell der Stadt München, http://www.bayerisches-nationalmuseum.de (15. November 2015)

9 Vgl. Rauda, Wolfgang: Dresden, eine mittelalterliche Kolonialgründung, Dresden 1933.

10 Wörner, Martin: Vergnügung und Belehrung. Volkskultur auf den Weltausstellungen 1851-1900, Münster / New York / München / Berlin 1999, S.106–107.

11 Die Angaben zur Geschichte des Modells wurden dem Museumsführer entnommen. Gerchow, Jan / Spona, Petra: Das Frankfurter Altstadtmodell der Brüder Treuner, Frankfurt am Main 2011.

12 Gerchow, Jan: Vom Abbild zum Urbild. Das Altstadtmodell des historischen Museums, in: Gerchow, Jan / Spona, Petra 2011 (wie Anm. 11), S. 5–9.

13 Morr, Oliver / Spona, Petra: Das Modell »Altstadtentkernung 1936« – ein Modell der Brüder Treuner? In: Gerchow, Jan / Spona, Petra 2011 (wie Anm. 11), S. 29.

14 Modell der Stadt Dresden 1936 (Foto Marburg, Bilddatei fm833409).

15 http://www.das-neue-dresden.de/altstadtsanierung-1935-38.html (15.November 2015).

16 Modell der Nürnberger Altstadt 1935–1939, Stadtatlas Nürnberg. Karten und Modelle der Stadt Nürnberg von 1492 bis heute, Nürnberg 2006. Zitiert nach: http://www. stadtatlas-muenchen.de/stadtatlas-nuernberg/1939-nuernberg-modell-altstadt-hehl-fischer-koepf-heisinger.html (15. November 2015).

17 Pearson, Alastair W.: Allied Military Model Making during World War II, in: Cartography and Geographic Information Science, Vol. 29, No. 3, 2002, S. 227–241.

18 Diesen Hinweis verdanke ich Ingrid Scheurmann.

19 Spona, Petra: Das Altstadtmodell zwischen Dokumentation und Konstruktion, in: Gerchow, Jan / Spona, Petra 2011 (wie Anm. 11), S.13–20.

20 Göpfert, Claus-Jürgen: »Bilder der Altstadt« Was Modelle erzählen, Frankfurter Rundschau vom 5. November 2008. Zitert nach: http://www.fr-online.de/rhein-main/-bilder-der-altstadt--was-modelle-erzaehlen,1472796,3399974.html (15. November 2015).

21 Puff, Helmut: Miniature Monuments. Modeling German History, Berlin / Boston 2014, S. 175–234.

22 Ebd., S. 5.

23 Ebd., S. 4.

24 Seberich, Franz: Das Stadtmodell »Würzburg um 1525« im Mainfränkischen Museum Würzburg, Würzburg 1967.

25 Reichert, Friedrich: Altes Dresden in Stadtmodellen, in: Dresdner Geschichtsbücher, Bd. 11, 2005, S. 7–14.

26 Grasskamp, Walter: Sentimentale Modelle. Architektur und Erinnerung, in: Kunstforum International, Bd. 38, Mainz 1980, S. 54–79.

27 Grellert, Marc: Immaterielle Zeugnisse – Synagogen in Deutschland. Potentiale digitaler Technologien für das Erinnern zerstörter Architektur, Bielefeld 2007, S.175.

28 Eintrag »Virtuelles Altstadtmodell Frankfurt am Main« in Wikipedia. https://de.wikipedia.org/wiki/Virtuelles_Altstadtmodell_Frankfurt_am_Main (15. November 2015).

29 Hertzig, Stefan: »1756 Dresden« – der Mythos des barocken Dresden, in: 1756 Dresden. Dem Mythos auf der Spur, hg. v. der Asisi Factory, Leipzig 2007.

30 Landeshauptstadt München. Referat für Stadtplanung und Bauordnung (Hg.): Die Zukunft städtischer Modellwerkstätten. Erfahrungsaustausch der Stadtplanungsämter am 23. und 24. Januar 2007 in München, München 2007, S. 13.

31 Breitling, Stefan / Schramm, Karl-Heinz: Bamberg vierdimensional. Ausbau und Ergänzung des digitalen Planungsmodells durch die Rekonstruktion der mittelalterlichen Stadt, in: Univers. Forschung, Digital Humanities. Technologien für die Geisteswissenschaften, Bamberg 2011, S. 6–10.

32 Die Modelle wurden durch das Fachgebiet Informations- und Kommunikationstechnik in der Architektur der TU Darmstadt und Architectura Virtualis GmbH unter der wissenschaftlichen Leitung von Manfred Koob im Auftrag der Staatlichen Kunstsammlungen Dresden zwischen 2008 und 2011 erstellt.

33 Ebenfalls nicht untypisch ist der Fakt, dass es aufgrund der finanziellen Mittel bisher nur zur Ausführung einer der geplanten Phasen gekommen ist.

34 Gielas, Anna: Arche wie Archäologie. Bevor es zu spät ist: 500 stark gefährdete Kulturstätten werden digital erfasst, in: Die Zeit, Nr. 12, 2015 (19. März 2015).

BILDNACHWEIS:

1 Aus: Rauda, Wolfgang: Dresden, eine mittelalterliche Kolonialgründung, Dresden 1933.

2 Foto Marburg, Bilddatei fm833409.

3 Tom Schulze © asisi.

4 Darmstadt, TU Darmstadt und Architectura Virtualis GmbH im Auftrag der Staatlichen Kunstsammlungen Dresden.

Themen und Akteure heute

Placemaking
Die Innenstadt zwischen Anlageobjekt
und Baukultur

Placemaking
The Inner City between Investment Opportunity
and Architecture Culture

ROBERT KALTENBRUNNER

English Summary

What we interpret as the collective memory of a society undeniably has architectural and spatial dimensions. It is almost irrelevant which particular town we are visiting, our path invariably leads into the old city. We seem to enjoy moving through historic surroundings, perhaps because it makes us feel that we are part of this history.

But this does not mean that everything is alright with the old city. All too often, it is only considered from a business perspective and assessed in terms of its claims. What shopping opportunities does it offer? What events can one successfully hold here? How high are the rents, how strong is the purchasing power? Is there good supply of office space, is it easily accessible, is noise a problem? Simultaneously, trends such as the increase in the number of branch stores and the trivialization of retail trade are threatening the attractiveness of city centres. The crisis of department stores further highlights the relationship between retail trade and urban development. Moreover, the old city has become a magnet for tourism and thus yet another economic factor. Particularly in the inner cities, which are valued for their cultural history, there is pressure to create environments that are increasingly beautiful in the touristic sense. Thus it is not surprising

*that urban design is understood more and more strongly as an instrument and
an expression of profit maximization in the commercialization of real estate.*

*In this article, a counter-movement is outlined by considering the term
»placemaking« in relation to five demands from the perspective of planning. If
we intend to develop the city further, we must address the question of what design is and how it combines visual and other qualities with suitability for every-
day needs.*

Ein Werbespot für Flensburger Pilsener aus den 1990er Jahren erzählt eine Geschichte von Integration und Zugehörigkeit: Ein sonnenbebrillter Mann fährt im
Cabrio vor und erkundigt sich bei drei Einheimischen, wo hier ein guter Strand
zum Surfen sei. Er versucht es auf Deutsch, Friesisch und auf Dänisch, erntet
aber nur Schweigen. Nachdem der Städter in seinem Cabrio wieder davongefah-
ren ist, sagen die Landbewohner: »Mann. Der hatte ja 'n dolles Auto.« – »Und
'ne Menge Sprachen konnte der auch.« – »Aber genützt hat's ihm nichts.« Ein-
vernehmlich knallen die Bügelverschlüsse. Dieser Mann, das ist keiner von uns.
Es gibt keinen Grund, sich mit ihm gemein zu machen.

Wenn man diesen Werbespot übersetzt in das Metier der Planung, dann darf
man folgern: Raumaneignung ist nichts anderes, als das Unbekannte an das Bekannte anzubinden. Zumindest hat das, was man als das kollektive Gedächtnis
einer Gesellschaft interpretiert, durchaus bauliche und räumliche Bezüge. Gerade die historischen Altstädte spielen da eine große Rolle. Egal, in welche Stadt
man reist, der erste Weg führt einen in die Altstadt. Dort liegen die Anfänge. Der
Mensch mag es, sich umgeben von Geschichte zu bewegen, weil es ihm das Gefühl vermittelt, Teil dieser Geschichte zu sein.[1] Man nennt das Geborgenheit.
Und ein Geborgenheitsbaustein ist eben die Architektur. Menschen seien zu ihrem Wohlbefinden auf eine differenzierte und ästhetisch ansprechende Umwelt
angewiesen, die durch ihr komplexes repräsentativ-symbolisches Angebot den
lebensgeschichtlich geformten sinnlichen Bedürfnissen von Menschen entge-
genkommt. Das zumindest sagt der Geograph Peter Jüngst. Und er formuliert
weiter:

»Bei den positiv bewerteten altstädtischen Arealen handelt es sich um Räume, die dys-
funktional zu den direkten Ansprüchen heutiger Arbeitswelt, außerhalb der von diesen
ausgehenden Leistungsansprüchen und psychischen Belastungen, erscheinen. Altstädtische Strukturen geraten damit zu zeitlosen, von Belastungen der Gegenwart scheinbar
mehr oder weniger losgelösten Gegenwelten.«[2]

Es ist bezeichnend, dass die deutsche Sprache die Begriffe ›Altbau‹ und ›Neubau‹ kennt, die zwei bestimmte Welten meinen, zwei alternative Stadttypen, zwei soziale Systeme. Aus der Immobilienbranche wird häufig von Bauinteressenten berichtet, die danach fragen, ob sie nicht einen schönen Altbau realisieren könnten. Obgleich Normen und Regeln das kaum zulassen, ist diese Nachfrage ernst zu nehmen, weil sie implizit den Verlust von ›städtischen‹ Qualitäten thematisiert. Deswegen ist die historische Altstadt vielerorts von zentraler Bedeutung – und zwar sowohl für die Stadtbewohner selbst als auch für die Einwohner der umliegenden Region oder die Touristen. Der Wunsch nach festen Bezugspunkten wird durch den Prozess der fortschreitenden Individualisierung, der Pluralisierung der Lebensstile, der Ausdifferenzierung der Milieus nicht etwa verringert, sondern eher noch verstärkt.

Der Standortvorteil Deutschlands in einer globalisierten Welt, so hat es einmal Karl Ganser gesagt, bestehe gerade in den kleinen, mittelgroßen und großen Städten mit gepflegten Zentren. Selbst wenn wir im urbanen Kontext leben – also irgendwo in Essen oder München, in Köln oder Stuttgart –, dann reden wir häufig davon, dass wir »in die Stadt gehen« – und wir meinen damit, ganz selbstverständlich, die Innenstadt. Sie bietet uns eben das, was wir sonst nirgendwo so recht finden können: Sie ist lebendig, offen und vielfältig in ihrer Gestaltung und Nutzung. Sie steht für Einmaligkeit, Charakter und Authentizität. Und sie ist – wenigstens idealtypisch – ausgestattet mit einer symbolischen Kraft. Hier finden wir die originellsten Geschäfte, das umfassendste Warensortiment und die spannendste Einkaufsatmosphäre – die Demoskopen vermelden, dass fast 80 % der Bürger mit den Einkaufsmöglichkeiten in den Stadtzentren

Abbildung 1: Geschichte ist kein einheitliches Prägemaß für Stadträume (Beispiel Rijeka, Kroatien)

zufrieden sind –, zugleich bieten sie auch die größten und interessantesten Museen und Ausstellungshäuser. Ökonomie und Kultur sind also keine konkurrierenden Erklärungsmuster ihrer Attraktivität.

Doch deshalb ist weder mit der City noch mit der Altstadt alles in Ordnung. Allzu oft wird die Innenstadt nur aus einem sektoralen Blickwinkel betrachtet und an dessen Ansprüchen bemessen. Was bietet sie an Shopping-Möglichkeiten? Welche Events – mögen sie nun Stadtmarathon oder Lange Nacht der Museen heißen, Mittelalter-Spektakel oder Love-Parade – kann man hier erfolgreich platzieren? Wie hoch sind die Mieten? Wie steht es um das Büroflächenangebot oder die Kaufkraft? Wie gut ist sie erreichbar, wie stark ihre Lärmbelastung? Die Hauptverkehrsstraßen sind für das Gerüst der Städte von zentraler Bedeutung, doch sie sind häufig auch die Hauptproblemzonen, an den sich etwa die Leerstandsproblematik häuft. Zugleich bedrohen Trends wie Filialisierung und Banalisierung des Einzelhandels die Attraktivität der Stadtzentren. Und die Krise der Kauf- und Warenhäuser macht schlaglichtartig den Zusammenhang zwischen Einzelhandel und Stadtentwicklung deutlich.

Mehr noch: Developer und Immobilientrusts scheinen heute den Städtebau zu beherrschen. Sie und ihre profitorientierten Malls, Bürotürme und Entertainment-Center setzen die Maßstäbe (doch längst nicht immer mit *signature buildings*). Agieren kommunale Institutionen, denen Gemeinwohl vor Eigenwohl gehen müsste, als Bauherren, so erweisen sie sich zunehmend gesteuert von der Ellenbogenmentalität des internationalen Städte- und Standortwettbewerbs: Mit ihren Bauten und sonstigen Unternehmungen wetteifern sie in erster Linie um spektakuläre Wirkungen. So nimmt es nicht wunder, wenn Stadtgestaltung immer stärker als Instrument und Ausdruck von Gewinnmaximierung bei der Verwertung von Grundstücken und Immobilien verstanden wird.[3] Das kann es nicht sein! Wenn man die Stadt weiter entwickeln will, so impliziert das eigentlich die Frage, was Gestaltung ist, und wie sie Anmutungsqualitäten mit Alltagstauglichkeit verbindet.

Doch dazu gleich mehr. Zunächst soll auf zwei in diesem Zusammenhang wichtige Stichworte eingegangen werden: Zum einen auf die ›Sehnsucht nach historischen Stadtbildern‹ und, zum anderen, auf den so schillernden wie suggestiven Begriff ›Baukultur‹.

SEHNSUCHT NACH HISTORISCHEN STADTBILDERN

Im Jahr 2010 reiste eine Delegation aus dem chinesischen Xiamen nach Südeuropa, um nach einem mediterranen Vorbild für eine neue mittelgroße Stadt zu suchen, die in ihrer Region geplant war. Nachdem unter anderem Mykonos und

Monte Carlo in Betracht gezogen worden waren, entschied man sich für Cadaqués, ein malerisches Fischerdorf an der spanischen Costa Brava, das seinerzeit auch Salvador Dalí in seinen Bann gezogen hatte. Nun wird die einnehmende historische Ansiedlung mit ihren weißen ziegelgedeckten Häusern mit blauen Fensterläden und ihren verwinkelten Gassen, die bereits im Touristenresort Cadaqués Caribe in der Dominikanischen Republik als dürftige Attrappe repliziert worden war, als veritable Stadt für 15 000 Einwohner im Südosten Chinas nachgebaut, wobei allerdings die gotische Kirche zum Fremdenverkehr-Informationszentrum mutieren wird.

Die wundersame Reproduktion und Hochskalierung von Cadaqués ist sicherlich ein Kuriosum. Ohnehin scheint das zeitgenössische China ein El-Dorado für historisierende Stadtproduktionen zu sein. Eine davon, Thames Town, hat es sogar bis in die Tagesthemen geschafft – mit dem anklagenden Verweis, dass China ganze Dörfer fälsche. In der Tat: Wo in der südwestlichen Peripherie von Schanghai bis vor kurzem lediglich Gemüsefelder zu begutachten waren, erhebt sich heute eine pittoreske mittelenglische Kleinstadt. Gregorianische Ziegelsteinbauten und gusseiserne Straßenlaternen, rote Telefonhäuschen, ein Pub mit verwittertem Holzschild über der Tür, Stadthäuser mit Säulen und viktorianischen Fassaden; im Zentrum eine imposante Kathedrale aus Sandstein. Ihre Entwerfer, das Büro Atkins aus Bristol, schufen eine Art gebauten Okzidentalimus: So anheimelnd, dass gutbetuchte Chinesen sich schnell zum Kauf der alles andere als preiswerten Immobilien animieren ließen. Möglicherweise aber auch vorschnell: denn das plumpe Remake eines malerischen Küstendorfes hat sich bislang keineswegs als tragfähiges Lebensmodell erwiesen.

Wie gut, dass wir hierzulande so bescheiden sind. Baulich-räumlich haben wir es ja doch eher mit Problemen im Bonsai-Format zu tun: etwa in Frankfurt bei der Wiederauferstehung der Altstadt als Fachwerkidyll; oder in Dresden mit dem Neumarkt als tollem Postkartenmotiv. Doch die Wunden, die die Debatten darum gerissen haben, sind längst nicht vernarbt. Gewiss ist die kunst- und denkmalhistorische Problematik von Rekonstruktionen ein Minenfeld; an dieser Stelle kann darauf nicht weiter eingegangen, wohl aber etwas Grundsätzliches angedeutet werden: Dass nämlich die Altstadt zunehmend als ein Teil der Erlebnisgesellschaft genutzt wird.[4] Was wir vielerorts erleben, ist das performative Aufpeppen der Innenstädte im Zuge eines kompetitiven Stadtmarketings. Heute scheint Innenstadt ohne entsprechende Inszenierung kaum mehr zu haben zu sein. Manifestiert sich darin eine neue Wirklichkeit?[5] Die Wahrheit nämlich, dass die ›objektive Kultur‹ der Sachen und Sachanlagen einen viel größeren Raum einnimmt als die ›subjektive Kultur‹ der Menschen? Diese Sachdominanz droht den Bewohner zur Randfigur zu degradieren, der in der Großstadt gar nicht mehr ›Herr im eigenen Haus‹ ist, sondern mit einer Realität umgehen muss, die ihn übersteigt und die ihm immer wieder voraus ist.

Wie auch immer: Die Altstadt ist zum touristischen Anziehungspunkt und in dieser Hinsicht auch zum Wirtschaftsfaktor geworden. Besonders den kulturhistorisch wertvollen Innenstädten droht die Gefahr, zunehmend im touristischen Sinne schön sein zu müssen. Doch das Bedürfnis nach geschlossenen Stadtbildern ist weit verbreitet – und alles andere als illegitim. Die Menschen fahren eben nicht zufällig nach Rothenburg oder Hildesheim, nach Görlitz oder Quedlinburg und schauen sich die gut gefügten Stadtbilder an. Gleichgültig, ob es sich um eine Straße oder einen Platz handelt, der Mensch sucht nach Geborgenheit. Es ist dies eine genetische Vorprägung, die seit Jahrtausenden wirksam ist. Selbst das spektakulärste Bauwerk wird erst dann reizvoll, wenn es in einem harmonischen Rahmen steht. Wenn alle Häuser ungewöhnlich sind, dann ist keins mehr besonders.

Von eben dieser Sehnsucht zeugen auch die jüngst enorm zunehmenden Rekonstruktionsvorhaben, die verschwundene historische Bauten ersetzen sollen. Die besondere Begeisterung dafür ist etwa in Berlin, Braunschweig oder Frankfurt, in Nürnberg, Dresden, Potsdam und Hannover zu beobachten. Recht besehen scheinen die Bilder des Bekannten und Altgewohnten immer wichtiger zu werden. Für mehr und mehr Menschen passen z.B. Schlösser genau deshalb in die heutige Zeit, weil sie so anders sind: Sie stehen für das Unverwechselbare in einer Welt, deren Städte einander immer ähnlicher werden. Sie verkörpern Dauerhaftigkeit statt Hektik, sie weisen zurück in eine zwar nicht heile, doch bekannte

Abbildung 2: Gelungene Intervention und Revitalisierung
des öffentlichen Raums: Offene Markthalle in Gent (Belgien)

Epoche statt in eine ungewisse Zukunft. Das gestiegene Interesse für solche Fragen bestätigen auch die zahlreichen Bürgerinitiativen, die sich mit großer Leidenschaft sowohl der Erhaltung des Bestandes als auch der Wiedererrichtung wichtiger Bauten und Ensembles widmen.

Erneut heimisch zu werden in den Strukturen der überlieferten Stadt scheint heute ein weithin akzeptiertes Ideal. Der Rückgriff auf vorhandene Bausubstanz mag psychologisch auch als Rückversicherung dienen, um die Unwägbarkeiten von Umbruchprozessen abzufedern. Mit dem Blick zurück, geht man abgesichert nach Vorne. Dummerweise steht dem Anliegen der Bewahrung mitunter die Sehnsucht nach anschaulichen Stadträumen entgegen. Diese bemüht gerne das Konzept des ›Embellissement‹ und setzt auf eine klassische Vorstellung von Ordnung und Schönheit, erschöpft sich jedoch häufig darin, die Innenstädte mit historisierenden Fassaden zu schmücken, während daneben die banalen Hüllen der Shopping-Malls, Entertainment-Center und Multiplexe sprießen. Das ist unzureichend. Als kleinen Beleg für diesen Mangel sei ein kurzer Ausflug in die Belletristik gestattet; so stellt der spanische Autor Antonio Munoz Molina in einem Roman fest:

›»Eine Stadt vergißt man schneller als ein Gesicht: Reue oder Leere bleiben, wo vorher die Erinnerung war, und wie ein Gesicht, bleibt auch die Stadt nur dort unvergessen, wo das Bewußtsein sie nicht verschleißen konnte.«[6]

Das Urbane braucht nicht immer das Besondere. Das Bedürfnis nach Identifikation und Bewahrung artikuliert sich auch in unspektakulären Alltagssituationen – etwa jener älteren Dame, die die Baumscheibe vor ihrem Mietshaus wöchentlich zweimal wässert. Solche Identifikationen eröffnen die Chance, die Innenstädte, die mitunter zweckentfremdet und entsprechend heruntergekommen sind, im besten Sinne des Wortes zu revitalisieren: nicht als touristische Imitationen ihrer selbst, sondern als komfortabel ausgestattete Wohnorte und anziehender Brennpunkte urbanen Lebens. Freilich entsteht *Heimat* nicht dadurch, dass wir durch unser Dorf oder unsere Stadt spazieren und uns an den bekannten Bildern erfreuen. Sie entwickelt sich erst, wenn wir selbst uns als Teil eines gesellschaftlichen Prozesses verstehen und nicht nur als Zuschauer und Besucher.[7] Und das heißt nichts anderes als: Altstadt geht alle an!

BAUKULTUR: DREI ANNÄHERUNGEN

Gerade die Leidenschaftlichkeit entsprechender Diskussion zeigt aber auch, dass das Planen und Bauen über seine unmittelbare Zweckbestimmung hinaus einen gewissen »Bedeutungsüberschuss« aufweist. Freilich lässt der sich kaum messen; zudem ist er in seiner Bewertung stark weltanschaulich eingefärbt. Und deshalb ist es auch so schwer, hinreichend zu definieren, was das eigentlich ist: Baukultur. Jeder versteht im Zweifel doch etwas anderes darunter. Um den Begriff einzukreisen und besser zu fokussieren, sollen nachfolgend drei unterschiedliche Annäherungen angeboten werden.[8]

Die erste und unmittelbarste kommt aus unserer Alltagswelt heraus und besteht aus drei Aspekten:

- Baukultur ist natürlich auch, aber nicht nur Gestaltung.
- Baukultur darf nicht auf ein bestimmtes Areal – etwa die schmucke Innenstadt – begrenzt werden. Tatsächlich ist es aber so, dass wir achtzig Prozent unserer Alltagswirklichkeit ausblenden. Ein Beispiel ist die Geringschätzung, mit der die zeitgenössischen Gewerbegebiete bedacht werden. Die *grey belts* sind eine Art gebaute *terra incognita* - nach Kräften ignoriert, achselzuckend ertragen, hastig durchquert, so es sich nicht vermeiden lässt. Wobei man wohl einräumen muss, dass die massive mediale Bildproduktion zu Stadt und Architektur *nicht* folgenlos für die Wahrnehmung unserer gebauten Umwelt bleibt. Sie fördert offenkundig die Bereitschaft, vedutenhafte, auf ihren Bildcharakter bezogene Stadtstrukturen zu akzeptieren (Wustlich).
- Baukultur hat eine eingebaute Ambivalenz, ein unangenehmes Doppelgesicht. Wir beanspruchen volle Freiheit für uns, aber Kontrolle für die anderen. Der Hamburger Architekturkritiker Gert Kähler hat es einmal so gesagt: »Wehe, wenn man uns in die Ästhetik unseres Einfamilienhäuschens hineinreden will! Aber die anderen sollen, bitte schön, doch so bauen, dass ein harmonisches Ganzes entsteht, denn die Sehnsucht danach tragen wir alle in unseren nostalgischen Herzen.«[9] Mit anderen Worten: Zwar entwickelt der Begriff ›Baukultur‹ eine kritische Kraft, wenn er Mangelerscheinungen und Qualitätsverluste aufzeigt, wenn es zu diskutieren und öffentlich zu machen gilt. Aber zugleich versackt er hoffnungslos im Reaktionären, Fundamentalistischen, wenn das Bild der heilen, vermeintlich wieder erreichbaren Welt projiziert und vorgegaukelt wird.

In der Rezeption dieser drei Punkte ist freilich jeder einzelne aufgerufen, für sich selbst seine Haltung zu definieren. Möglicherweise ist hierfür eine zweite Annäherung hilfreich. Sie beinhaltet, eine Konkretisierung in Bezug auf den Städtebau vorzunehmen, und zwar in vier Schritten:

- *Baukultur beginnt mit der Aufgabenstellung.* Ganz grundsätzlich gilt: Aufgaben und Projekte entstehen nicht aufgrund irgendwelcher baukultureller Wünsche, sondern anhand konkreter Probleme. Baukultur beginnt damit, dass sie bestimmte Qualitäten beim Erheben und Festlegen der Aufgabenstellungen aufweist.
- *Innovative Verfahrenskonzepte.* Es braucht adäquate Verfahren, in denen neue Formen der Kooperation genauso erprobt werden wie innovative Instrumente der Qualitätssicherung im Planungsprozess – von Wettbewerben, über Gestaltungsbeiräte bis hin zu internationaler Zusammenarbeit. Dabei ist auch der Stellenwert des Experiments zu stärken. Auch sollten Chancen durch Modelle ›offener‹ Planungen genutzt werden, die im Wechselspiel zwischen festem stadträumlichem ›Gerüst‹ und flexibler architektonischer ›Füllung‹ agieren.
- *Vermittlung.* Ohne eine intensive Vermittlung können Projekt- und Programminhalte im Städtebau heute nur noch schwerlich umgesetzt werden. Autokratische Alleinentscheidungen entsprechen nicht mehr den Bedürfnissen und den Forderungen der Bürgergesellschaft nach Teilnahme und Mitsprache. Für den Erfolg einer Maßnahme ist die positive Akzeptanz vor Ort von zentraler Bedeutung. Dabei zeigt sich, dass sich die vormals vielfach getrennt behandelten Aspekte der Beteiligung und der Öffentlichkeitsarbeit zunehmend verschränken. Die Bedeutung kultureller Aktivitäten im Zuge des Planungsprozesses nimmt gleichzeitig zu.
- *Das Objekt.* Es braucht klare und nachvollziehbare Qualitätsvorstellungen für das einzelne (Bau)Objekt, die jenseits einer bloßen ›Ökonomie der Aufmerksamkeit‹ liegen, die nicht nur die Sehnsucht nach Novitäten bedient oder die Lust auf Zeichenhaftigkeit und Extravaganz. Eine Hierarchie oder Gewichtung dieser vier Punkte verbietet sich; sie sind gleichermaßen wichtig. Mehr noch: Nicht aus der isolierten Optimierung eines einzelnen, sondern nur aus der integrierten Verbesserung aller Aspekte kann eine Baukultur entstehen, deren Anspruch und Wirkung über die einzelnen Felder hinausreicht.

Und abschließend sei noch eine dritte Annäherung angeboten, die eher auf einer Meta-Ebene angesiedelt ist. Baukultur bezieht sich nicht bloß auf den »Ist-Zustand«, sondern muss darüber hinaus auch auf das »Sein-Sollen« zielen. Wie das passiert: das ist durchaus offen. Behelfsmäßig könnte man eine Analogie zur Architekturtheorie herstellen. Dort lassen sich mindestens drei sehr unterschiedliche Denkmodelle ausmachen, die den Diskurs strukturieren:

- Ein *idealistisches*: Architektur möge erneut etwas sein, was sie historisch vor der Moderne immer gewesen ist, nämlich affirmatives, in sich geschlossenes Bildwerk, das etwas Ganzheitliches, Harmonisches und Wünschenswertes repräsentiert.

- Ein *nüchtern-fatalistisches*: Architektur soll Abstand nehmen von der Selbstüberhöhung, sich nicht mehr so ernst nehmen, sich nicht länger als ›Kunst‹ gerieren: Denn, so die Kritik, sie wird zunehmend zum Werbespot und fügt sich so in das von Marketing geprägte Mainstream-Konzept einer immer mehr auf oberflächliche Masseninformation eingestimmten Gesellschaft ein.

- Ein *kritisch-pragmatisches Denkmodell*: Architektur habe sich als eine in jeder Hinsicht offene Ausdrucksweise innerhalb der geistesgeschichtlichen Auseinandersetzung um die gegenwärtigen und künftigen Erklärungsmöglichkeiten von ›Welt‹ zu verstehen. Und sie muss immer wieder neu versuchen, Beiträge dazu ins Bild zu setzen. Dabei ist keines dieser drei Denkmodelle per se richtig oder falsch; vielmehr kommt es auf das jeweilige Mischungsverhältnis an. Gewiss, eine politische Konsensbereitschaft über die baulich-räumlichen oder gesellschaftlichen Ziele der Stadtentwicklung gibt es allenfalls in Ansätzen. Aber schon deswegen ist Baukultur mehr als nur eine Frage der Wahrnehmung. Sie ist vielmehr eine Frage der Notwendigkeit.

DIE INNENSTADT ZWISCHEN ANLAGEOBJEKT UND BAUKULTUR

Abschließend soll das Schlagwort vom ›Placemaking‹ anhand von fünf Thesen oder Forderungen aus planerischer Sicht beleuchtet werden. Deren gemeinsames Fundament liegt in dem Bewusstsein, dass es bei der Konzeption und Gestaltung der Stadt immer um Abwägung geht, um Ausgleich höchst unterschiedlicher Belange. Und zwar auf allen Ebenen.

(1) Keinem falschen (idealistischen) Bild von Urbanität nachhängen

Mit Urbanität verbinden die modernen Lifestyle-Gruppen etwa folgende Standortfaktoren: Eine breite Palette an Freizeitaktivitäten einschließlich hochklassiger Sportveranstaltungen, eine vielfältige Club- und Kneipenszene; ein reichhaltiges Angebot an Sehenswürdigkeiten, Erlebnismöglichkeiten und Attraktionen; zahlreiche Möglichkeiten für Spaziergänge und Erkundungen; ein hohes Maß an soziokultureller Heterogenität, Aufgeschlossenheit und Toleranz in der Bevölkerung. Wenn aber, wie es empirische Erhebungen belegen, nur knapp 30% der Nachfrager eine solche ›Urbanität‹ schätzen – was ist dann mit den anderen 70%? Tatsächlich besteht Grund zu der Annahme, dass für sie eine solche ›Urbanität‹ keine Relevanz bei Standortentscheidungen hat: Mag sein, dass diese Menschen ›Urbanen Flair‹ im Urlaub schätzen – aber einen Wohnstandort, der vor allem durch Events usw. geprägt ist, suchen sie anscheinend nicht. Hierzu ein Schlaglicht: Die Vivico Real Estate, aus dem Bundeseisenbahnvermögen hervorgegangen und heute einer der wichtigen Entwickler innerstädtischer Flächen, hat ›Urbanität‹ zum Schlüsselbegriff seiner Vermarktung gemacht.»Unser wichtigstes Produkt heißt Urbanität. Was ist Urbanität? Für die einen ist es ein prickelndes Gefühl, pulsierendes Leben, die Konfrontation mit interessanten Szenarien und vielfältige Begegnungen jeden Tag erleben zu können. Für die anderen ist es das Zusammentreffen von physischer Nähe und sozialer Distanz am selben Ort«. Doch die Stadt besteht nicht nur aus hipper Hochglanz-Urbanität. Die Menschen haben die unterschiedlichsten Vorstellungen dazu, und es kann zwischen diesen und anderen Gruppen der Stadtbevölkerung zu durchaus heftigen Konflikten kommen.

(2) Räume öffentlich machen

Die aktuellen Beschwörungen des öffentlichen Raums sind zunächst einmal idealistisch-normative Setzungen, die in der Regel aus theoretischen Überlegungen der Profession resultieren und nicht unbedingt mit dem praktischen Alltagsverhalten der Menschen übereinstimmen. Gleichwohl ist Gestaltung von zentraler Bedeutung. Nun gehen viele Kommentatoren und Städtebauer von einer im Kern unveränderten Natur des Menschen aus, die nach den immer gleichen Plätzen verlangt; und dass wir uns auf italienischen Plätzen wohlzufühlen scheinen, gilt ihnen als genügender Beweis, dass der formale Nachbau dieser Plätze zu einem funktionierenden öffentlichen Leben führe. Doch die Piazza genannten Ödflächen in den Neubaugebieten zeigen, dass es so einfach nicht ist.

Abbildung 3: Historismus und urbaner Erlebnisraum
(Galleria Umberto I. in Neapel, Italien)

Öffentliche Räume entstehen durch Nutzungen. Deshalb stellt sich die Frage, welche Nutzungen werden durch bestimmte Planungen, Infrastrukturen und Bauten erzeugt? Und welche Nutzungen lassen andere – andersgeartete – Räume zu? Entscheidend ist, wie ein Raum genutzt und empfunden wird. Es braucht also entschiedene Anstrengungen, an bestimmten Orten gewissermaßen eine »gefühlte Öffentlichkeit« zu entwickelt. Doch das ist etwas anders als eine ästhetisch ansprechende Architektur, und es ist auch nicht gleichzusetzen mit gestalterisch hochwertigen öffentlichen Räumen. Auch ein *de jure* privater Raum kann höchst urbane Gefühle erzeugen. Aber er müsste der Öffentlichkeit entsprechend »angeboten« werden.

Freilich: Der öffentliche Raum ist auch Ort des Widerspruchs zwischen verschiedenen Ansprüchen. Er liegt inmitten eines Spannungsfeldes zwischen Liberalität und Toleranz einerseits und gesellschaftlicher Konvention und öffentlicher Ordnung andererseits, wobei die Grenzen fließend sind.[10] (Lorenzer) Hier droht das Gleichgewicht zu kippen, indem der Ruf nach repressiven Interventionen der Polizei – gegen auffällige Personengruppen im Straßenraum, gegen Alkohol- und Drogenmissbrauch, gegen aggressive Bettelei, gegen Graffitimalereien an Hauswänden – lauter und lauter wird.[11] Der vor einiger Zeit verstorbene Soziologe Lord Ralf Dahrendorf hat in einem Interview erläutert, dass er die »englische Lösung« als die seiner Meinung nach einzige gelungene für Integration empfinde:

»Man akzeptiert Parallelgesellschaften, aber der öffentliche Raum wird bestimmt durch Regeln, an die sich alle zu halten haben. Selbst in Extremfällen, wenn etwa eine Bombe in der U-Bahn explodiert, hilft die Muslimin dem orthodoxen Juden. Aber zu Hause leben alle nicht nur in verschiedenen, sondern zum Teil feindseligen Welten.«

Dass der öffentliche Raum in England von Überwachungskameras gleichsam überschwemmt sei, hänge damit zusammen, dass alle diese Kameras berechtigt finden, gerade weil der öffentliche Raum auf der Basis allgemein gültiger – und akzeptierter – Konventionen funktioniere. Sobald man das Haus verlasse, unterliege man ihnen und sei eine öffentliche Person. In Deutschland hingegen existiere keine wirkliche Idee von öffentlichem Raum: »Die Deutschen betrachten ihn ja als Privatsache, in dem sie möglichst in Ruhe gelassen und schon gar nicht kontrolliert werden wollen. Hauptsache, keiner nimmt einem die Flasche Bier ab.«[12] Planungspraktisches Fazit: Um den multifunktionalen und nutzungsoffenen Charakter der öffentlichen Räume zu gewährleisten, ist ein Bemühen um verträgliches Nebeneinander verschiedener Nutzungsarten ganz zentral. Und für die entsprechenden Spielregeln braucht es eher informelle sozialräumliche Strukturen als formale Instanzen.

(3) Bürgerbeteiligung muss neu buchstabiert – und gelebt – werden

Das bekannteste Werk des englischen Schriftstellers Douglas Adams heißt »Per Anhalter durch die Galaxis«. Gleich zu Beginn des Romans kreuzt eine vogonische Bauflotte über der Erde auf und teilt deren Bewohnern mit, dass ihr Planet leider gesprengt werden müsse, um Platz für eine neue galaktische Expressroute zu machen. Die Menschen sind erregt und protestieren; allerdings sehr zum Unverständnis der Vogonen: Die Pläne hätten doch schon seit 50 Jahren im lokalen Planungsbüro auf Alpha Centauri ausgelegen. Bevor die Erde ausgelöscht wird, hört man über die Lautsprecher, die abzuschalten der Vogonen-Kommandeur vergessen hatte, dessen Missmut: »So ein blöder apathischer Planet, der geht mir echt am Arsch vorbei.«

Diese Szene mag einem in den Sinn kommen, wenn man an die zahlreichen Proteste denkt, die sich jüngst gegen den Abriss gewachsener Strukturen und die Errichtung städtebaulicher Großinvestitionen richten: Etwa gegen Schloss-Neubau, gegen ›Mediaspree‹ oder gegen den Ausbau der ›A 100‹ in Berlin. In Hamburg gegen die »geldgesteuerte Planungskultur« im historischen Gängeviertel. Und – natürlich – gegen ›Stuttgart 21‹. Denn am Neckar schien der Umgang mit dem Bahnhofsareal ja zwischenzeitlich die Schicksalsfrage schlechthin zu sein. Und damit wird unsere Vorstellung sehr schnell vom sogenannten Wutbürger dominiert. Was freilich eine Verkürzung ist. Denn die Beteiligung, Kooperation und private Initiative sind für die Stadtentwicklung im weit-aus umfassenderen Sinne relevant. Diese Begriffe offenbaren jedoch ein Janusgesicht. Seit Ende der siebziger Jahre ist das zweistufige Beteiligungsrecht, also die vorgezogene und die verbindliche Bürgerbeteiligung, fester Bestandteil des Planungsrechts. Das Modell zeigt allerdings Grenzen, weil es in der Regel fallbezogen und reaktiv ist und weil der Regelkreis für planerische Handlungsalternativen so definiert ist, dass übergeordnete Zusammenhänge vernachlässigt werden. Bürger unterstellen nicht selten eine fehlende Ernsthaftigkeit des Beteiligungsangebots. Investoren beklagen den zeitlichen – und damit auch finanziellen – Aufwand der Verfahren (und implizit die Unsicherheit von dessen Ausgang). Und von fachlicher Seite bestehen oft Vorbehalte wegen der Qualität der Ergebnisse (»Konsens bis zum Nonsens«) bzw. wegen der Selektivität des Beteiligungsverfahrens (»die üblichen Verdächtigen«). Indes, auch Bewohner und Bürger selbst tragen zur unbefriedigenden Situation bei: Denn ein heute weitverbreitetes Verhaltensmuster ist das »Not-in-my-back-yard-Syndrom«, das sich auf die simple Abwehr eines als nachteilig erkannten Planungsvorhabens beschränkt. Gerade sozial besser gestellte Schichten, die zur Verteidigung ihrer Besitzstände eher in der Lage sind, vertreten oft eine solche »Nimby«-Haltung.

Der renommierte Ethnologe Wolfgang Kaschuba hat unlängst einen sehr aufschlussreichen Blick hinter die hochkochenden Emotionen zum geplanten Teilabriss der East Side Gallery in Berlin geworfen:

»Dieser Streifen zwischen Spree und East Side Gallery war früher ein Nicht-Ort, nicht begehbar, nicht einsehbar, nicht existent – außer für Grenzer, Schäferhunde und Flüchtlinge. Authentische Mauergeschichte findet sich hier keine mehr. Weshalb die ganze Aufregung? Weil das Spreeufer und mit ihm die East Side Gallery heute nicht nur ein historischer und symbolischer, sondern vor allem ein zutiefst moralischer Ort ist. Hier werden Stadtbilder und Stadtinteressen wie auf einer Bühne verhandelt. [...] Zivilgesellschaftliche Initiativen wie Mediaspree fordern ihr Recht auf Stadt ein, sie wollen planerisch mitbestimmen, städtische Räume sollen Lebensqualität garantieren. [...] Das Spreeufer ist in diesem Abschnitt zu einem Spielplatz urbaner Interessen und Ideen geworden, zu einem strategischen Ort. Deshalb bilden sich hier so scharfe und scheinbar klare Frontstellungen heraus: Privatisierer gegen Verteidiger des öffentlichen Raums, Spekulanten gegen Kreative, Schickes gegen Szeniges. Natürlich werden dabei auch überzogene Klischees und Feindbilder ins Spiel gebracht. [...] Dabei ist eine Entscheidung bereits gefallen: Gentrifiziert werden Spreeufer und East Side Gallery auf jeden Fall. Es ist nur noch nicht entschieden, ob ökonomisch oder eher symbolisch, ob durch ihre Zerstörer oder ihre Verteidiger.«[13]

Einfache Antworten auf diese Problemlage kann es nicht geben. Sicher ist nur, dass Baukultur zum Aushandlungsprozess wird, und dass Planung heute auch eine aktivierende Auseinandersetzung mit Vorstellungen und Wünschen möglichst vieler Bürger sein sollte. In Analogie zum Fußball könnte man davon sprechen, dass die Stadt einem Spielfeld gleicht, auf dem nicht bloß die mit Nummern auf dem Rücken spielen. Auf diesem Feld gibt es Akteure, die treten, stoßen und ziehen; und es gibt Zuschauer, die mit Applaus, Pfeifen oder mit Schweigen Einfluss nehmen; es gibt Schiedsrichter, Berichterstatter, den Platzwart, Sponsoren des Vereins usw. Also: Urbanismus ist eine kollektive Disziplin, in der jeder seine Rolle finden – und spielen – muss.

(4) Offenheit in der Planung zulassen

Noch die schönsten Städte sind anders erdacht worden, als sie sich uns gegenwärtig darstellen. Zur Erläuterung zwei Beispiele – beide zugegebenermaßen historisch, beide aber auch für die heutige Situation wichtig. (1) Barcelona ist heute eine Stadt mit hoher Dichte und überwiegend vollständig überbauten Blöcken. Ildefonso Cerdà hatte sie als urbane Gartenstadt geplant, mit nur zweiseitiger Bebauung und grünen Innenhöfen, die mindestens die Hälfte der Blockfläche einnehmen sollten. Es kam ganz anders, als er dachte und wünschte, aber sein Plan ist gleichzeitig stark und offen genug, dass er die Spekulation, die über ihn hinwegrollte, einigermaßen gelassen hinzunehmen vermochte. (2) Die Mietskasernen des 19. Jahrhunderts mit ihren konventionellen Konstruktionen und ihren einförmigen, aber neutralen Grundrissen konnten ohne großen Aufwand umgewidmet und umgebaut werden, um anderen Zwecken zu dienen als jenem, dem sie ursprünglich zugesprochen waren. Die Nachkriegssiedlungen mit ihren vorgefertigten Betonkonstruktionen und ihren hochspezialisierten Grundrissen konnten es nicht.

Es braucht also mehr Offenheit.[14] Indem Planung das Unvorhersehbare ausschalten will, wirft sie Probleme auf. Denn Stadtentwicklung hat etwas mit der Spieltheorie zu tun, der zufolge die Spieler sich entscheiden, ohne die einzelnen Gegebenheiten des Problems zu kennen, von denen einige bekannt sind, andere zufallsbedingt, wieder andere unbestimmbar.[15] Und noch einen Aspekt sei angeführt: Jede Empirie ist denknotwendig auf Vorgegebenes bezogen. Sie kann insbesondere neue, noch in der Zukunft liegende Entwicklungen nicht erfassen. Gerade weil es hier keine abgeschlossenen Antworten gibt, bleibt es immer gefährlich, sich bei Investitionen, die auf lange Frist Geltung behalten, auf einen abgeschlossenen Kanon von Funktionen und Bedürfnissen zu beziehen. Daraus folgt, dass es eine gewisse Neutralität braucht, im Städtebau ebenso wie auf der Ebene der einzelnen Wohnung.

(5) Eine gewisse Kleinteiligkeit gewährleisten

Investoren von Einkaufszentren oder die Betreiber von Einzelhandelsketten interessieren sich in der Regel nicht für das städtebaulich gewachsene Erscheinungsbild einer Stadt. Und den klassischen Einzelinvestor aus der Region, dem das Setting seiner räumlichen Umgebung am Herzen liegt, gibt es immer seltener. Große Häuser verlangen zudem große Mieter. Kleine Einzelhändler haben unter solchen Umständen immer geringere Chancen. Im Büro- wie auch im Wohnungsbau sieht es nicht viel anders aus.

Ein Grundproblem liegt schon in der Frage der Größenordnung, oder andersherum, in der städtebaulichen Körnung. Wenn wir unter Stadt urbane Vielfalt und Lebendigkeit verstehen, dann braucht sie eine gewisse Kleinteiligkeit. Genau die aber spielt in den Strategien der Immobilienwirtschaft keine oder doch nur eine geringe Rolle. Mehr noch: Kleinteiligkeit wird von Investoren zumeist als kontraproduktiv wahrgenommen. Und dieser Trend ist nur schwer zu durchbrechen. Betriebswirtschaftlich handelt es sich um die Nutzung positiver Skaleneffekte, um Strategien der Kostenminderung, die bei der Projektierung größerer Gebäudekomplexe zu erzielen sind. Diese Mechanismen bilden sich in der Struktur und im Bild der Städte ab.

Das Problem liegt in der ›Anlage‹ – jenem baulichen Format, das Gebäude, Freiraum und Erschließung gleichsam zu einer Betriebseinheit zusammenfasst. Hier blühen Monokulturen aller Art, hier wird Homogenität zur Beschränkung. Kleinteilig strukturierte Gebiete hingegen, von öffentlichen Räumen durchzogen, sind im Unterschied dazu entwicklungsfähig. In einer Stadt, die über eine feine Körnung und ein feinmaschiges öffentliches Wegenetz verfügt, ist für ständige Veränderung gesorgt: Es entstehen kulturelle und ökonomische Konzentrationen aller Art; sie wandern, verändern sich und verschwinden, während an einem anderen Ort etwas auftaucht, von dem wir noch gar nicht wissen konnten.

FAZIT

Stadtentwicklung ist mühevolle Detailarbeit, und die individuellen Einwirkungsmöglichkeiten im Prozess sind oftmals begrenzt. Zur Illustration sei abschließend Martin Walser zitiert. Der hat in seinem Roman »Ehen in Philippsburg«

*Abbildung 4: Kleinteilige Strukturen befördern urbanes Alltagsleben
(Coimbra, Portugal)*

einen Protagonisten empfinden lassen, dass ihm »die ganze Stadt als eine riesige
Schmiede erschienen (sei), in der alles der Bearbeitung unterlag, in der es keinen
Unterschied mehr gab zwischen Werkstück und Schmied, alles war zugleich
Werkstück und Schmied, jeder und jedes wurde bearbeitet und bearbeitete
selbst, ein Ende dieses Prozesses war nicht vorgesehen«.[16] Aber: Architektur und
Städtebau übernehmen als räumliches System noch immer Ordnungsaufgaben
innerhalb der Gesellschaft. Allerdings muss man sich dessen neu bewusst werden.

1   Vgl. allg. Halbwachs, Maurice: Das kollektive Gedächtnis, Frankfurt am Main 1991 (orig.: La mémoire collective, Paris 1950).

2   Jüngst, Peter: Psychodynamik und Altbaustrukturen. Zur präsentativen Symbolik historischer Ensembles und Architektur, in: Die alte Stadt, Nr. 3, 1992, S. 210–222, hier S. 217.

3   »In einer Ökonomie, deren einzige Konstante der Wandel ist, macht es wenig Sinn, bleibende Werte besonderer Konstitution zu entwickeln. Und Originalität, die Identität voraussetzt, steht unter dem Druck der Marktmechanismen, welche dem Konsumenten nur Produkte seiner standardisierten ›Identität‹, seiner Light-Culture als erschwingliche Massenware häppchenweise verkaufen will: Identität mutiert zur kaufbaren kulturellen Ressource, die in ›Erlebnisse‹, ›Vergnügungen‹ und ›Zeichen der Massenästhetik‹ aufgelöst wird.« Wustlich, Reinhart: Die Metapher vom schnellen Pfeil. Zwischen Anpassung und Eigenart, in: deutsche bauzeitung (db), Nr. 8, 2003, S. 37.

4   S. Schulze, Gerhard: Milieu und Raum, in: Stadt-Welt. Über die Globalisierung städtischer Milieus, hg. v. Peter Noller / Walter Prigge / Klaus Ronneberger, Frankfurt a.M. / New York 1994, S. 49.

5   Vgl. Hassenpflug, Dieter: Die Theatralisierung des öffentlichen Raums, in: Thesis, Nr. 4/5, Weimar 2000, S. 71-79. Zudem sei in der »Politik des inszenierten Raumes ein erzählerisches Vokabular im Entstehen, das praktisch jeden Aspekt des öffentlichen Lebens neu strukturieren wird. Denn in den nächsten zwanzig Jahren werden die meisten öffentlichen Räume so umgestaltet werden, daß sie mehr wie Themenparks aussehen – oder sie werden gleich als Themenparks gebaut werden.« Klein, Norman: Die Politik der inszenierten Räume, in: Stadtmotiv*. 5 Essays zu Architektur, Stadt und Öffentlichkeit, hg. v. Andreas Lechner / Petra Maier, Wien 1999, S. 93.

6   Munoz Molina, Antonio: Der Winter in Lissabon, Reinbek 1991, S. 57.

7   Vgl. Kaltenbrunner, Robert: Panta rhei – Alles im Fluss? Die Zeit als verdecktes Stellwerk der Stadtentwicklung, in: Stadt Raum Zeit. Stadtentwicklung zwischen Kontinuität und Wandel, hg. v. Jürg Sulzer / Anne Pfeil, Berlin 2008 (Schriftenreihe Stadtentwicklung und Denkmalpflege Bd. 10), S. 52–62.

8   Ausführlicher werden diese Annäherungen diskutiert in: Kaltenbrunner, Robert: Stadt, Architektur und Nachhaltigkeit: Auf der Suche nach einer neuen Planungs- und Baukultur, in: Dialog Baukultur. Innovationen in der Lehre, hg. v. Sabrina Lampe / Johannes N. Müller, Wismar 2013, S. 285–315.

9   Kähler, Gert: Heimat, deine Sterne, Süddeutsche Zeitung (SZ) vom 18. Februar 2008.

10 Vgl. Lorenzer, Alfred: Städtebau: Funktionalismus oder Sozialmontage?, in: Architektur als Ideologie, hg. v. H. Berndt / A. Lorenzer / K. Horn, Frankfurt a.M. 1968, S. 51–104.

11 Vgl. Schubert, Herbert: Urbaner öffentlicher Raum und Verhaltensregulierung, in: DISP (Zürich), Nr. 136–137, 1999, S. 17–24.

12 Interview mit Lord Ralf Dahrendorf, in: Die Tageszeitung, 5. April 2008.

13 Kaschuba, Wolfgang: Die East Side Gallery ist ein moralisches Projekt, in: ZEIT-online, 19.03.2013.

14 Vgl. Krovoza, Alfred: Grenzen der Planbarkeit des Städtischen, in: Stadtplanung in Frankfurt – Wohnen, Arbeiten, Verkehr, hg. v. Martin Wentz, Frankfurt a.M. / New York 1991, S. 198. Interessant in diesem Kontext ist allerdings auch Umberto Eco, der nicht von der Autonomie der Architektur, sondern von der »Autonomie der Ereignisse« ausgeht, wobei er sich auf das Beispiel der Brasília-Planungen bezieht. Der Architekt müsse im Gegensatz etwa zum Politiker oder Soziologen »für einen nicht kontrollierbaren Zeitraum den Wandel der Ereignisse im Rahmen seiner eigenen

Arbeit voraussehen können.« Eco, Umberto: Einführung in die Semiotik, München 1972, S. 356.

15 Vgl. Corboz, André: Die Kunst, Stadt und Land zum Sprechen zu bringen, Basel / Berlin / Boston 2001, (Bauwelt Fundamente 123), S. 73.

16 Walser, Martin: Ehen in Philippsburg, Frankfurt a.M. 1957, S. 166.

BILDNACHWEIS

1 bis 4 Robert Kaltenbrunner.

Altstadterneuerung
Zwischen Bewahrung, Revitalisierung
und Rekonstruktionismus

Old Town Renewal
Between Preservation, Revitalization and Reconstructionism

UWE ALTROCK

English Summary

The chapter deals with the challenges and strategies of urban regeneration in historic old towns. Despite the stabilising effects of the urban development grant programs provided to German cities since 1971, historic old towns have recently been under pressure as a result of changes to the basic framework and conditions of urban life. Old town cores continue to face stiff competition from suburbia. In a built environment characterised by the ageing results of previous regeneration efforts, cities and towns are now trying to make use of the current trend towards reurbanization. For example, they are improving their public spaces, trying to add new functions to their old towns to make up for the partial loss of their role as retail centers, and applying various approaches to increase the vibrancy of these areas. The chapter points out that mere face-lifting concepts are insufficient. It advocates the development of comprehensive and integrative strategies to cope with the challenges of social and economic change.

DIE ROLLE VON ALTSTÄDTEN

Altstädte üben bis heute eine Faszination aus, die mit der Bedeutung ihrer historischen Substanz allein nicht zu erklären ist. Für die Identität von Städten spielen sie fast immer eine herausragende Rolle. Mit ausschlaggebend ist offenbar ein Eindruck von Gewordenheit, Intaktheit und Vitalität, der in historischen Zentren in unterschiedlichen Spielarten zu finden ist. Wie immer man es unter kulturwissenschaftlichen, planerischen und architekturhistorischen Gesichtspunkten beurteilen mag: Dabei kommt es für die Rezeption und die identitätsprägende Bedeutung nicht darauf an, dass Altstädte sozusagen ›in Reinform‹ überkommen sind und ein authentisches Leben beherbergen oder auch nur suggerieren.

Dies zeigen mannigfache Beispiele. In kriegszerstörten Städten, deren historische Kerne nach den Leitbildern wiederaufgebaut wurden wie etwa in Kassel, spielt der Verlust der historischen Mitte bis heute eine bedeutende Rolle bei sämtlichen Diskussionen über Identität, Image und landläufiger Beliebtheit. Zeugnisse der Nachkriegsarchitektur können dort das Gefühl von Verlust fast nie durch die ihnen eigene architekturhistorische, städtebauliche oder alltagspraktische Bedeutung ausgleichen.

Wie stark dabei die historische Kulisse wirkt, lässt sich an den Spielarten des Rekonstruktionismus ablesen, über den in Deutschland insbesondere in der Fachwelt kontrovers diskutiert wird, der aber in Ländern mit sehr dynamischer Urbanisierung und sich entfaltendem Mittelstand wie China sehr viel stärkere Blüten treibt. Dort werden in einer beträchtlichen Zahl historische Siedlungskerne europäischer Städte und Dörfer als Themenarchitekturen neu errichtet, um in einem zunehmend unübersichtlichen Universum austauschbarer Massenwohnungsbauarchitekturen neue Optionen zur Befriedigung von Distinktionsbedürfnissen aufzuzeigen. Das mag aus vielen weiteren immobilienwirtschaftlichen und stadtentwicklungspolitischen Gründen nicht immer funktionieren. Nichtsdestoweniger erfreuen sie sich als Kulissen für die Inszenierung historischer Exklusivität einer gewissen Beliebtheit, die ihren Widerhall auch in dem wachsenden chinesischen Städtetourismus finden.

Im westlichen Kontext zeigt sich im neuerlichen Bedeutungsgewinn von Innenstädten und Zentren unter dem Stichwort »Reurbanisierung« ein ähnliches Muster.[1] Der Erfolg historischer Stadtquartiere geht dabei über Altstädte hinaus, ist aber vielfach an vormoderne städtebauliche Strukturen gebunden. Nach ihrer erfolgreichen Sanierung sind sie in der Erlebnisgesellschaft nicht nur beliebte Wohnquartiere, sondern mancherorts darüber hinaus in einem Ausmaß zum Schauplatz von Luxusmodernisierung und Touristifizierung geworden, dass sie

letztlich die stadtentwicklungspolitischen Erfolge einer auf Nachhaltigkeit gerichteten Innenentwicklung in Frage zu stellen beginnen.

ALTSTADTERNEUERUNG: ERFOLGE UND HERAUSFORDERUNGEN

Um die aktuellen Herausforderungen der Altstadterneuerung zu verstehen, lohnt
sich ein Blick auf das, was mit ihr in den vergangenen Jahrzehnten erreicht werden konnte. Die seit 1971 bestehende Bund-Länder-Städtebauförderung setzte
dazu einen finanziellen, organisatorischen und rechtlichen Rahmen, der insbesondere in der Anfangszeit einer unsensiblen Flächensanierung Vorschub leiste-
te, dabei aber vielfach nur kleinere Teile von Altstädten betraf oder diese ganz
von Abrissen verschonte. Spätestens mit dem Europäischen Denkmalschutzjahr
1975 und dem Einsatz für eine behutsame Stadterneuerung ab etwa 1980 begannen sich andere Leitbilder durchzusetzen, die bis heute eine erhaltende Erneuerung historischer Altstädte und Stadtquartiere propagieren und begleiten.[2] Im
Mittelpunkt steht dabei eine nachhaltige Aufwertung und Stabilisierung, der im
ausgehenden 20. Jahrhundert eine Schlüsselaufgabe in der Stadtentwicklung zukam. Viele Stadtkerne hatten seit dem 2. Weltkrieg keine durchgreifenden Modernisierungen mehr erlebt. Überdies entzog der Trend zur Suburbanisierung
den innerstädtischen Kernen immer stärker die Vitalität. Der Strukturwandel im
Einzelhandel und die zunehmende Motorisierung der Bevölkerung erforderte
Anpassungen, die die Bedürfnisse der modernen Konsumgesellschaft mit den
überkommenen baulich-räumlich-funktionalen Strukturen in den historischen
Kernstädten »versöhnte«.

Einen Schlüssel hierzu stellen integrierte Ansätze der Stadterneuerung auf
der Quartiersebene dar. Durch das Zusammenspiel von Maßnahmen zur Aufwertung des öffentlichen Raums, der Anreicherung mit sozialer und kultureller Infrastruktur sowie einer baulichen Erneuerung von Schlüsselgebäuden mit der öffentlichen Förderung einer Instandsetzung und Modernisierung privater Gebäude
und der Entflechtung unverträglicher Nutzungen in Hinterhöfen gelang es
schließlich vielerorts, historische Altstädte wieder attraktiv zu machen. Eine besondere Rolle kommt dabei traditionell den Anreizwirkungen konzentrierter Investitionen in vernachlässigte Quartiere zu, die in erheblichem Maß private Er-
neuerungsinvestitionen nach sich ziehen. Punktuelle Aufwertungen hochkaräti-
ger Einzelbauten können dabei einen wichtigen Baustein darstellen, wesentlich
ist jedoch die Integration und Abstimmung unterschiedlichster Maßnahmen, die
die Wohn- und Lebensqualität insgesamt nachhaltig erhöhen. Dazu gehört vielfach

auch ein Imagewandel, der es überhaupt erst wieder attraktiv erscheinen lässt, in innerstädtischen Quartieren zu wohnen. Selbst weitgehend aufgegebene und von vielen Bewohnern verlassene historische Kerne kleinerer Städte wurden auf diese Weise neu mit Leben erfüllt.

Doch die genannten gesellschaftlichen Trends sind teilweise ungebrochen. Die sich anbahnende Dominanz des Automobils konnte in den Altstädten zwar zugunsten von verkehrsberuhigten Bereichen zurückgedrängt werden, sodass vielerorts eine hervorragende Aufenthaltsqualität entstand, in der der fußläufige Verkehr im Mittelpunkt steht. Insbesondere im Einzelhandel, einer der wesentlichen traditionellen Zentrumsfunktionen gerade für kleinere und mittelgroße Städte, in denen Bürodienstleistungen keine so große Rolle spielen, hat die Vergrößerung von Einheiten, die Veränderung der Betriebsformen und das Aufkommen des Internets massive Veränderungen hervorgebracht, die die Lebensfähigkeit der Altstädte heute baulich und funktional erneut in Frage stellen.

Erstaunlich ist, dass dies trotz eines Wachstums der Einzelhandelsumsätze und der Verkaufsflächen erfolgte. So ist die erneute Infragestellung der Vitalität vieler historischer Altstädte heute weniger die Folge eines wirtschaftlichen Niedergangs als einer weitreichenden Veränderung der Konsumgewohnheiten, Lebensweisen und Angebotsformen, für die jahrhundertealten baulichen Hüllen mit ihren kleinen Einheiten und verwinkelten Räumen nur noch eingeschränkt geeignet sind. Bemerkenswert an dieser Entwicklung ist weiter, dass für sie erneut nicht der schlechte bauliche Zustand ausschlaggebend ist, sondern dieser vielmehr eine Folge von Vernachlässigung im Zuge fehlender Nutzungsideen oder Nachfrage auf dem Immobilienmarkt darstellt. Dabei ist auch die zwischenzeitlich gefundene Arbeitsteilung zwischen kleinteiligem innerstädtischem Fachhandel und vorstädtischen Großmärkten ins Wanken geraten, die sich im Rahmen der Erneuerung historischer Altstädte eingependelt zu haben und diese vor weiteren Zerstörungen durch flächenhafte Abrisse zu bewahren schien. Als Beispiel sei der Ikea-Konzern genannt, der inzwischen eine der zehn größten deutschen Restaurantketten ist und einen wesentlichen Teil seines Umsatzes nicht etwa mit Möbeln macht, sondern mit Haushaltswaren, beides in direkter Konkurrenz zu traditionellen Einzelhandelsstandorten in Innenstädten. Gerade in kleineren Städten, deren Zentren durch die Attraktivität leicht mit dem Pkw erreichbarer Großstädte, die Geschäftsaufgabe kleinerer Einzelhändler ohne Nachfolger und die Schließung von Kinos oder anderer kultureller Einrichtungen besonders gelitten haben, macht sich diese Entwicklung bemerkbar, wenn es ihnen trotz historischen Ambientes an kritischer Masse zentraler Funktionen fehlt.

Hier treffen überdies Relikte aus früheren Aufwertungsversuchen zusammen, die mangels Professionalität noch nie erfolgreich waren oder inzwischen längst wieder von der Entwicklung überholt worden sind. Im Resultat ergibt sich die Notwendigkeit einer »Sanierung der Sanierung«,[3] die sich etwa in verbauten Hinterhöfen mit leer stehenden Nebengebäuden und Garagen, unattraktiven Parkplätzen, leeren Schaufenstern in Nebenstraßen, unmaßstäblichen Eingriffen in die Stadtstruktur, die ihre Funktion schon wieder verloren haben, sowie nicht mehr zeitgemäßen Verkehrsräumen und öffentlichen Freiflächen niederschlägt. Hierauf reagieren manche Städte zögerlich und hilflos, indem sie punktuelle Umbauten vornehmen, leerstehende Immobilien durch Verlagerung öffentlicher Nutzungen zu revitalisieren versuchen, ohne Konzept für die Altstadt punktuell die Oberflächen von Straßen und Belägen erneuern, auf die Freigabe von Fußgängerzonen für den Pkw-Verkehr hoffen oder sich bei der Erneuerung ganz auf die ohnehin wirtschaftlich schwachen Immobilieneigentümer verlassen.

Trotz beachtlicher Sanierungserfolge früherer Zeiten sind also historische Altstädte nicht gegenüber weiteren Veränderungen immun. Zwar haben sich viele von ihnen nach wie vor eine hohe Vitalität nach Sanierung bewahrt, doch zeigen sich inzwischen Alterungserscheinungen der Resultate früherer Sanierungsepochen. Dabei stellt die Bedeutung der historischen Altstädte für den städtebaulichen Denkmalschutz weiterhin hohe Anforderungen an den Umgang mit ihnen. Neue und unbewältigte Herausforderungen durch wirtschaftlichen Strukturwandel und demographische Entwicklung stellen insbesondere die Zukunftsfähigkeit kleinerer Altstädte in peripheren Lagen erneut infrage.

ALTSTADTERNEUERUNG: HANDLUNGSANSÄTZE

Den neuen Herausforderungen begegnen die Städte mit einer Reihe von Strategien, die ihnen im Rahmen der Städtebauförderung und der Stadtentwicklungspolitik zur Verfügung stehen. Die wesentlichen Strategien lassen sich in eine Weiterentwicklung öffentlicher Räume, eine funktionale Anreicherung und Stabilisierung sowie Vitalisierungsstrategien einteilen.

Weiterentwicklung öffentlicher Räume

Eine Aufwertung öffentlicher Räume bildet den Kern der meisten quartiersbezogenen Stadterneuerungsstrategien und wird auch heute noch – wenn auch mit anderen gestalterischen Vorstellungen als noch vor 30 Jahren – oft durchgeführt. Mit Investitionen in eine Verkehrsberuhigung oder die Umgestaltung vernachlässigter Straßen, Wege und Plätze wird nicht nur eine Neuaufteilung von Verkehrsflächen und die Schaffung zusätzlicher Aufenthaltsqualität angestrebt, sondern auch ein Signal an private Eigentümer ausgesandt, dass sich Investitionen im Quartier künftig wieder lohnen sollen. Wenngleich viele Städte bereits vor langer Zeit Fußgängerzonen geschaffen und Stellplätze in Altstädten neu organisiert haben, werden weiterhin Verkehrsflächen um- und zurückgebaut. Dies gilt vor allem dann, wenn frühere Verkehrs- und Gestaltungslösungen nicht mehr funktionieren oder der Zustand der öffentlichen Flächen deutlich zu wünschen übriglässt. Im Gegensatz zu früheren Ansätzen spielen heute Mischverkehrsflächen eine stärkere Rolle als Fußgängerzonen, da davon ausgegangen wird, dass alle Verkehrsteilnehmer sich bei reduzierter Geschwindigkeit im Raum arrangieren können und auf diese Weise eine gute Zugänglichkeit der Geschäftsbereiche gewährleistet werden kann. In Einzelfällen werden kleinere öffentliche Räume auch neu geschaffen, meist steht aber eine Umgestaltung im Mittelpunkt. Wegen der hohen Anforderungen an Barrierefreiheit, Bequemlichkeit und Wirtschaftlichkeit kommen dabei heute häufiger als früher auch in historischen Lagen Kunststeine zum Einsatz. Durch die Einbeziehung der Bürger in die Gestaltung können identitätsprägende Orte mit hoher Aufenthaltsqualität geschaffen werden (Abb. 1).

Das Fallbeispiel Altena zeigt, wie enorm derartige Maßnahmen die Attraktivität von Altstädten verbessern können.[4] Dort wurde die Altstadt jahrzehntelang durch eine Umgehungsstraße vom Ufer der Lenne abgeschnitten, in deren Tal die Stadt liegt. Der sehr stark schrumpfenden Stadt ist es im Rahmen einer Förderung durch das Programm »Stadtumbau West« gelungen, diese Straße nicht nur zurückzubauen, sondern darüber hinaus den Uferbereich erheblich aufzuwerten, der heute die Aufenthaltsqualität im Umfeld der eng bebauten Altstadt wesentlich verbessert und Möglichkeiten für die Ansiedlung von Außengastronomie geschaffen hat (Abb. 2). Überdies hat die Stadt die Chance genutzt, ihren Kern über einen Aufzug mit der höher gelegenen Burg zu vernetzen und damit ganz neue Perspektiven für die Wahrnehmung ihres kulturellen Erbes sowie den Fremdenverkehr zu schaffen. Derartige Vernetzungen zwischen Altstädten und benachbarten Quartieren spielen auch in anderen Städten eine wichtige Rolle, wenn es darum geht, neue ökonomische Perspektiven für zunehmend weniger aufgesuchte Altstädte zu finden.

Funktionale Anreicherung und Stabilisierung

Die genannten Strategien werden durch eine Verbesserung des Angebotsspektrums in den Altstädten begleitet. Dabei geht es um die Etablierung neuer Nutzungen, die Anpassung des bestehenden Angebots und die Stabilisierung der vorhandenen Struktur. Die Um- und Wiedernutzung von größeren Schlüsselgebäuden stellt hier eine Daueraufgabe dar. Sie betraf vielerorts aufgegebene

Abbildung 1: Verkehrsberuhigte Maximilianstraße mit Marktplatz in Mindelheim

Abbildung 2: Aufgewertetes und verkehrsberuhigtes Lenneufer in Altena

Speichergebäude, die aufgrund ihrer baulichen Struktur (Minimierung von Fensteröffnungen, enorme Gebäudetiefen, mehrgeschossige Dachgestühle usw.) eine Herausforderung für jedwede Nachnutzung darstellen. Durch die Auslagerung emittierender Betriebe gelang es schon in früheren Erneuerungsperioden, neben Einzelhandelsflächen und Parkhäusern auch Raum für neue soziokulturelle Angebote in umgenutzten historischen Gewerbegebäuden oder – vielfach nach deren Abbruch im Zuge einer Stadtreparatur – kleinteiligere neue Wohnflächen zu schaffen. Doch die Veränderung der Anforderungen macht auch nicht vor scheinbar stabilen Zentrumsnutzungen halt. So sind beispielsweise in den letzten Jahren gerade, aber nicht nur in ostdeutschen Altstädten zahlreiche Kirchen teilweise oder vollständig zu Begegnungsstätten, Bibliotheken, Museen oder Veranstaltungsorten umgenutzt worden und haben damit ihre Rolle als wichtige nichtkommerzielle Anlaufstellen in Altstädten bewahren können. In Einzelfällen gelingt es heute auch, ehemalige Einzelhandelsbetriebe umzunutzen. Insbesondere die Warenhauskrise hat den Städten hier schwierige Herausforderungen aufgebürdet, da die betroffenen Immobilien zwar architektonisch und städtebaulich oft eine stadtzerstörerische Wirkung hatten, die ökonomischen und budgetären Rahmenbedingungen ihrer allmählichen Revitalisierung – häufig unterstützt durch öffentliche Nutzungen in den nicht mehr kommerziell nutzbaren Obergeschossen – einen einfachen Abriss und Neubau aber nicht zulassen.

Im Rahmen einer Stadtreparatur versuchen Städte, noch bestehende stadtstrukturelle Wunden aus dem 2. Weltkrieg oder der Epoche der Flächensanierung durch Neubauvorhaben zu schließen. Dabei wird die Schaffung eines kleinteiligen Mosaiks von Wohnungen, Nichtwohnnutzungen und öffentlich zugänglichen Flächen angestrebt, die ihre Qualität weniger aus ihrer Größe als ihrer Vielfalt und Aneignungsfähigkeit schöpfen. Werden die Entwicklungen von großen Investoren beispielsweise aus dem Shopping-Center-Bereich vorangetrieben, stellen sie sich vielfach sehr ambivalent dar: Einerseits versprechen sie eine Vergrößerung der Attraktivität der Altstadt durch moderne neue Verkaufsflächen, andererseits schaffen sie nicht nur eine häufig zerstörerische Konkurrenz mit bestehenden Einzelhandelslagen, sondern auch neue Herausforderungen für die städtebauliche und verkehrliche Einbindung von Großstrukturen.

So ist es Aufgabe der Städte, vor allem über kleinteilige städtebauliche Ansätze, die den Bestand punktuell ergänzen und aufwerten, und über vielfältige Trägerformen und Nutzungen Stadtreparatur zu betreiben. Erfolge werden dabei im größeren Maßstab durch in sich vielfältige und kleinteilig organisierte Projekte wie dem mit dem Deutschen Städtebaupreis prämierten Projekt Münster-Stubengasse und die Stärkung des Wohnens durch ergänzenden Neubau mit nutzbaren Hoffreiflächen wie beispielsweise in Neumarkt/Oberpfalz,[5] Finsterwalde oder Güstrow erzielt. Eine besondere Rolle spielen dabei ergänzende kulturelle, soziale und gesundheitliche Nutzungen. Neue Träger unterstützen die öffentliche Hand bei der Anreicherung. So ist es in Dessau einer zivilgesellschaftlichen Initiative gelungen, mit dem Schwabehaus eines der ältesten noch erhaltenen Fachwerkhäuser in der stark kriegszerstörten Altstadt zu sanieren und zu einem kulturellen Zentrum zu machen.

In Güstrow konnte durch das Projekt »Viertes Viertel« eine altstadtgerechte Verzahnung von Alt- und Neubauten sowohl ein sehr innerstädtisch gelegener

Bereich städtebaulich repariert als auch mit einer Kombination aus Senioren-
wohnen und Pflegestützpunkt attraktiver Wohnraum für eine altstadtaffine Be-
völkerungsgruppe geschaffen werden. Die Erneuerung der Altstadt ist jedoch
noch in vielerlei anderer Hinsicht beispielgebend. Im Quartier »Sonnenhof« ist
es der »Allgemeinen Wohnungsgenossenschaft Güstrow« gelungen, trotz insgesamt schrumpfender Bevölkerung in der Altstadt durch ein attraktives Woh-
nungsneubauprojekt auf ehemaligen Lagerflächen nicht nur einen ganzen Block
zu reparieren, sondern darüber hinaus generationenübergreifendes Wohnen für
Senioren und Familien in der Altstadt zu schaffen. In der Langen Straße gelang
der städtischen Wohnungsgesellschaft durch Ankauf und Sanierung mehrerer
historischer Gebäude eine Belebung eines lange Zeit leer stehenden Stadtquar-
tiers. In unmittelbarer Nähe wurden mit den »Güstrower Werkstätten« nicht nur
der wertvolle historische »Derzsche Hof« saniert (Abb. 3), sondern darüber hinaus Wohnungen, eine Behindertenwerkstatt, eine gastronomische Einrichtung
und ein Laden auf dem komplizierten, tief in den Baublock reichenden Grundstück eingerichtet.[6]

Abbildung 3: Sanierter Derzscher Hof in Güstrow

Vitalisierungsstrategien

Die verlorene Bedeutung von Altstädten kann nicht immer durch eine einfache bauliche Aufwertung zurückgewonnen werden. Diese Erkenntnis durchzieht die neuere Städtebauförderungspraxis bereits seit längerem – insbesondere im Zusammenhang mit schrumpfenden Klein- und Mittelstädten in Ost- und zunehmend auch Westdeutschland. Eine konventionelle City-Marketing-Strategie greift dabei häufig zu kurz, da sie in der Regel lediglich auf die Attraktivierung des häufig ohnehin darbenden Einzelhandels abstellt. Erfolgreichere Strategien stellen auf eine Kombination mit Festivals und Ereignissen, die sorgfältig aus der Historie der Stadt abgeleitet werden müssen, um identitätsprägend und einzigartig wirken zu können, die Belebung von Erdgeschossen und die Sicherung von »schwierigen« Gebäuden durch Zwischennutzer ab. Inzwischen werden wie beispielsweise in Bad Driburg oder im »Mühlbachquartier« in Kempten Umbau- und Aufwertungsmaßnahmen im öffentlichen Raum in ein umfassendes Baustellenmarketing eingebunden, das Aufmerksamkeit für die anstehende Umgestaltung weckt, durch sorgfältige Abstimmung der einzelnen Baumaßnahmen Verständnis für die Einschränkungen während der Bauzeit wecken und zur Verbesserung des Images von vorher vernachlässigten Stadtbereichen beitragen kann.

Um den Einzelhandel in den historischen Hauptgeschäftslagen, oft gekennzeichnet durch kleine und schwierige Erdgeschossgrundrisse, weiterhin lebensfähig und gleichzeitig stadtverträglich im Zusammenspiel mit dem Wohnen und anderen Nutzungen zu halten, sind neben den genannten Marketingaktivitäten sowie einer Neuorganisation des öffentlichen Raums und des ruhenden Verkehrs auch schwierige Managementaufgaben zu bewältigen. In der Konkurrenz mit Shoppingcentern fehlt es den zusammenhängenden Geschäftslagen einerseits an Flexibilität in der Organisation eines stabilen, auf Synergien zwischen den einzelnen Läden und gastronomischen Einrichtungen abstellenden Mixes. In historischen Lagen gelingt es beispielsweise kaum, größere Magnetbetriebe unterzubringen und kleineren Geschäften Expansionsflächen zur Verfügung zu stellen. Aktive Stadterneuerungspolitik versucht wie in Biberach oder Luckau,[7] über Testentwürfe für ganze Blöcke oder Schlüsselimmobilien, Konzepte für Umbau, Nachnutzung und Zusammenlegung von Erdgeschossen sowie verbesserte Erschließungen zu erarbeiten, die als Diskussionsgrundlage für Gespräche mit Eigentümern und potentiellen Investoren genutzt werden und wichtige Beiträge zur Stimulierung privater Investitionen leisten konnten.

Andererseits gelingt es vielerorts trotz Bemühungen um eine gemeinsame Vermarktung von Hauptgeschäftslagen nicht, die vielen kleinen Ladenbetreiber und Eigentümer zu gemeinsamem Handeln zu bewegen – etwa um gemeinsam längere Ladenöffnungszeiten am Samstag durchzusetzen, die in Shopping Centern selbstverständlich sind, in traditionellen Geschäftslagen kleinerer Städte aber keineswegs. Wenn deren wirtschaftliche Ausgangssituation schwierig ist, bringen hier auch so genannten »Business Improvement Districts« wenig, die mit Mitteln privater Eigentümer Aufwertungsmaßnahmen in Geschäftsstraßen finanzieren sollen.[8] In den letzten Jahren wurde mit einem gewissen Erfolg über »Verfügungsfonds« versucht, freiwillig finanzielle Mittel Privater und der öffentlichen Hand zu mobilisieren, um kleinere Gestaltungs-, Werbe- und Umbaumaßnahmen zu realisieren.[9] Einen interessanten Weg ist die baden-württembergische Stadt Nagold gegangen, die als kleine Stadt mit geringer Kaufkraftbindung in schwieriger Konkurrenz zu nahe gelegenen attraktiveren Einkaufslagen bis hin zur nur 50 km entfernten Innenstadt von Stuttgart gezwungen war, sich als Einkaufsstadt »neu zu erfinden«. Hierzu wurde das so genannte »City Commitment« konzipiert, im Rahmen dessen sich die meisten Einzelhändler der Altstadt zu gemeinsamen längeren Ladenöffnungszeiten, Vermarktungsstrategien, einer einheitlichen Gestaltung der Werbeanlagen sowie der Sicherung von Servicequalität verpflichtet haben. Die Stadt hat begleitend dazu die Innenstadt stark verkehrsberuhigt und attraktive öffentliche Räume geschaffen (Abb. 4). Ziel war es, die Innenstadt in ihrer Gesamtheit als »Erlebniskaufhaus« zu positionieren, das in der Summe aller Einzelanbieter eine ähnliche Vielfalt wie Shoppingcenter anbieten, aber nur durch die streng durchgehaltene Selbstverpflichtung diesen auch in puncto Service das Wasser reichen kann. Der Erfolg der inzwischen wieder sehr attraktiven historischen Altstadt gibt den Nagolder Verantwortlichen recht. Dennoch ist es andernorts vielfach bislang sehr schwierig, ähnliche Ideen umzusetzen.

Abbildung 4: Marktstraße/Herrenberger Straße in Nagold

Im Ergebnis bleibt festzuhalten, dass für eine erfolgreiche Erneuerung von Altstädten in der scharfen Konkurrenz mit anderen Standorten für Wohnen, Arbeiten, Einkaufen, Freizeit und Erholung heute gerade in Klein- und Mittelstädten wesentlich mehr als nur gestalterische und einfache Marketingmaßnahmen erforderlich sind. Dabei sind Stadterneuerung, städtebaulicher Denkmalschutz und baukulturelles Engagement aufeinander angewiesen. Ambiente, Aufenthaltsqualität und Erreichbarkeit spielen in diesem Zusammenhang eine ebenso wesentliche Rolle wie ein interessanter Nutzungsmix. Netzwerke und Kooperationen zwischen unterschiedlichen Akteuren sowie Marketing, Werbung und Bespielung können einen Beitrag zur Stabilisierung und Revitalisierung von Altstädten leisten. Die Infragestellung von deren Authentizität und denkmalpflegerischem Wert werden immer wieder in Einzelfällen zu Konflikten führen, stellen aber bei sorgfältiger integrierter Herangehensweise und frühzeitiger Einbeziehung aller Akteure kein grundsätzliches Hindernis dar. Zur Erarbeitung und Umsetzung derartiger integrierter Erneuerungsstrategien stehen heute insbesondere die Bund-Länder-Städtebauförderprogramme »Aktive Stadt- und Ortsteilzentren«[10] und »Städtebaulicher Denkmalschutz« sowie vielfältige Initiativen und Föderansätze der Länder zur Verfügung. Insbesondere in sehr stark schrumpfenden Städten mit schwieriger wirtschaftlicher Perspektive stoßen diese Ansätze dennoch bisweilen an Grenzen. Das wertvolle bauliche Erbe, das dort oft zu finden ist, gebietet vor Ort eine Konzentration der Stadtentwicklung auf eine Stabilisierung des historischen Zentrums, die allerdings nicht immer politischer Konsens ist. Bis heute halten sich manche Städte an Hoffnungen auf die Rettung ihrer Altstädte durch größere Neubauinvestitionen von außen fest, die schwierige Konflikte auslösen und deren Wirtschaftlichkeit ohnehin ungewiss ist.

AUSBLICK

Diese Erfahrungen machen deutlich, dass zwar bemerkenswerte Stabilisierungserfolge in vielen Altstädten beobachtbar sind, die eingangs dargestellten sozialen und ökonomischen Herausforderungen gerade für kleine, peripher gelegene Städte bisweilen nur schwer in den Griff zu bekommen sind, wenn deren Geschäftslagen grundsätzlich in ihrer Vitalität in Frage gestellt sind und angesichts einer schrumpfenden Bevölkerung ohne substantiellen Reurbanisierungstrend wie etwa in Universitätsstädten auch kaum absehbar ist, woher die notwendige Zahl künftiger Bewohner für die inzwischen zahlreich leer stehenden oder untergenutzten historischen Wohn- und Geschäftshäuser in Altstädten kommen soll.

Obwohl nach wie vor das Ambiente von historischen Altstädten und Fachwerkensembles in der Bevölkerung geschätzt wird und auch der ländliche Raum viele Fans hat, zeigt sich doch, dass unsere Gesellschaft 40 Jahre nach dem Europäischen Denkmalschutzjahr noch keine hinreichende Antwort darauf gefunden hat, wie sie ihren großen Schatz an Baudenkmalen, die teilweise mit großer Begeisterung und viel Liebe hergerichtet und wiedergenutzt wurden, in die nächste Generation bringen soll. Angesichts der demographischen Lage, in der sich periphere Klein- und Mittelstädte befinden, ist davon auszugehen, dass dort künftig die relativ niedrige Zahl der jungen Haushaltsneugründungen einfach nicht ausreichen wird, um die schon jetzt bestehenden oder sich in naher Zukunft andeutenden Leerstände in historischen Altstadtlagen wiederzubeleben. Schaut man genauer hin, so zeigt sich auch in vermeintlich vitalen Lagen, dass neben den Hauptgeschäftsstraßen, in den Obergeschossen, in den Höfen und in den Nebengebäuden die Nutzungsdichte vielfach sehr gering ist und sich die Anzeichen für eine bauliche Vernachlässigung ›hinter der sanierten Fassade‹ verdichten. Es wird vor diesem Hintergrund künftig darauf ankommen, banalen Neubauprojekten in Altstädten entschlossen entgegenzutreten, die nur deswegen eine Chance auf Realisierung haben, weil sie für manche Städte einen letzten Strohhalm bei dem Versuch zur Wiedergewinnung von Bewohnern in der Altstadt darstellen. Weiterhin müssen bereits vielfach erkennbare architektonische Konzepte zur innovativen Wiedernutzung historischer Bauten gefördert werden, die kreativ mit den Herausforderungen der Energieeinsparung und der Vereinbarkeit von aktuellen Bedürfnissen mit dem historisch Vorgefundenen umgehen. Ein solches Vorgehen stellt für die Denkmalpflege eine schwierige Herausforderung dar, wird sie doch in Einzelfällen sehr sorgfältig abwägen müssen, welche vielleicht nicht mehr mit vertretbarem Aufwand zu rettenden Gebäude zugunsten der Schaffung kleiner, wichtiger Freiflächen in der Stadt aufgegeben werden könnten, und welche Überprägungen der historischen Substanz im Zuge einer innovativen Schaffung neuer Wohnkonzepte in Altstädten vertretbar sind, weil sie Zeichen setzen für ein Bekenntnis zum Wohnen in der Altstadt. Für die Denkmalpflege gilt es dabei, wachsam zu sein und frühzeitig auf die sich abzeichnenden Trends zu reagieren, mit Architekten und der Stadterneuerung auf dem Weg zu einer Stabilisierung und Revitalisierung eng zusammenzuarbeiten und sich nach wie vor engagiert gegen kurzatmige Scheinlösungen, Banalisierungen oder kommerzielle Festivalisierungsstrategien ohne Verankerung in der örtlichen Identität zu stellen. Eine offene und kommunikative Haltung kann dabei einen wichtigen Beitrag dazu leisten, dass die starken gemeinsamen Interessen zwischen Stadterneuerung und Denkmalpflege künftig auch in ›schwierigeren‹ Altstädten noch besser zum Tragen kommen.

1   Vgl. Brake, Klaus / Herfert, Günter (Hg.): Reurbanisierung. Materialität und Diskurs, Wiesbaden 2012.
2   Vgl. dazu Bundesministerium für Verkehr, Bau und Stadtentwicklung (BMVBS) (Hg.) / Uwe Altrock, Nina Hemprich, Guido Spars, Roland Busch, Michael Heinze, Holger Pietschmann, Katharina Janke (Bearbeiter) / Bundesinstitut für Bau-, Stadt- und Raumforschung (BBSR), Jürgen Göddecke-Stellmann (Begleitung): Sanierungsmaßnahmen in unseren Städten und Gemeinden - Abschlussbericht zum Forschungsprojekt »Langzeitwirkungen und Effektivierung der Städtebauförderung«. Stadtentwicklungspolitik in Deutschland, Bd. 3, Berlin 2011.
3   Altrock, Uwe / Pietschmann, Holger: Langfristige Wirkungen der Städtebauförderung und erneuerter Sanierungsbedarf in historischen Altstädten, in: Die alte Stadt, 37. Jg., H. 4, 2010, S. 293–306.
4   Bundesministerium für Verkehr, Bau und Stadtentwicklung (BMVBS) (Hg.) / FORUM (Bearbeiter) / Bundesinstitut für Bau-, Stadt- und Raumforschung (BBSR) (wissenschaftliche Begleitung): Stadtumbau West: Motor des Strukturwandels. 2. Statusbericht der Bundestransferstelle Stadtumbau West, Bremen 2012, S. 47–49.
5   Bundesministerium für Verkehr, Bau und Stadtentwicklung (BMVBS) (Hg.) / Uwe Altrock, Nina Hemprich, Guido Spars, Roland Busch, Michael Heinze, Holger Pietschmann, Katharina Janke (Bearbeiter) / Bundesinstitut für Bau-, Stadt- und Raumforschung (BBSR), Jürgen Göddecke-Stellmann (Begleitung): Sanierungsmaßnahmen in unseren Städten und Gemeinden – Fallstudien. Werkstatt: Praxis, Heft 75, Berlin 2011, S. 73–75.
6   Vgl. Griesbach, Jens: Buntes Leben in altem Gemäuer, In: Güstrower Anzeiger 5. März 2014.
7   Bundesministerium für Verkehr, Bau und Stadtentwicklung (BMVBS) / Bundesamt für Bauwesen und Raumordnung (BBR) (Hg.) / IRS (Bearbeiter): Gute Beispiele: Städtebaulicher Denkmalschutz. Handlungsleitfaden, Erkner 2006, S. 10–15.
8   Schote, Heiner: Business Improvement Districts – Private Investitionen in gewachsene Einzelhandelslagen: Überblick über BIDs in Deutschland und Erfahrungen aus Hamburg, in:, Handelsimmobilien. Theoretische Ansätze, empirische Ergebnisse. = Geographische Handelsforschung, hg. v. Kurt Klein, Mannheim 2013, S. 249–285.
9   Vgl. etwa Bundesministerium für Umwelt, Naturschutz, Bau und Reaktorsicherheit (BMUB) (Hg.) / Plan und Praxis (Bearbeiter) / Bundesinstitut für Bau-, Stadt- und Raumforschung (BBSR) (wissenschaftliche Begleitung): Aktive Stadt- und Ortsteilzentren. Fünf Jahre Praxis. Zweiter Statusbericht zum Zentrenprogramm der Städtebauförderung, Berlin 2014, S. 86–92.
10 Vgl. BMUB/BBSR et al. 2014 (wie Anm. 8). Weitere Informationen zu den vorgestellten Projekten in Bad Driburg, Biberach, Dessau, Finsterwalde, Güstrow, Münster und Wolfhagen auf www.staedtebaufoerderung.info, zu Kempten unter www.muehlbachquartier.de und zu Nagold unter http://www.nagold.de/de/Wirtschaft/Wirtschaft-in-Nagold/City-Commitment.

BILDNACHWEIS

1. Uwe Altrock.
2   Uwe Altrock.
3   Plan und Praxis.
4   Stadt Nagold, http://www.orte-bw.de/grafik/uploads/6844_2010_1040.JPG.

Produkt Bukchon

Konstitution eines öffentlichen Raumes

Bukchon as a Product
The Constitution of a Public Space

YOU JIN JANG

English Summary

This article discusses the current rediscovery of the ›old town‹ with a case study of the Bukchon quarter of Seoul. The development of this historic quarter is presented within the context of social and planning discourse in South Korea. A countermovement against the country's urban renewal policy has emerged, one in which historic urban qualities are valued and revived. In view of this, and with reference to contemporary criticism of the development trend resulting from the urban renewal process, special focus is put on the structural transformation of public space. The article also examines the specificity of the street space of Bukchon in terms of the characteristic relationship it proposes between the public and private spheres. It thereby illuminates the peculiarity of the old town in relation to the current discourse on public space.

Bukchon als Altstadt von Seoul

In Bukchon existieren Spuren aus unterschiedlichen Stadtentwicklungsphasen. Besondere stadthistorische und sozialgeschichtliche Bedeutung wird in der Literatur vor allem der Siedlung von Adeligen und Palastangehörigen zur Zeit der Joseon-Dynastie (letztes Kaiserreich von Korea, 1392–1910) beigemessen.[1] Das damalige Wohnviertel gliederte sich in den Stadtkern ein, welcher nach dem traditionellen Feng-Shui-Prinzip angelegt wurde. Das Gebiet befindet sich somit innerhalb des historischen Stadtmauer-Rings der Joseon-Dynastie und mittig zu beiden ehemaligen Palästen, nämlich zwischen dem Palast Gyeongbokgung und dem Changdeokgung. Das Quartier zeichnet sich jedoch durch eine eigentümliche Stadtarchitektur aus, welche erst nach den 1930er Jahre entstanden ist. Anhand dieser modernen Konstruktion wird die Transformation des traditionellen Wohnhauses *Hanok* erkennbar. Hinsichtlich der städtebaulichen Eigenart sind die klar definierten Straßenfronten sowie die Gassenräume kennzeichnend (Abb. 1). Diese Struktur wird in wissenschaftlichen Studien als traditioneller Städtebau beschrieben. Trotz der relativ jungen und modernen Konstruktion gilt Bukchon im alltäglichen Verständnis als die Altstadt von Seoul. Dies kann erstens auf die Darstellung des *Hanok* als historischem Wohnungstyp in der südkoreanischen Gesellschaft zurückgeführt werden. Zweitens wird eine ideale Vorstellung von Bukchon als Kernbestandteil des städtischen Erbes der Joseon-Dynastie reproduziert. Des Weiteren besteht ein diskursiver Zusammenhang zwischen der radikalen »Apartment-Moderne« Seouls seit den 1960–1970er Jahren und dem Planungsgeschehen in Bukchon. Bukchon tritt darin als ein Gegenentwurf zur vorherrschenden Planungskultur der Stadterneuerung hervor, insbesondere mit dem »Bukchon Entwicklungsgrundplan« der 2000er Jahre.

Kritik der Raumproduktion

Im südkoreanischen Stadtplanungsdiskurs macht sich seit den 90er Jahren eine Empörung über die Planungskultur in Seoul bemerkbar. Diese beruht wesentlich auf der Beobachtung, dass die seit der Moderne der 1960er Jahre vorherrschende vorrangig wirtschaftsorientierte Stadtplanung zu abrupten Brüchen im Stadtgefüge und zur Missachtung von stadthistorischen Potenzialen führte. Nicht zuletzt werden dabei die Verdrängung unterschiedlicher sozialer Schichten und eine räumliche Polarisierung thematisiert. Im Besonderen wird das Planungsinstrument der Stadterneuerung, *Jaegyebal*, vehement kritisiert. Dies bildet die planerische Grundlage für ein vereinfachtes Verfahren zum großflächigen Abriss für die

Abbildung 1: Gasse in Gahoedong-Areal

Neubauentwicklung.[2] In diesem Prozess werden die bestehenden Strukturen der Wohnquartiere durch uniforme Apartmenthäuser ersetzt, die in Seoul seit den 1960er Jahren die dominierende Siedlungsform darstellen. Kennzeichnend für die südkoreanische Apartment-Moderne ist nach Valérie Geulézeau, dass unter dem dominanten Einfluss der Regierungspolitik eine extreme Standardisierung stattgefunden hat.[3] Während die Flächensanierung *Jaegyebal* wegen der heftigen Gegenproteste der von den Zwangsräumungen Betroffenen seit den 1980er Jahren gesellschaftliche Konflikte heraufbeschwor, begreifen breite Bevölkerungsschichten die Apartment-Wohnungen als erstrebenswerte Immobilienobjekte.[4] Das kollektive Interesse an wirtschaftlichem Gewinn und Wachstum wird von Wissenschaftlerinnen und Wissenschaftlern als das konstitutive Element in der Institutionalisierung von großdimensioniertem Abriss und Neubau erkannt. Die Kritik an der rücksichtslosen Zerstörung von Stadtraum zugunsten von marktwirtschaftlichen Interessen richtet sich jedoch nicht nur gegen die Wohnraumproduktion, sondern auch gegen die innerstädtische Freiraumplanung.[5]

ALTERNATIVBEWEGUNG

Parallel zu dieser Kritik bildet sich ein besonderes Interesse an den Bestandsstrukturen heraus und tritt etwa seit dem Jahr 2000 stärker hervor. Dabei wird das lokalbezogene soziale Leben der kleinteiligen Wohnsiedlungen neu bewertet.

Anhand der Straßen und Gassen in kleinteilig strukturierten Wohnquartieren
wird der typische urbane Alltag von Seoul identifiziert. Innerhalb des Diskurses
werden die vorhandenen kleinteilig strukturierten Quartiere mit Gassensystemen
als Alternative zu radikalen Stadtumbaumaßnahmen gesehen.[6] Young Bum Lee
spricht dabei von einem »urbanen Tod« und bringt sowohl das verschwundene
innerstädtische Gassenleben als auch die vielen kritischen Momente der
Zwangsräumung in Erinnerung.[7] Gleichzeitig entfaltet sich eine informelle Planungspraxis, welche als eine Gegenbewegung zur Flächensanierung *Jaegyebal*
verstanden werden kann. Die Organisation »Kollektive Stadt«, bestehend aus
Bürgerinnen und Bürgern sowie Wissenschaftlerinnen und Wissenschaftlern der
Fächer Architektur und Stadtplanung, engagiert sich hierfür und generiert öffentliche Aufmerksamkeit.[8] Dabei handelt es sich um eine Verstärkung der sozialen
und baulichen Strukturen im Bestand durch erhöhte Beteiligung der Anwohner.
Geführt werden darunter u.a. Quartiersmanagement und Workshops zur Gestaltung von öffentlichem Raum. Die lokale Aktivierung der alltäglich-räumlichen
Potenziale soll der einseitigen Entscheidung der Verwaltung für Stadterneuerung
und New-Town-Entwicklung entgegenwirken. Innerhalb dieses Diskurses zur
anwohnerorientierten Bestandsentwicklung wird das 2001 initiierte Projekt
»Bukchon Entwicklungsgrundplan« als ein gelungenes Modell angesehen. Die
Konsensbildung zwischen verwaltenden Institutionen und Anwohnerschaft für
eine gemeinsame Weiterentwicklung des Bestands wird dabei als zentral erachtet. Auf Anlass und Inhalt dieser Planung wird später noch genauer eingegangen.

Abbildung 2: Stadt-»Hanok«

DIE STÄDTEBAULICHE EIGENART VON BUKCHON

Bukchon steht für das bedeutendste *Hanok*-Verdichtungsgebiet von Seoul.[9] *Hanok* stellt das traditionelle koreanische Wohnhaus dar.[10] Die bis heute erhaltene Struktur von Bukchon entstand jedoch zum größten Teil durch die intensiven Wohnungsbauprogramme der 1930er und 1940er Jahre. Sie zeigt eine typologische Erweiterung des traditionellen *Hanok*. Dies bedeutet eine verdichtete Bebauungsstruktur. Die Bebauung wird daher als Stadt-*Hanok* bezeichnet (Abb. 2).[11] Während das traditionelle *Hanok* freistehend platziert wird und das Grundstück durch eine Mauer umrahmt wird, verschwindet beim Stadt-*Hanok* die Mauer, und das Haus grenzt direkt an den öffentlichen Bereich der Straße sowie an das Nachbarhaus.[12] Gleichzeitig weist die Struktur ein regelmäßiges Straßen- sowie Parzellensystem auf. Teilweise verbinden sich die gleichmäßig durchlaufenden Straßen jedoch auch mit den Sack- und verwinkelten Gassen aus der vormodernen Entstehungszeit.[13]

Die städtebauliche Eigenart eines Stadt-*Hanok* kann anhand der Struktur des Gahoedong-Areals beispielhaft dargestellt werden. So Young Park hat hierzu das räumlich-strukturelle Verhältnis zwischen Öffentlichem und Privatem in Bezug auf die Gasse untersucht.[14] Anknüpfend an ihre Studienergebnisse kann die räumliche Konstitution wie folgt erklärt werden: Das Gebäude *Hanok* setzt sich durch Zusammenfügung der zwei folgenden wesentlichen Bestandteile zusammen: erstens dem übereck geführten Wohnbereich, wobei dieser sich nach Süden öffnet, und zweitens dem Eingangsriegel. In der additiven Zusammenfügung dieser Grundelemente konstituiert sich eine klare Trennung vom privaten Raum des Innenhofes und dem öffentlichen Raum der Gasse.[15] Gleichzeitig existiert ein vielschichtiger Übergang beider Sphären, bedingt durch das variable Gebäudekonstruktionsprinzip des *Hanok* im Einzelnen.[16] Von der Gasse aus können vor allem anhand der Gestaltung des Eingangsbereiches die variablen Abgrenzungsmethoden zum privaten Bereich abgelesen werden. Diese subtile Verbindung bei klarer Trennung zwischen öffentlichen und privaten Sphären bildet das kennzeichnende System eines Stadt-*Hanok* (Abb. 3).

BUKCHON UNTER VERHANDLUNG (1970–2001)

Die aus den 1930 bis 1940er Jahren stammende Struktur des Stadt-*Hanok* in Bukchon bestand bis in die 1960er Jahre. Das Wohnviertel repräsentierte bis dahin die Mittelschicht von Seoul.[17] In den 1970er Jahren begann sich die Gebietsstruktur zu verändern. Ab den 1960er Jahren entstand durch den Bau von

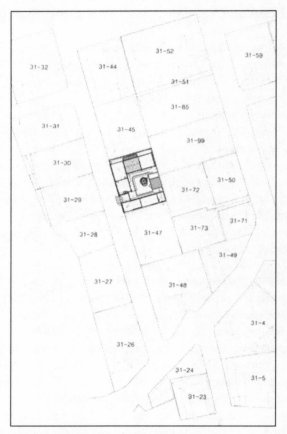

Abbildung 3: Grundriss Stadt-»Hanok«

Apartmenthäusern auf der anderen Seite des Stadtflusses der neue Stadtteil
Kangnam. Im Zuge dieser Stadterweiterung wurden neben anderen sozialen Einrichtungen auch Schulen aus Bukchon dorthin verlagert, die einen hohen gesellschaftlichen Stellenwert besaßen. In den betreffenden Baulücken entstanden
Neubauten unterschiedlicher Stile.[18] Dieser Entwicklungsdruck entfachte in
Bukchon einen langwierigen Aushandlungsprozess zum erhaltungspolitischen
und baupraxisbezogenen Umgang mit dem Gebäudebestand. Am Anfang gerie-
ten der Konservierungswille der Stadtverwaltung und das Sanierungs- sowie
Entwicklungsinteresse der Eigentümerinnen und Eigentümer in Konflikt. Im un-
gezügelten Entwicklungsprozess entstanden jedoch städtebauliche Mängel, welche von beiden Parteien erkannt wurden. Gleichzeitig rückte auch die historische
Wohnarchitektur in den Blickwinkel des gesellschaftlichen Interesses. Im Jahr

2001 entschied man sich für ein gemeinsames Planungsvorgehen mit dem altstädtischen Bestand. Im Folgenden soll der Prozess im Zeitraum 1977 bis 2001 eingehend erläutert werden.

Ab 1977 wurden erstmals Maßnahmen zur Regelung der Bautätigkeit eingeführt und 1984 ernannte die Stadt das Gebiet zum *Hanok*-Schutzgebiet. Seitens der Anwohnerinnen und Anwohner wurden die Schutzmaßnahmen als rigoros und als übermäßige Einschränkung des privaten Eigentums wahrgenommen.[19] Auch die Gebäudesanierung zur Anpassung an zeitgemäßen Wohnkomfort wurde dadurch beschränkt. Um 1990 gründete sich die Bürgerinitiative zur Forderung der Aufhebung des *Hanok*-Schutzes. Als Reaktion auf den Bürgerprotest lockerte die Stadt die Bestimmungen des *Hanok*-Schutzgesetzes, insbesondere bezüglich der Gebäudehöhen. 1991 wurde die Höhenrestriktion des Erdgeschosses auf maximal zwei Obergeschoss (max. 10m) heraufgesetzt. 1994 wurde eine maximale Bebauungshöhe von vier Obergeschossen erlaubt (max. 16 m).[20] Als Folge davon entstand eine drastische Änderung in der Bebauungsstruktur. Parzellenweise wurden *Hanok* abgerissen und durch Mehrfamilienhäuser ersetzt. Mitte der 1990er Jahre wurde ein großes Teilgebiet in eine MehrfamilienhausSiedlung umgebaut. 1997 kam es dann zu einem Entwurf vom Bezirksamt, bei welchem Siedlungen in Form von Luxuswohnbauten im Gesamtgebiet von Bukchon vorgesehen waren. Mit der Zeit wurden jedoch die Nachteile der ungeregelten Veränderung von den Bewohnerinnen und Bewohnern bemerkt. Bemängelt wurde die verschlechterte Qualität des Wohnumfeldes, die Beeinträchtigung des Lichteinfalls sowie der Privatsphäre.[21] Ferner schwächte sich das allgemeine Interesse am Immobilienhandel durch die Finanzkrise Ende der 1990er Jahre ab.[22] Die ehemalige »Bürgerinitiative zur Forderung der Aufhebung des *Hanok*Schutzes« orientierte sich nun um und nannte sich fortan »Bürgerinitiative Bukchon-Pflege«. Sie reichte 1999 eine öffentliche Forderung zum Schutz des Bukchon-Gebiets beim Bürgermeister ein. Im Auftrag der Stadt entwickelte das »Seoul Institute«, eine städtische Forschungseinrichtung, eine neue Planungsmaßnahme. 2001 wurde der »Bukchon Entwicklungsgrundplan« für die auf zehn Jahre angelegte Planungsphase veröffentlicht.[23] Im Vordergrund stand die Orientierung an den Bedürfnissen der Eigentümerinnen und Eigentümer. Erhaltungsgesetze für das *Hanok* wurden gemildert, sodass eine flexible Umgestaltung innerhalb des Grundgerüstes stattfinden kann.

Der wesentliche Inhalt des Bukchon-Entwicklungsgrundplans ist zusammengefasst folgender:[24] Ein *Hanok*-Register wird erstellt, in dem Eigentümerinnen und Eigentümer freiwillig den Gebäudebestand registrieren lassen können. Sanierungen der registrierten *Hanok* erhalten besonders starke öffentliche Förderung. Eingeführt wird auch der Ankauf und die Umnutzung von *Hanok* zu öffentlich-gewerblichen und gemeinschaftlichen Einrichtungen wie etwa als Museum, als Begegnungsstätte für Anwohnerinnen und Anwohner, als Ausstellungsraum traditioneller Kultur und als *Hanok-Guesthouse*. Unter Maßnahmen der Gebietsaufwertung werden des Weiteren Sanierungen von Gassen, Einrichtung von gemeinnützigen Parkplätzen sowie Verlegung der Stromkabel ins Erdreich realisiert. Das Budget zur Durchführung des Plans wird von der Regierung zur Verfügung gestellt – zum Ankauf und zur Umnutzung der *Hanok*, zur Förderung von Sanierungen und Umbaumaßnahmen an *Hanok*, für Darlehen für die Um- und Neubautätigkeit sowie zur Sanierung des Wohnumfeldes. Im Verlauf der Planumsetzung wird ein von der Stadt angekauftes *Hanok* seit 2001 als Vor-Ort-Büro genutzt. Dort findet der Austausch von Lösungsansätzen zu Problemen beim Gebietsmanagement und der *Hanok*-Sanierung zwischen den Beamtinnen und Beamten sowie den Anwohnerinnen und Anwohner statt. Manchmal wird das Haus auch als Begegnungsstätte oder als Veranstaltungsort benutzt.

EINE »WIEDERAUFFÜHRUNG« VON ALTSTADT

Das gesellschaftliche Interesse am Bestehenden verstärkte sich mit dem Aufkommen der Gegenbewegung gegen rücksichtsloses planerisches Handeln vonseiten politischer und wirtschaftlicher Institutionen. Alternative Vorstellungen zum Umgang mit Wohn- und Stadtraum wurden so angeregt. Im Zuge dessen wurde das 2001 eingeleitete Planungsverfahren für die Altstadt Bukchon neu beleuchtet. Die Planung von Bukchon ab 2001 wurde auch noch Jahre danach als repräsentativ für eine bürgerorientierte Erhaltungspolitik angesehen und somit auch als ein Meilenstein zur behutsamen Stadterneuerung begriffen. Das umstrittene Planungsgeschehen in Bukchon, insbesondere zwischen 1970 und 2001, kann dabei als ein gesellschaftlicher Interessenausgleich im Hinblick auf das Raumkonzept interpretiert werden. Darin zeigt sich die Herstellung und Durchsetzung von Wertvorstellungen sowohl in Bezug auf das Wohnen als auch auf »das Alte«. Die Altstadt von Seoul kann im erweiterten Sinne als ein Experimentierfeld für den Aushandlungsprozess zwischen Erhaltung und Erneuerung sowie zwischen institutioneller Planungshoheit und bürgerschaftlichem Engagement betrachtet werden. Namil Jeon hebt den »Bukchon Entwicklungsgrundplan« von 2001 als einen wichtigen Beitrag hervor, indem er auf die Neuentdeckung des historischen Wohnstils durch die breite Bevölkerung hinweist. Ihm zufolge gab die gesetzlich ermöglichte flexible Sanierung der Gebäudesubstanz des *Hanok* den Anlass dazu.[25]

Abbildung 4: Gentrifizierung in Samcheongdong-Areal

Die Entwicklung der letzten 20 Jahre zeigt eine in Mode gekommene Altstadt. Bukchon wird heute vom Tourismus geprägt. Der Gentrifizierungsprozess findet teilweise ungehindert statt, sodass Teilgebiete durch hohe Fluktuation sowohl in Bezug auf die Wohnverhältnisse als auch auf die Umbaumaßnahmen gekennzeichnet sind (Abb. 4).

Zu einem beträchtlichen Maß ist das historische Quartier durch das Bild von einem Ausgehviertel mit verschiedenen kommerziellen Angeboten geprägt. Darunter befinden sich unter anderem kleinteilige Museen und Einrichtungen, in denen touristische Veranstaltungen mit traditionellem Brauchtum stattfinden. Bukchon, das einst als Modell von anwohnerorientierter *Hanok*-Erhaltungspolitik gepriesen wurde, wird an dieser Stelle erneut problematisiert. Kritikerinnen unf Kritiker sehen einen Missbrauch von stadthistorischen Potenzialen durch übermäßige politisch-marktwirtschaftliche Instrumentalisierung. Befürchtet werden außerdem weitere Auswirkungen dieser Altstadt-Politik auf andere Stadtteile mit historischer Bedeutung.

1   Registriert wurde die damalige Siedlung bereits in den Schriften aus dem 19. Jahrhundert.
2   Vgl. Lee, Young Bum: Urban Death, Paju 2009, S. 163–175.
3   Vgl. Gelézeau, Valérie: Republik der Apartmenthäuser, Seoul 2007, S. 105–109.
4   Choi, Byung Du: Im Labyrinth des Stadtraumes, Paju 2009, S. 142–148.
5   siehe dazu die Kritik zum *Cheonggyecheon*-Regenerationsprojekt sowie zum Umgang mit ehemaligen *Dongdaemun*-Stadium von Blaz Kriznik: Cheonggyecheon Restoration: Building Old, Building New Divides In Global Seoul, in: Urban Regeneration in New York, London and Seoul, hg. v. Young Bum Lee / Ju Hyun Kim / Ho Min Kim / Jung Il Seo, Seoul 2009, S. 216–245.
6   Vgl. Kim, Soo Hyun / Jeong, Seok: Stopp der Jaegyebal, dem New-Town-Development, in: Stadt der Fußgänger. Jg. 2010, November–Dezember, 2010.
7   Vgl. Lee, Young Bum 2009 (wie Anm. 2), S. 163–250.
8   Vgl. http://www.dosi.or.kr (2013).
9   Vgl. Min Hyun Seok: Evaluation and Improvement of Hanok Conservation Policy in Seoul, Seoul 2003, S. 54–64.
10 Das Gebäude von *Hanok* besteht aus einem Sockel aus Stein, Wänden aus Holz und Lehm sowie einem Ziegeldach. Im Sockelbereich ist das Fußboden-Heizsystem integriert. Das Wohnhaus *Hanok* zeichnet sich insbesondere durch die vielschichtige Beziehung von Innen und Außen aus. Dieser Aspekt tritt durch die Integration von überdachten Terrassen und Laubengängen verstärkt hervor.
11 zum Stadt-*Hanok* vgl. Im, Chang Bok: Wohnhäuser von Korea, Typologien und Entwicklungsgeschichte, Paju 2011, S. 241–268.
12 Im, Chang Bok: Wohnhäuser von Korea, Typologien und Entwicklungsgeschichte, Paju 2011, S. 261.
13 Vgl. Park, So Young: A Study on a Kolmok of Urban Traditional Residential Area, Bukchon, Seoul 2004, S. 15–26.
14 Ebd.
15 Vgl. auch Im, Chang Bok 2011 (wie Anm. 12), S. 251–254, S. 261.
16 Ebd; vgl. Park, So Young 2004 (wie Anm. 13), S. 70–75.
17 Jeong, Seok (2010): Entwicklung der Bukchon Politik von Stadt Seoul seit der Einführung der Wahl, in: The Journal of Seoul Studies, Seoul 2010, S. 209.
18 Ebd., S. 210.
19 Vgl. Jeon, Namil / Son, Se Kwan / Yang, Se Hwa / Hong, Hyung Ok: Sozialgeschichte des Wohnungsbaus in Südkorea. Moderne Wohnungsbaugeschichte Südkoreas 01, Paju 2008, S. 323.
20 Vgl. Jeong, Seok 2010 (wie Anm. 17), S. 211.
21 Jeon, Namil / Son, Se Kwan / Yang, Se Hwa / Hong, Hyung Ok: Sozialgeschichte der Wohnungsbau in Südkorea. Moderne Wohnungsbaugeschichte Südkoreas 01, Paju 2008, S. 325.
22 Stadt Seoul (Hg.): Bukchon Entwicklungsgrundplan, Seoul 2001, S. 7.
23 Ebd., S. 7.
24 Ebd.; vgl. Jeong, Seok: Entwicklungsrichtlinie zur quartiers-orientierter Stadtplanung 2, Fallstudie zum Bukchon Entwicklungsplan, Seoul 2000.
25 Vgl. Jeon, Namil / Son, Se Kwan / Yang, Se Hwa / Hong, Hyung Ok: Sozialgeschichte des Wohnungsbaus in Südkorea. Moderne Wohnungsbaugeschichte Südkoreas 01, Paju 2008, S. 326f.

Anmerkung zur Literaturangaben:
Übersetzung der Titel aus dem Koreanischen ins Deutsche von You Jin Jang.

BILDNACHWEIS

1 You Jin Jang, 2012.
2 You Jin Jang, 2012.
3 Stadt Seoul (Hg.): *Hanok*-Vermessungspläne, Bukchon Entwicklungsgrundplan, Seoul 2001, S. 284.
4 You Jin Jang, 2012.

Japan und die ›alte Stadt‹
Denkmalbestand, Stadtbau und
das Methodenproblem

Japan and the ›Old Town‹
Architectural Heritage, Urban Planning and Some
Methodological Problems

BEATE LÖFFLER

English Summary

The ›old town‹ is a topic in urban planning and heritage preservation as well as in city marketing and tourism. Having become part of globalized discourses during the last few decades, the ›old town‹ and its manifestations all over the world have been discussed as inherently comparable.

The essay calls for prudence. It sketches the state of available knowledge regarding ›old towns‹ in Japan and argues that there are significant differences in the understanding of fundamental concepts. The essay invites serious consideration of the influence of cultural parameters within seemingly global discourses.

Einführung

Die ›alte Stadt‹ ist ein etabliertes und wiederkehrendes Diskurselement der westlichen Moderne. Es wurde und wird mit äußerst unterschiedlichen Konnotationen verwendet, um Ideen zur Weiterentwicklung der Stadt argumentativ zu unterfangen. Dabei ging es historisch meist um eine Verbesserung der bestehenden Umstände, sei es in baupolizeilicher, ästhetischer oder infrastruktureller Hinsicht. Folglich zeichneten sich im Diskurs um die alte Stadt über die letzten fast zwei Jahrhunderte hinweg Veränderungen im grundlegenden Verständnis von Stadt ebenso ab wie politische Umbrüche und Verschiebungen der soziokulturellen Rahmenbedingungen. So wurden die alten und verwinkelten Stadtviertel zur Zeit der Haussmannschen Eingriffe in Paris (1853–1870) als in polizeistaatlicher und hygienischer Hinsicht rückständig apostrophiert. Wenige Jahrzehnte später zog Camillo Sitte vergleichbare Strukturen als Vorbilder heran, als es darum ging, den effizient-planerischen Entwicklungen der industrialisierten Städte die pittoresken räumlichen Qualitäten der gewachsenen Stadt entgegen zu setzen. Ähnlich positiv wurden die spezifischen lokalen Charakteristika alter Stadtelemente auch gewertet, als es im Wiederaufbau nach den baulichen und menschlichen Verlusten der Weltkriege galt, ›Heimat‹ zu evozieren. Und gerade jene Heimatlichkeit, das vertraute und zugleich gesellschaftlich schon fast überholte Ständische, das die alte Stadt zu repräsentieren schien, stand im 20. Jahrhundert in einem Spannungsverhältnis zu den großen urbanistischen Vorstellungen von einer zeitgenössischen, modernen, gar demokratischen Stadt, wie sie beispielsweise in Le Corbusiers »plan voisin« imaginiert wurde.

Dabei war es bald nicht mehr der Baubestand allein, um den die Diskurse kreisten. Vielmehr stand die gebaute Umwelt stellvertretend für die sozialen und kulturellen Dimensionen urbaner Gesellschaften. Das zeigte sich während der 1970er Jahre in der Hinwendung zu lokaler Identität und Denkmalpflege: Die soziale Heimat der ›alten Stadt‹ wurde in einer sich schnell wandelnden, kontingenten Gesellschaft als stabilisierender Faktor verstanden.

Spätestens damals begann die ›alte Stadt‹ für etwas zu stehen, was weit über den stadtbauhistorischen Diskurs Europas hinauswies. Die physische Realität der Bauten (oder ihrer Abwesenheit) und der sie bedingenden gesellschaftspolitischen Parameter wurde durch weiterführende Zuschreibungen ergänzt. Die ›alte Stadt‹ wurde auch zum Sehnsuchtsort, in dem sich das Andere, das Erträumte, das Ungreifbare anderer Zeiten und Ordnungen bis heute zu spiegeln scheint.

Heute überlagern sich die Themen von Stadtplanung und Denkmalpflege mit jenen der Tourismusindustrie und des Stadtmarketings. Die ›alte Stadt‹ ist bewohnte Alltagsrealität und zugleich ein globalisierter Konsumartikel, bei dessen

Rezeption es nicht mehr um die bessere, lebenswertere Stadt geht, sondern um ein *Image* von Stadt, das längst der Realität entwachsen ist.

DAS METHODENPROBLEM

Dieses Phänomen zwingt zu interpretatorischer Vorsicht. Die vorhandene Forschung – und die in diesem Band versammelten Beiträge – zeigen, dass sich innerhalb Europas Themen und Strategien im Diskurs um die ›alte Stadt‹ durchaus ähneln, aber auch viele regionale Variationen aufweisen. Für außereuropäische Forschungsgegenstände leiten sich daraus wichtige konzeptionelle und methodologische Fragen ab, die hier am Beispiel Japans in aller Kürze angesprochen und exemplifiziert werden sollen.[1]

Der Versuch nachzuvollziehen, ob sich die europäischen Diskurse zu ›alter Stadt‹ für Japan als relevant erweisen und welche Rolle die ›alte Stadt‹ heute in der japanischen Stadtplanung und Denkmalpflege spielt, steht zunächst einem schwerwiegenden Literaturproblem gegenüber: Die vielfältige japanische Forschung zu architekturhistorischen Themen schlägt sich kaum in Publikationen in den gängigen westlichen Sprachen nieder. Zur Erschließung dieser Wissensbestände sind wir damit weitestgehend auf die Kolleginnen und Kollegen der Japanologie angewiesen, deren Forschungsinteressen und Kompetenzen sich nur selten mit jenen von Architektur und Stadtbau überlagern. Der Kreis der japanisch sprechenden und vor allem lesenden Bauexperten im Westen ist wiederum sehr klein, die Anzahl jener, die zudem forschend tätig sind, winzig.

So ist die Literatur, mit deren Hilfe man als Bauhistoriker die Frage nach der ›alten Stadt‹ im japanischen Diskurs beantworten könnte, so begrenzt wie divers. Meist handelt es sich um Fallstudien zu einzelnen Fragen von Denkmalpolitik, Architektur- und Kulturgeschichte, Stadtgeographie oder Literatur.[2] Was die Literatur dem Leser zudem abfordert, ist eine kulturelle Übersetzungsleistung. Die Darstellung der Themen behandelt das japanische Beispiel in der Regel bezugslos als Einzelphänomen oder in seiner Beziehung zur ›Leitkultur‹ der westlichen Moderne. Beiden Zugängen mangelt es an Anschlussstellen im Sinne einer globalen Verknüpfung kulturhistorischen Wissens, sodass die sachgerechte Übernahme von Informationen und ihre wertneutrale Nutzung erschwert wird. Auch eine Verknüpfung der Wissensbestände im Sinne unserer Fragestellung fehlt bisher.

Die folgenden Beispiele zeigen, wie sich die Verhandlung von ›alter Stadt‹ in Japan in der zugänglichen Literatur verschiedener Fachrichtungen darstellt, und verweisen auf Gemeinsamkeiten und Unterschiede zum europäischen

Diskurs. Der Aufsatz übergeht zudem aus Platzgründen zwei wichtige Themen-
felder: die Rolle von Stadt und Architektur für die Konstruktion eines japanischen Nationalstaates und im Wiederaufbau nach dem Großen Kanto-Erdbeben
von 1923 bzw. nach Ende des Zweiten Weltkrieges.

BEISPIELE

Als Mitte des 19. Jahrhunderts innere und äußere Umstände das Ende der japanischen Isolationspolitik erzwungen hatten, intensivierte sich der Austausch von
Informationen und Waren mit dem Westen, der zuvor über mehr als zwei Jahrhunderte hinweg kontrolliert und begrenzt worden war. Im Jahr 1868 begann mit
der Meiji-Reform die Umgestaltung der japanischen Gesellschaft im Sinne eines
modernen Nationalstaats. Die Regierung importierte zielgerichtet administrati-
ves, technologisches, militärisches und kulturelles Wissen aus den westlichen
Hegemonialstaaten, entsandte Studenten an renommierte Bildungseinrichtungen
im Ausland und verpflichtete Experten aus Europa und Nordamerika als Berater
und Lehrer. In architektonischer Hinsicht beeinflusste dieser Umbruch zunächst
vor allem öffentliche Bauten, Industrieanlagen, die Infrastruktur sowie die bau-
bezogenen Berufsbilder. Privathäuser und Wohnviertel blieben bis zu den Zerstörungen des Zweiten Weltkriegs weitgehend in traditionellen Strukturen und
Formen erhalten.

Die Diskurse um Stadt und Architektur, das Neue und das Alte, wurden
durch diese gesellschaftspolitischen Rahmenbedingungen stark geprägt. Die
Modernisierungsbemühungen in allen öffentlichen Bereichen prägten die Diskurse deutlicher als in Europa. Zugleich ging es im Sinne einer integrierenden
nationalen Identität auch in Japan darum, kulturelle Traditionen im japanischen
Moderne-Narrativ zu verankern.[3]

BESTANDSERFASSUNG UND DENKMALSCHUTZ

Die japanische Denkmalpflege ist vergleichsweise gut publiziert. Sowohl die
Geschichte der Denkmalgesetzgebung im 19. Jahrhundert als auch die Prozesse
der Unterschutzstellung im Kontext der UNESCO-Welterbekonvention (1972)
sind dokumentiert und in Teilen kunst- wie kulturtheoretisch untersucht. Zudem
gibt es eine Reihe von Veröffentlichungen zur Restaurierungspraxis.[4] Die Frage
der ›alten Stadt‹ scheint darin vereinzelt durch, sie ist jedoch, wie ein Blick auf

die Entwicklung der Denkmalpflegeproblematik zeigt, traditionell nur von peripherer Bedeutung.

In den ersten Jahren der japanischen Modernisierung erfolgten politische Entscheidungen zum Schutz von Kulturerbe oft parallel zu Regelungen, welche den Bestand von Kunst und Architektur grundlegend bedrohten. Die Neuordnung des landesweiten Grundbesitzes entzog Tempeln und Schreinen, aber auch den ehemals regierenden Familien, ihre wirtschaftlichen Grundlagen und gefährdete den Erhalt von Wohn-, Wehr- und Sakralbauten und die Aufbewahrung von Artefakten. Zeitgleich erging 1871 ein Edikt zur Bestandserfassung von historisch wertvollen Gebäuden und Ausstattungsgegenständen in allen Provinzen.[5] Ab den 1880er Jahren wurden dann auch staatliche Gelder zum Bauunterhalt historischer Tempel und Schreine bereitgestellt.

Der Schwerpunkt des Kulturerbe-Schutzes lag in den ersten Jahrzehnten der Modernisierung jedoch im Bereich von Kunst und Kunstgewerbe, da dieser von einem starken Ausverkauf in den Westen betroffen war. Hier bündelten sich die Bemühungen um die Etablierung nationaler Sammlungen und Ausstellungen, die später in die Gründung eines Nationalmuseums in Tokyo münden sollten.[6] So verzeichnen die während der *Jinshin Survey* von 1872 in Kyoto, Osaka, Nara und anderen Orten entstandenen Dokumentationen vor allem mobile Artefakte.[7] Architektur wurde nur durch einige Fotos von Hauptgebäuden erfasst.[8]

Die systematische Erforschung historischer Architektur begann nach der Einführung japanischer Baugeschichte und Bauforschung in das Architekturcurriculum der Kaiserlichen Universität Tokyo während der späten 1880er Jahre.[9] Sie erreichte einen ersten Höhepunkt mit dem Einsatz der Ergebnisse für den Neubau des Heian-Jingū in Kyoto (1895) durch Itō Chūta und dem Kulturerbe- und Denkmalpflegegesetz von 1897.[10]

Nach der Jahrhundertwende etablierte sich die traditionelle japanische Architektur als Teil der kunst- und architekturhistorischen Wissensbestände und beeinflusste auch die Diskurse um eine moderne japanische Architektur. Die analytisch wie konservatorisch behandelten Objekte waren jedoch Einzelbauten und Baugruppen hegemonialen Charakters wie Tempel, Schreine und Burganlagen. Siedlungen waren und sind als Gegenstände der Bestandssicherung Ausnahmefälle.

Die seit 1995 UNESCO-geschützten dörflichen Gebäudegruppen von Shirakawa-Ogimachi, Ainokura und Suganuma sind aufgrund der Verbindung von Umwelt, lokaler Wirtschaft und dörflicher Gesellschaft von Bedeutung. Die spezifische Bauform der Häuser, *gassho-zukuri*, ihr Alter und die Anordnung in der Landschaft repräsentieren den materiellen Teil des schützenswerten Erbes.[11] Auf der nationalen Liste der schützenswerten Kulturlandschaften befinden sich einige Städte bzw. Stadtteile, darunter Kanazawa und Uji. Die Diskurse um die Unterschutzstellung zeigen die hohe Bedeutung für lokale Identität und sozialen Zusammenhalt, die den Denkmalarealen zugesprochen wird.[12] Beide Fälle zeigen aber auch, dass die Vorstellung von ›alter Stadt‹ nur bedingt durch bauliche Artefakte bestimmt wird. Die erhaltene Architektur bildet den Rahmen, sie beweist und verankert eine grundlegende Historizität des Ortes. Im Fokus des Schutzes scheinen jedoch vor allem das soziale Gefüge der Bewohner und die kulturellen Performanzen traditioneller Berufsfelder zu stehen.

DAS VERLORENE GEFÜHL

Die Verhandlung von städtischem Raum zwischen Materialität und emotionalem Erleben ist eines der grundlegenden Themen der modernen Stadtdiskurse, sei es in Europa oder in Japan.

Evelyn Schulz bietet mit ihrer Analyse der Texte des Romanciers Nagai Kafū (1862–1959) ein enorm komplexes Beispiel für die Auseinandersetzung mit der ›alten Stadt‹ zu Beginn des 20. Jahrhunderts. Von einem langen Aufenthalt in Nordamerika und Europa zurückgekehrt, stellte der Autor seine Erfahrungen dort den rasanten Veränderungen der japanischen Hauptstadt gegenüber, die drohten, die letzten Spuren der alten, vormodernen Stadt auszulöschen. Er leitete aus dem beobachteten Nebeneinander von Alt und Neu der modernen westlichen Städte eine Theorie zur Schönheit der modernen Stadt ab und suchte eine vergleichbare Lösung für Tokyo.[13] In einer dichten und atmosphärisch aufgeladenen Beschreibung verwob Nagai in seinem Buch *Hiyorigeta*, 1914, den Bestand der Stadtviertel und Sehenswürdigkeiten mit historischen Referenzen, Texten wie Bildern, innerhalb und außerhalb Japans.[14]

Was in dieser facettenreichen Analyse auffällt, ist die Betonung des sozialen Raumes von Stadt. Nagai Kafū nahm die strukturellen Unterschiede zwischen modern überformter und historisch erhaltener Stadt wahr und beschrieb sie. So schildert er die ›alte Stadt‹ der Nachbarschaften und Hintergassen, *roji*, als lebendigen sozialen Raum von Armut und baulicher Vergänglichkeit.[15] Für die Qualität der beschriebenen Viertel war für ihn jedoch nicht die Anordnung, Form oder Materialität der Bauten maßgeblich, sondern die in und um sie herum mögliche Komplexität sozialen Lebens. So dient in diesem Beispiel die ›alte Stadt‹ als Sinnbild sozialer und kultureller Zugehörigkeit, dessen materielle Repräsentation und wirtschaftliche Rückständigkeit zweitrangig sind.

DIE NACHBARSCHAFT

Die Stadtviertel und *roji*, die schon Nagai Kafū interessierten, sind bis heute Gegenstand der Forschung und werden sowohl von bauhistorischer als auch von anthropologischer und soziologischer Seite her untersucht. Anhand der Verhandlungen um die Bedeutung von sozialem und/oder physischem Raum können hier fach- und methodenbedingte Deutungskonflikte beobachtet werden, wie sie auch für die europäischen Diskurse charakteristisch sind: Was bestimmt die lokale Identität und das Funktionieren von Nachbarschaft? Der physische oder der soziale Raum?

Einer der signifikanten Punkte dabei ist die in der populären Literatur immer wieder auftretende Beschreibung japanischer Stadtviertel als ›Dörfer in der Stadt‹. Auch in den Ballungszentren lassen sich in den Nachbarschaften eine kleinteilige Bebauung und Nahversorgung sowie eine kommunikative Nutzung des öffentlichen Raumes beobachten.[16] Damit lehnt sich das Erscheinungsbild des Stadtviertels jenem an, das wir in unserem kulturellen Gedächtnis mit einem traditionellen Dorf oder einer vormodernen Kleinstadt verbinden. Hinzu kommt eine Vielfalt von Bauformen in verschiedenen Stadien des Alterns, die den Vierteln einen Anstrich von historischer ›Gewordenheit‹ verschaffen.

Ein Blick in Andre Sorensens Arbeit zeigt jedoch die rasante Vergänglichkeit moderner städtischer Strukturen in Japan,[17] während Katja Schmidtpott den Mythos des Dorfes schon für die 1920er-Jahre dekonstruiert und auf die Inszenierung der Nachbarschaftsgemeinschaft in Sinne einer reibungslosen lokalen Verwaltung und nationalstaatlichen Politik verweist.[18] Das ändert nichts an der Rolle der Nachbarschaften und lokaler Vereine für das Funktionieren von Stadt in Japan, wie die Arbeiten von Carola Hein und Christoph Brumann zeigen, widerspricht jedoch der Zuschreibung ›dörflicher‹ Qualitäten.[19]

Das legt den Verdacht nahe, dass die japanischen Nachbarschaften in einigen populären Betrachtungen weniger wissenschaftlich erfasst, als vielmehr zu Sehnsuchtsorten verklärt werden. Sie stehen damit sinnbildlich für die Suche nach funktionierender sozialer Interaktion, nach einer Nicht-Moderne in der Moderne der Großstadt.

DER SEHNSUCHTSORT

Mit dem Begriff des Sehnsuchtsortes ist eine kritische Schwelle erreicht, an der sich die ›alte Stadt‹ als Lebensraum und die ›alte Stadt‹ als Konsumartikel voneinander zu trennen beginnen, an der das Ringen um die Bewohnbarkeit eines urbanen Raumes in jenes um die Vermarktung eines Traumes übergeht.

Die bekannten Beispiele Las Vegas und Rothenburg ob der Tauber markieren die Grenze auf einer Seite: Sie nutzen ihre jeweiligen *Images* für Tourismuszwecke aus, bleiben aber letztlich funktionierende Gemeinwesen, in denen die Brüche zwischen Alltagsleben und Inszenierung permanent verhandelt werden. Für das Beispiel Venedig stellt sich etwas polarisierend die Frage, ob es sich nicht schon um einen Siedlungszusammenhang handelt, der in seiner physischen Repräsentation einer ›alten Stadt‹ entspricht, faktisch jedoch den Charakter eines Freilichtmuseums oder Vergnügungsparks annimmt. Auch für vergleichbare Beispiele in Japan muss jeweils der Einzelfall geprüft werden. Die oben erwähnten Dorfensembles unter UNESCO-Welterbeschutz scheinen allmählich zu musealisieren. Sie sind jedoch, wie auch die Kulturlandschaften von Kanazawa und Uji, grundsätzlich Teil eines lebendigen größeren Siedlungszusammenhanges.

Ganz eindeutig auf der anderen Seite der Grenze zwischen Stadt und Imagination – und hier nur stellvertretend für ähnliche Phänomene weltweit – steht der Themenpark *Huis Ten Bosch* in Sasebo (Präf. Nagasaki).[20] Der Park bildet eine niederländische Stadt mit einem Anspruch auf Authentizität nach und macht ganz eindeutig ein rein konsumorientiertes Angebot für Urlaub und Romantik, wie es Europäer vielleicht mit Las Vegas und Paris verbinden.

Die ›alte Stadt‹ als Sehnsuchtsort ist ein wirkmächtiges Bild, das einen Imaginations- und Interpretationsraum eröffnet, in dem Verlusterfahrungen geheilt, Sehnsüchte gestillt und Sinnfragen beantwortet werden können oder sollen. Hier treffen die Bedürfnisse der *global citizens* zusammen, hier setzen Stadtmarketing und Tourismus an, findet aber auch der Kulturerbe-Schutz einige seiner Legitimationsstrategien. So besteht die dringende Notwendigkeit, immer im Einzelfall zu unterscheiden, welche Kommunikationsebene bedient, welche Zielgruppe angesprochen wird.

FAZIT

Bei der Untersuchung der ›alten Stadt‹ geht es nicht mehr allein um historische Wahrheit, faktische Erkenntnis und kompetente Planung. Die ›alte Stadt‹ ist global geworden und balanciert nun – um mit den Worten David Lowenthals zu sprechen – auf der Schwelle zwischen *History* und *Heritage*, in der die wissenschaftlich bewiesene Wahrheit nicht wirkmächtiger und ›realer‹ ist als die populärkulturelle Zuschreibung.[21]

Diese Herausforderung ist zumindest dem Denkmalpflegediskurs nicht neu; ihre globale Ausdehnung jedoch durchaus. Sie macht deutlich, wie viele Rahmenbedingungen der etablierten Stadtgeschichte und Stadtplanung europäischen Setzungen entstammen. So unterliegt unserem Gedanken an ein Stadtviertel bzw. eine Nachbarschaft die Idee des Pfarrbezirks, während die Stadt selbst als juristische Körperschaft mit festen Grenzen, Rechten und Pflichten gesetzt wird. Das Konzept der Stadt als *communitas* mit all den daraus abgeleiteten Vorstellungen von bürgerschaftlicher Partizipation o.ä. greift jedoch für Japan nicht. Was uns an gebauter Umwelt in Japan vertraut erscheint, ist vielfach die Erfüllung einer Bilderwartung von Stadt, deren Fundament aus sozialer Funktion und symbolischer Bedeutung sich nicht sogleich erschließt. Es fällt nicht sofort auf, dass die spekulative Landverwertung und monopolisierte Bauindustrie die Ausformung von Haus und Wohnviertel weit stärker prägt als jede Stadtplanungstheorie. Und welche Konsequenzen es für die Authentizität städtischen Baubestandes hat, wenn mit einer Haltbarkeit von 25 Jahren projektiert wird.[22]

Gerade deshalb ist ein Blick nach Japan für ein Verständnis von ›alter Stadt‹ enorm bereichernd. Er erlaubt uns, die westlichen Diskurse von außen zu sehen und ihre Allgemeingültigkeit zu hinterfragen. So können wir unsere Kompetenz für das Wandern kultureller Konzepte schärfen. In Europa ist ›alte Stadt‹ ein Begleitmotiv der Moderne-Diskurse und letztlich ein Sinnbild für Teile einer abgelegten oder verlorenen kulturellen Identität: ein Sehnsuchtsort des Eigenen. In Japan, mit all seinen vergleichbaren Moderne-Diskursen und Lösungsansätzen, hat sich die ›alte Stadt‹ im Sinne eines sozialen Konzepts etabliert, aber wohl nicht als narrativ aufgeladenes *Bild* von Stadt. Sie ist kein architekturhistorisches Schlüsselkonzept innerhalb der eigenen Kultur, sondern etwas dezidiert Fremdes, Exotisches: ein Sehnsuchtsort des Anderen.

1   Eine Übertragung der im Folgenden dargelegten Phänomene auf China oder Korea ist nicht ratsam. Die kulturellen Faktoren im Umgang mit Architektur unterscheiden sich deutlich.

2   Es dominieren sozialwissenschaftliche und geographische Fragestellungen. Zu den Ausnahmen gehören die Arbeiten von Nicolas Fiévé. Fiévé, Nicolas / Waley, Paul: Japanese Capitals in Historical Perspective. Place, Power and Memory in Kyoto, Edo and Tokyo, London 2003; ders: Atlas historique de Kyôto, Paris 2008.

3   Dieser Prozess der Integration kultureller Inhalte, die vom Masternarrativ einer Gesellschaft abweichen oder ihm gar widersprechen, wird gerade in den letzten Jahren intensiv untersucht, oft in Bezug auf totalitäre Gesellschaftsformen. Zu Gunsten einer Verallgemeinerbarkeit der Erkenntnisse wäre es sicher sinnvoll, hier Japan und Korea als nichtwestliche Vergleichsgrößen einzubinden.

4   Z.B. Ehrentraut, Adolf W.: The Visual Definition of Heritage: The Restoration of Domestic Rural Architecture in Japan, in: Visual Anthropology 2.2, 1989, S. 135–161; Coaldrake, William H.: Western Technology Transfer and the Japanese Architectural Heritage in the Late Nineteenth Century, in: Fabrications: The Journal of the Society of Architectural Historians, Australia and New Zealand, 4. Jg., 1994, S. 21–58; Larsen, Knut Einar: Architectural preservation in Japan, Trondheim 1994; Enders, Siegfried R. C. T.; Gutschow, Niels (Hg.): Hozon. Architectural and Urban Conservation in Japan, Stuttgart / London 1998; Henrichsen, Christoph / Gutschow, Niels / Green, Peter: Historische Holzarchitektur in Japan. Statische Ertüchtigung und Reparatur, Darmstadt 2003; Falser, Michael S.: Von der Charta von Venedig 1964 zum Nara Document on Authenticity 1994. 30 Jahre »Authentizität« im Namen des kulturellen Erbes der Welt, in: Renaissance der Authentizität? Über die neue Sehnsucht nach dem Ursprünglichen, hg. v. Michael Rössner / Heidemarie Uhl, Bielefeld 2012, S. 63–88.

5   Christoph Henrichsen: Historical outline of conservation legislation in Japan, in: Hozon. Architectural and Urban Conservation in Japan, hg. v. Siegfried Enders / Niels Gutschow, Stuttgart / London 1998, S. 17; Coaldrake, William H.: Architecture and authority in Japan, London 1996, S. 248.

6   Tokyo National Museum: The Jinshin Survey. Research of cultural properties, http://www.tnm.jp/modules/r_free_page/index.php?id=147 (25. September 2015).

7   National Institutes for Cultural Heritage: Jinshin Survey related materials, online-ressource,   http://www.emuseum.jp/detail/100815?word=&d_lang=en&s_lang=en& class_id=&title=&c_e=&region=&era=&cptype=&owner=&pos=9&num=5&mode= detail (25. September 2015).

8   Die Bilder stellen heute einen Quellenschatz dar. Sie zeigen die Bauten, anders als die gängigen Souvenirfotos der Zeit, nüchtern pragmatisch und oft im Kontext.

9   Finn, Dallas: Meiji Revisited. The Sites of Victorian Japan, New York 1995, S. 167.

10 Coaldrake, William H. 1996 (wie Anm. 4), S. 248.

11 United Nations Educational, Scientific and Cultural Organization (UNESCO): Historic Villages of Shirakawa-go and Gokayama, online-Resource, http://whc. unesco.org/en/list/734 (29.09.2015).

12 Koura, Hisako: Landscape Literacy and the »Good Landscape« in Japan, in: Landscape Culture - Culturing Landscapes. The Differentiated Construction of Landscapes, hg. v. Diederich Bruns / Olaf Kühne / Antje Schönwald / Simone Theile, Wiesbaden 2015, S. 81–94, hier S. 90. – siehe auch Agency for Cultural Affairs (Hg.): Invitation to the system of preservation districts for groups of historic buildings, online-Resource, http://www.bunka.go.jp/tokei_hakusho_shuppan/shuppanbutsu/bun kazai_pamphlet/pamphlet_en.html, http://www.bunka.go.jp/tokei_hakusho_shuppan/ shuppanbutsu/bunkazai_pamphlet/pdf/pamphlet_en_02.pdf (29. September 2015).

13 Schulz, Evelyn: Spiegelungen und Verflechtungen zwischen globalen und lokalen Stadtdiskursen: Zur ›Schönheit der Stadt‹ in Texten von Nagai Kafū, in: Neue Konzepte japanischer Literatur? Nationalliteratur, der literarische Kanon und Literaturtheorie, hg. v. Evelyn Schulz / Lisette Gebhardt, Berlin 2014, S. 103–136, hier S. 111–113.

14 Ebd., S. 118–123.

15 Ebd., S. 123.

16 Eine ausführliche anthropologische Studie zu diesem Thema: Bestor, Theodore C.: Neighborhood Tokyo, Stanford 1989.

17 Sorensen, Andre: The Making of Urban Japan: Cities and planning from Edo to the twenty-first century, London 2002.

18 Schmidtpott, Katja: Indifferent communities. Neighbourhood associations, class and community consciousness in pre-war Tokyo, in: Urban spaces in Japan. The social scientific study of Japan and the ›spatial turn‹, hg. v. Christoph Brumann / Evelyn Schulz, London / New York 2012, S. 125–147, hier S. 125–127. Siehe auch deutlich ausführlicher: dies: Nachbarschaft und Urbanisierung in Japan. 1890–1970, München 2009.

19 Z.B. Hein, Carola: Toshikeikaku and Machizukuri in Japanese Urban Planning. The Reconstruction of Inner City Neighborhoods in Kobe, in: Japanstudien, hg. v. Deutschen Institut für Japanstudien, 13 Jg., Tokyo 2001, S. 221–252; Brumann, Christoph: Weite Himmel über der Kaiserstadt: Die Kehrtwende in Kyotos Stadtplanung, in: Japanstudien, hg. v. Deutschen Institut für Japanstudien, 20 Jg., Tokyo 2008, S. 103–128; ders.: Outside the Glass Case: The Social Life of Urban Heritage in Kyoto. American Ethnologist, 36 Jg., 2009, S. 276–299.

20 *Huis Ten Bosch* und andere Parks aus Sicht von Kulturtransfer und –wahrnehmung, siehe: Gleiter, Jörg H.: Exotisierung des Trivialen. Japanische Themenparks; in: Thesis, 6, 1998, S. 36–51.

21 Lowenthal, David: ›History‹ und ›Heritage‹. Widerstreitende und konvergente Formen der Vergangenheitsbetrachtung, in: Geschichtskultur in der Zweiten Moderne, hg. v. Deutsches Historisches Museum / Rosmarie Beier, Frankfurt am Main 2000, S. 71–94.

22 Siehe dazu u.a. Falser, Michael S. 2012 (wie Anm. 4).

»Altstadtfreunde«
Bürgerschaftliches Engagement für Denkmal- und Stadtbildpflege

»Friends of the Old Town«
Citizen Engagement in Architectural and Urban Conservation

ACHIM SCHRÖER

English Summary

Who makes the Old Town? This article looks at the special role of civic societies in contemporary urban conservation. External attitudes toward such groups range from enthusiastic involvement to rejection as NIMBYs. Professional conservationists are often sceptical about citizens' alleged preference for ›fake‹ reconstructions. Empirical evidence from the Bavarian cities of Coburg, Nuremberg and Regensburg shows that local civic societies actually undertake a broad and diverse range of activities. Through most of these, from educational and PR activities to campaigns for threatened buildings, but also through additional financial resources, they act as important partners for public heritage authorities and stir local political debates. Partial reconstructions and »Stadtbildpflege« are only a topic of discussion in Nuremberg, a city heavily hit by the Second World War.

WER MACHT DIE ALTSTADT?

Eine Altstadt und ihre Sonderstellung im heutigen Stadtgefüge seien etwas »Gemachtes«, ein Produkt absichtsvoller Handlungen vor allem in verschiedenen Phasen des 20. Jahrhunderts, so das Leitthema dieses Bandes. Eine naheliegende Perspektive blickt dabei auf die sich wandelnden städtebaulichen, architektonischen und denkmalpflegerischen Leitvorstellungen. Wer aber entwickelt und äußert diese eigentlich und setzt sie um – wer also macht die Altstadt? Im folgenden Artikel soll der Blick auf die Akteure im Vordergrund stehen, genauer: auf den Beitrag bürgerschaftlicher Initiativen, beispielhaft dargestellt an den bayerischen Städten Coburg, Nürnberg und Regensburg.

In der Stadtforschung erlangte die Frage nach den Akteuren der Stadtentwicklung mehr und mehr Bedeutung, je geringer die Rolle der öffentlichen formellen Stadtplanung eingeschätzt wurde.[1] Bürgerbeteiligung und die wachsende Zahl von Bürgerinitiativen, die Macht von Unternehmen und Investoren sowie das gleichzeitige Schwinden staatlicher Möglichkeiten durch Deregulierung und Austerität waren Gründe, die etwa seit den 1970er Jahren den Abschied vom ›Gott-Vater-Modell‹, einer alles bestimmenden zentralen Instanz der Stadtentwicklung, nahelegten. Gleichzeitig stellten auch planungstheoretische Überlegungen die Idee der rationalen und zentral gesteuerten Planung infrage, handelt es sich bei der Stadtentwicklung doch um ein inhärent politisches Handlungsfeld. Weiteren Auftrieb erhielt die Debatte seit den 1990er Jahren, als der Modebegriff »Governance« analytisch den Blick auf das Zusammenwirken verschiedener Akteure lenkte, vor allem aber normativ eine neue Handlungsfähigkeit des Staates als Moderator dieses Zusammenwirkens in Aussicht stellte. Unter diesem Blickwinkel erscheint auch in der historischen Stadtforschung das ›Gott-Vater-Modell‹ eher als Ausnahmephase oder gar Illusion: Im lehrreichen Sammelband »Wer entwickelt die Stadt?« beispielsweise wird das komplexe Akteurs- und Interessengeflecht gerade von historischen Stadtentwicklungsprozessen, wie z.B. bei Villenkolonien der Gründerzeit, analysiert.[2] Stadtentwicklung stellt sich also heute dar als Ergebnis eines mehr oder minder koordinierten Handelns ganz unterschiedlicher Akteure: unterschiedliche Verwaltungen und politische Gremien, Eigentümer, Unternehmen und Investoren, Einwohner und engagierte Bürger verschiedenster Couleur. Diese Sicht macht selbstverständlich auch vor den Toren einer Altstadt nicht halt, weder in historischer noch in aktueller Perspektive. Welche Rolle die Altstadt im gesamten Stadtgefüge spielt und wie sie sich baulich darstellt, ist somit weniger Ausdruck eines zentral formulierten und durchgesetzten Willens als das Produkt des mehr oder minder koordinierten (Aus-)Handelns vielfältiger Akteure.

BÜRGERSCHAFTLICHES ENGAGEMENT IN DER ALTSTADT

Welche Rolle spielen dabei die engagierten Bürger? Jenseits des alltäglichen Handelns von Bürgern in ihren verschiedenen Rollen als Eigentümer, Mieter, Werktätige, Konsumenten, Auto- oder Radfahrer, Flaneure etc., das Stadtentwicklung ›unterschwellig‹ ganz massiv prägt,[3] soll hier das bürgerschaftliche Engagement betrachtet werden, also das artikulierte und organisierte Aktivsein einer Gruppe von Bürgern außerhalb der politischen Gremien zu einem bestimmten Zweck. Unter den verschiedenen Bezeichnungen mit ihren unterschiedlichen Konnotationen (Bürgerinitiativen, bürgerschaftliches Engagement, Zivilgesellschaft etc.) sind engagierte Bürger heute aus der Stadtentwicklung nicht mehr wegzudenken. Das Urteil über ihre Rolle jedoch fällt sehr unterschiedlich aus und sagt oftmals ebenso viel über den Betrachter und seine Position aus wie über das jeweilige betrachtete Engagement.

Zum einen gibt es die positive Sichtweise auf die Engagierten als Hoffnungsträger und als wichtige Partner einer kooperativen Stadtentwicklung. Bürger gelten hier als Unterstützer der öffentlichen Hand, gerade bei Aufgaben, die diese nicht (mehr) allein erfüllen kann oder möchte, von der Parkpflege bis zur Überwachung von Bodendenkmälern.[4] Ein besonderer Fokus dieser Perspektive liegt denn auch auf Initiativen, die sich mit direktem Arbeitseinsatz oder finanziell in konkrete Projekte einbringen, wie z.B. Bürgerstiftungen, und weniger auf solchen, die sich vor allem stadtpolitisch äußern.

Letztere dagegen gelten in einer anderen Perspektive leicht als lautstarke Minderheiten, als ›Wutbürger‹[5] oder ›NIMBYs‹[6], die die in politischen Gremien ausgehandelten und nach rechtsstaatlichen Verfahren gefundenen Lösungen nicht akzeptieren, und somit das System der repräsentativen Demokratie unterlaufen.

Faktisch sind beide Phänomene schwer zu trennen. »Man kriegt das nur im Paket: Das Engagement und die Aufmüpfigkeit.«[7] In der Zivilgesellschaftsforschung gilt es geradezu als Basisaussage, dass sich zivilgesellschaftliches Engagement selbst ermächtigt, eigenständig seine Themen sucht und dabei auch nicht auf Repräsentativität achten muss.[8] Jede Unterscheidung in legitimes und illegitimes Engagement verkennt also dessen eigentlichen Kern.

In der baukulturellen Diskussion kommt noch eine weitere Konnotation hinzu: die verbreitete Vorstellung, dass »die Bürger«, in Opposition zum heutigen denkmalfachlichen Diskurs, vor allem an einem bestimmten konstruierten Stadtbild interessiert seien, in dem denkmalfachlich umstrittene Begriffe wie Schönheit eine Rolle spielen und die Festlegung auf ›historische‹ Architekturen (historisch hier in einem umgangssprachlichen Sinne von ›vor der Moderne‹ verwendet).

Dieses gelte es auch durch Rekonstruktionen, oft unter Rückbau von Bauten der Nachkriegsmoderne, herzustellen. Prägend für diese Sichtweise mag zum einen die Heimatschutzbewegung aus der ersten Hälfte des 20. Jahrhunderts mit ihrer gestaltenden Stadtbildpflege sein, die stark von Vereinen getragen wurde (die allerdings durch die Zusammensetzung ihrer Mitglieder oft eine bürgerschaftlich-öffentliche Zwitterstellung einnahmen),[9] sowie zum anderen die Welle von spektakulären Rekonstruktionen der letzten Jahre, die zum Teil durch bürgerschaftliches Engagement initiiert wurden, wie etwa die Dresdner Frauenkirche oder das Berliner Schloss. Auch die sogenannte »Hoffmann-Axthelm-Debatte« Anfang des Jahrhunderts wirkt hier wohl noch nach, auch wenn es sich beim grundlegenden Text um ein frei verfasstes Gutachten handelte, welches ohne größere Abstimmung mit der bürgerschaftlichen Szene pauschal »den Bürgern« eine bestimmte Position unterstellte.[10]

Was also wollen die engagierten Bürger nun in der Altstadt – »konstruktiv« mitpflegen und -gestalten, »destruktiv« verhindern, städtebauliche Leitvorstellungen auf der Basis von Rekonstruktionen durchsetzen, alles davon oder etwas ganz Anderes?

»ALTSTADTFREUNDE« IN BAYERN

Antworten kann eine empirische Untersuchung geben, die als Grundlage dieses Beitrags zumindest exemplarisch durchgeführt wurde. Aus pragmatischen Gründen wurde sie auf das große Flächenbundesland Bayern beschränkt, da der Verfasser aufgrund seiner Tätigkeit im Denkmalnetz Bayern einen erleichterten Feldzugang besitzt. Das Denkmalnetz Bayern ist ein 2012 gegründetes Netzwerk von Bürgerinitiativen für Baukultur und Denkmalpflege in Bayern.[11] Bei rund 140 Mitgliedsinitiativen aus dem ganzen Bundesland und einer breiten Bekanntheit in der Fachöffentlichkeit ist davon auszugehen, dass mittlerweile fast alle relevanten bayerischen Initiativen Mitglied geworden sind oder zumindest in Kontakt mit dem Denkmalnetz stehen. Aus diesem Bestand wurden Untersuchungsbeispiele anhand folgender Kriterien ausgesucht: 1) Im Namen der Initiative findet sich explizit der Begriff »Altstadt« und 2) in derselben Stadt ist noch eine weitere Initiative zum ähnlichen Thema aktiv, dies erhöht die Chance auf eine Pluralität der Positionen. Damit werden aus dem breiten Spektrum von Bürgerinitiativen diejenigen gewählt, die sich im Bereich von Baukultur und Denkmalpflege bewegen und, mehr oder weniger dezidiert, dem Schwerpunkt Altstadt widmen. Im Titel dieses Artikels werden sie deshalb ungeachtet ihres konkreten Vereinsnamens als »Altstadtfreunde« angesprochen.

Diese Kriterien treffen auf sechs Initiativen aus den Städten Coburg, Nürnberg und Regensburg zu. Anhand der Auswertungen von Publikationen und Internetseiten sowie von Interviews mit ihren Vorsitzenden bzw. deren Vertretern wurden folgende Aspekte untersucht: ihre Gründung nach Zeitpunkt und Anlass, ihre Aktivitäten und Handlungsfelder, ihre Strategien und das politische ›standing‹, ihre Erfolge und, soweit daraus erkennbar, schließlich ihre Vorstellungen von Altstadt und vom richtigen Umgang mit ihr.

COBURG: GEMEINSCHAFT STADTBILD COBURG UND ALTSTADTFREUNDE COBURG

Coburg ist eine Mittelstadt von ca. 40.000 Einwohnern im Bezirk Oberfranken nahe der thüringischen Grenze.[12] Die ehemalige Residenzstadt der Herzöge von Sachsen-Coburg, die erst 1920 per Volksabstimmung dem Freistaat Bayern beitrat, wurde kaum kriegszerstört und hat ein vielfältiges Stadtbild mit Schwerpunkten aus Renaissance und Historismus bewahrt. Zwar sind die Einwohnerzahlen wie in der gesamten Region leicht rückläufig, jedoch ist die Stadt Coburg mit ihren Hauptarbeitgebern aus der Versicherungs- und der Autozulieferbranche wirtschaftlich stark.

In der weitgehend unzerstörten Stadt wurde Anfang der 1970er Jahre eine ganze Welle von Abrissen vorgenommen oder geplant, die von mittelalterlicher Bausubstanz bis zu Gebäuden des Jugendstils reichen.[13] Aus dem sich formierenden Protest gegen die Abbrüche sowie auch gegen die Gestaltung der folgenden Neubauten bildete sich 1973 die Gemeinschaft Stadtbild Coburg e.V., zu der heute 220 Mitglieder gehören. Zu ihren Aktivitäten zählten von Anfang an nicht nur Kampagnen gegen Abrisse, sondern auch ein umfangreiches Programm der Öffentlichkeits- und Vermittlungsarbeit durch geführte Spaziergänge, Vorträge, Preisausschreiben mit Fotomotivsuchen, Altstadtfeste, Gesprächskreise etc.[14] Zusammen mit der Stadt wird bis heute ein Preis für sanierte Fassaden vergeben. Einen für Bürgerinitiativen ungewöhnlichen Schwerpunkt bildet ein Förderprogramm, das aus zwei Großspenden eines örtlichen Unternehmers finanziert wird: Mit 1,5 Mio. DM ab 1987 und noch einmal 3 Mio. Euro seit 2012 ist die Gemeinschaft Stadtbild Coburg in der Lage, selbständig Sanierungen zu unterstützen. Bisher wurden so über 300 Baumaßnahmen gefördert. Dabei handelt es sich in der Regel um denkmalgeschützte historische Gebäude in der Innenstadt (wie z.B. Webergasse 4, Abb. 1), daneben werden auch stadtbildprägende nicht geschützte Gebäude gefördert. Begleitet wird das Programm durch ein Beratungsangebot zu technischen, finanziellen und gestalterischen Fragen. Unter den bisher geförderten Gebäuden findet sich eine Teilrekonstruktion (Giebel des Hauses Rosengasse 10), ansonsten liegt der Schwerpunkt auf Fassadensanierungen, d.h. vor allem Fensteraustausch und Putzerneuerung. Dabei werden auch kleinere stadtbildpflegende Akzente gesetzt, z.B. Rückbau von Schaufensterdurchbrüchen. Die geförderten Maßnahmen werden im Falle von Denkmälern regelmäßig in Kooperation mit den Denkmalbehörden durchgeführt. Die Gemeinschaft Stadtbild Coburg ist heute in der Coburger Lokalpolitik eine etablierte Größe mit mittlerweile sieben Mitgliedern in verschiedenen Stadtratsfraktionen. Das in den ersten Jahrzehnten gespannte Verhältnis zu Stadtverwaltung und Oberbürgermeister hat sich damit deutlich gebessert.

Abbildung 1: Webergasse 4 in Coburg (Baudenkmal), Fassadensanierung gefördert durch die Gemeinschaft Stadtbild Coburg e.V.

Aus Anlass von Differenzen über umstrittene Abrisse in der Ketschenvorstadt im Jahr 2009, denen die Gemeinschaft zugestimmt hatte, bildeten sich die Altstadtfreunde Coburg e.V. als weitere Gruppe mit heute rund 40 Mitgliedern.[15] Neben Kampagnen zu aktuellen Planungen, wie z.B. einer als zu »steinern« empfundenen Platzgestaltung am Albertplatz, liegen ihre Aktivitäten vor allem im Bereich der Vermittlung und Bewusstseinsbildung durch Veranstaltungen wie Vortrags- und Filmabende und Stadtspaziergänge. Besonders plakativ stellt ein »Abrisskalender« abgerissene historische Gebäude und die sie ersetzenden Neubauten dar. Im Fokus stehen dabei jedoch nicht nur das historische Stadtbild, sondern auch übergeordnete Themen der Stadtentwicklung wie Einzelhandel in der Innenstadt, Leerstände und Bürgerbeteiligung. In ihren Aktivitäten und Formulierungen treten die Altstadtfreunde politisch provokanter auf als die mittlerweile etablierte Gemeinschaft Stadtbild Coburg.[16]

NÜRNBERG: ALTSTADTFREUNDE NÜRNBERG UND STADTBILD-INITIATIVE NÜRNBERG

Die mittelfränkische Großstadt Nürnberg mit ca. 500.000 Einwohnern bildet zusammen mit den Nachbarstädten Fürth und Erlangen das städtische Zentrum Nordbayerns.[17] Die ehemalige freie Reichsstadt war bereits seit dem späten Mittelalter eine der größten und wichtigsten Städte Deutschlands und ein frühes Zentrum der Metallindustrie. Nürnberg galt im späten 19. und frühen 20. Jahrhundert als »die« mittelalterliche deutsche Stadt, was sich auch in zahlreichen Maßnahmen der gestaltenden Stadtbildpflege niederschlug.[18] Gegen Ende des Zweiten Weltkrieges wurde die Innenstadt fast vollständig zerstört. Das Stadtbild wird heute vor allem durch den Wiederaufbau der 1950er und 1960er Jahre geprägt, dem weitere Bauten zum Opfer fielen, sowie einzelne erhaltene oder teilrekonstruierte Gebäude und Gebäudegruppen. Nürnberg ist heute eine wachsende Stadt mit einer, trotz mehrerer großer Firmenkonkurse der letzten Jahre, stabilen wirtschaftlichen Entwicklung.

In Nürnberg existierte schon seit 1950 eine Vereinigung der Freunde der Altstadt Nürnberg e.V. 1973 erfolgte jedoch nicht nur ein Wechsel an der Spitze, sondern auch eine Umbenennung in Altstadtfreunde Nürnberg e.V. und eine inhaltliche und organisatorische Neuausrichtung, die seither als »faktische Neugründung« kommuniziert wird.[19] Anlass war auch hier wieder der Abriss von historischer Bausubstanz, in diesem Fall der mittelalterlichen Weberhäuser der »Sieben Zeilen«. Auch hier bilden Öffentlichkeitsarbeit und Bewusstseinsbildung ein wichtiges Handlungsfeld mit einem breiten Spektrum an Aktivitäten, u.a. Publikationen, und hohen Teilnehmerzahlen bei Stadtspaziergängen, Vorträgen, Ausstellungen und Konzerten. Jährlich erscheinen die »Altstadtberichte« mit Beiträgen zu laufenden Projekten, Stadtgeschichte und Bauforschung. Ein großer erster Erfolg war die Kampagne zum Erhalt der zum Abriss vorgesehenen Häuserzeile am Unschlittplatz 1978, die nicht zuletzt durch eine temporäre Hausbesetzung erzielt worden war. Durch Spenden der zurzeit 5700 Mitglieder und Großspenden von lokalen Unternehmern wurde es dem Verein im Lauf der Zeit möglich, eigenständig abriss- oder einsturzgefährdete Gebäude zu erwerben und mit hohem finanziellen Aufwand zu sanieren und damit vor dem Abbruch zu retten. Die meisten der zurzeit 18 Bauten werden vermietet, andere werden als eigener Vereinssitz (Weißgerbergasse 10), als eigenes Museum (Kühnertsgasse 18–20) oder als Veranstaltungszentrum (»Kulturscheune«) genutzt. Daneben gibt es Förderungen für private Eigentümer.

Dieses Engagement für bedrohte Bausubstanz verbinden die Altstadtfreunde Nürnberg in vielen Fällen mit stadtbildpflegender Gestaltung. Die meisten ihrer

Fachwerkfreilegungen aus den 1970er und 80er Jahren gelten heute nicht mehr als denkmalgerecht, waren allerdings nicht weit von der damaligen baudenkmalpflegerischen Praxis entfernt. Heutige Baumaßnahmen an Denkmälern werden intensiv mit den Behörden abgestimmt.

Eine Besonderheit bilden die sog. Chörlein, im Rokoko aufkommende charakteristische Holzerker. Viele dieser Chörlein wurden, wie andere Bauteile, bei der Ruinenräumung der Nachkriegszeit geborgen und werden seitdem von den Altstadtfreunden Nürnberg als restaurierte Spolien oder als Kopien an anderen Gebäuden, darunter auch an Nachkriegsbauten, angebracht. Teilrekonstruktionen wurden z.B. beim verlorenen Dachstuhl eines Eckhauses (Irrerstr. 1, Abb. 2) vorgenommen. Derzeit läuft ein stark beworbenes Projekt zur Teilrekonstruktion der Innenhoffassaden des Pellerhauses, eines stark kriegsbeschädigten ehemaligen Patrizierhauses der Renaissance.

Schließlich engagieren sich die Altstadtfreunde Nürnberg auch in Diskussionen um die Gestaltung von Neubauten in der Nürnberger Altstadt. Eine langwierige Kampagne gegen das Projekt eines großen Einkaufszentrums auf dem Augustinerhof-Gelände wurde 1996 mit einem ablehnenden Volksentscheid gewonnen. Kriterien zur Gestaltung in der Altstadt sind vor allem Maßstab, Dachform und Material, nicht jedoch eine historisierende Architektursprache. Dies zeigt das jüngere Beispiel der sog. Sebald-Kontore (Abb. 3), an dem die Altstadtfreunde Nürnberg im Umfeld des städtischen Baukunstbeirates wohlwollend mitberieten. Das Ziel einer Gestaltungssatzung für die Altstadt konnten sie bisher allerdings nicht durchsetzen.

Obwohl die Altstadtfreunde Nürnberg nur selten aktive Mitglieder im Stadtrat hatten, gilt ihr Einfluss durch ihre professionelle Öffentlichkeitsarbeit und ihre Mitgliederzahl, die nach eigenen Angaben größer ist als die der Ortsverbände aller Parteien zusammen, als bedeutend. Über ihren langjährigen Vorsitzenden Dr. Erich Mulzer wurden sie 1978 mit der Bayerischen Denkmalschutzmedaille und 1980 mit dem Deutschen Preis für Denkmalschutz geehrt.

Abbildung 2: Irrerstr. 1 in Nürnberg (Baudenkmal), Zustände 1911, 1978 und 2015; Teilrekonstruktion und Sanierung um 2005 durch die Altstadtfreunde Nürnberg e.V.

Abbildung 3: Innere Laufer Gasse 24 in Nürnberg (Neubau), sog. »Sebald-Kontore«,
GP Wirth Architekten

Neben den Altstadtfreunden Nürnberg, die sich streng auf den Bereich der Altstadt beschränken, sind in Nürnberg noch weitere Initiativen zum Thema Baukultur aktiv. Trotz inhaltlicher Kontroversen in einigen Bereichen, vor allem bei der Gestaltung von Neubauten, haben sie sich 2012 zum übergreifenden Bündnis Stadtbild-Initiative Nürnberg zusammengeschlossen.[20] Wichtigste Partner sind der Geschichte für alle e.V., der sich vor allem mit den Spuren der NS-Herrschaft befasst, und die Stiftung Stadtökologie. Der neubauorientierte Baulust e.V. hat das Bündnis wieder verlassen. Als Hauptthemen haben sich bedrohte Denkmäler außerhalb der Altstadt sowie die energetische Modernisierung herausgebildet. Letztere gefährdet das Fassadenbild vieler nicht-geschützter Gebäude, darunter vor allem auch aus der für Nürnberg so prägenden frühen Nachkriegszeit (Abb. 4).[21] Das Bündnis betreibt Öffentlichkeitsarbeit und Kampagnen.

Die Altstadtfreunde Nürnberg erhalten also historische Bauten und Denkmäler, betreiben zudem auch weitergehende gestaltende Stadtbildpflege, die sich an einem teils fiktiven Vorkriegszustand orientiert, und unterstützen jedoch drittens, im Rahmen der »Stadtbild-Initiative«, auch das Engagement für erhaltenswerte Bauten der Nachkriegszeit.

*Abbildung 4: Nunnenbeckstr. 42 in Nürnberg (kein Denkmal, Baujahr 1962),
Zustände vor und nach der Modernisierung 2014*

Regensburg: Altstadtfreunde Regensburg und Forum Regensburg

Regensburg ist eine Großstadt an der Donau mit ca. 140.000 Einwohnern und heute die Hauptstadt des Bezirks Oberpfalz.[22] Die ehemals freie Reichsstadt mit Bistumssitz war im Mittelalter, auf römischer Gründung, eine der größten Städte des Landes, verlor jedoch in der Neuzeit an wirtschaftlicher Bedeutung. In der auch kaum durch den Krieg zerstörten Altstadt hat sich so ein Baubestand mit starker mittelalterlicher Prägung erhalten. Durch die nach dem Krieg neugegründeten Hochschulen, einen Mix verschiedener Unternehmen und nicht zuletzt durch den Tourismus ist Regensburg heute eine wirtschaftlich starke Stadt mit wachsender Bevölkerung.

Die Altstadtfreunde Regensburg (offiziell Vereinigung Freunde der Altstadt Regensburg e.V.) wurden 1966 von etablierten Regensburger Persönlichkeiten gegründet und haben heute rund 120 Mitglieder.[23] Gründungsanlass waren Straßenplanungen, die mit Abrissen stark in die noch erhaltene Altstadt eingegriffen hätten. Neben der Opposition gegen innerstädtische Verkehrsprojekte, die in Regensburg als Dauerbrenner für Diskussionen sorgen, setzen sich die Altstadtfreunde Regensburg auch für den Erhalt verschiedener Einzelbauten ein. Sie begleiten die Debatten um große Neubauprojekte, wie gegen das mittlerweile per Bürgerentscheid abgelehnte große Kongresszentrum mit Hotel am Donaumarkt, oder, über eine Mitgliedschaft im Preisgericht, für den durchaus modernen Siegerentwurf des Museums für Bayerische Geschichte am selben Standort. Während sie gerade in der Frühphase auch breitenwirksame Maßnahmen wie eigene »Bürgerfeste« initiierten, haben sie sich von Anfang an einen Ruf als einschlägige lokale Experten und ein in der Regel gutes Verhältnis zur Stadtverwaltung erworben. Wichtigster Ausdruck dessen ist zum einen das seit 1986 gemeinsam veranstaltete »Regensburger Herbstsymposion«, das der Forschung zur Regensburger Stadt-, Bau- und nicht zuletzt auch Denkmalpflegegeschichte ein anerkanntes Forum bietet. Zum anderen waren die Altstadtfreunde Regensburg auch die Initiatoren und Berater für die sog. Altstadtschutzsatzung, eine 1976 erstmals erlassene detaillierte Gestaltungssatzung, die inzwischen zum selbstverständlichen Instrument der Stadtverwaltung geworden ist. Für ihr Engagement wurde den Altstadtfreunden 2015 der Deutsche Preis für Denkmalschutz verliehen.

Das 1972 gegründete Forum Regensburg e.V. mit derzeit etwa 100 Mitgliedern (bei vielen Doppelmitgliedschaften mit den Altstadtfreunden) unterscheidet sich zum einen im räumlichen Bezug, da es, auch wieder ausgehend von der Verkehrsplanung, einen gesamtstädtischen, regionalen und teils auch allgemeinpolitischen Fokus hat.[24] Zum anderen hatten die damals jüngeren Mitglieder auch andere Aktionsformen gewählt als ihre etablierteren Kollegen, wie Straßentheater oder die Störung von städtischen Führungen. Auch auf juristische Auseinandersetzungen ließ sich das Forum Regensburg dank hervorragenden Sachverstands in den eigenen Reihen ein. Inhaltlich arbeiten die beiden Regensburger Initiativen eng zusammen. Das Forum Regensburg sieht sich vorrangig als Aktionsbündnis und unterhält kein ausgedehntes Vermittlungsprogramm.

FAZIT

Eine Untersuchung von sechs Initiativen aus drei Städten kann keinen Anspruch auf Repräsentativität erheben. Dennoch können die feststellbaren Gemeinsamkeiten und Unterschiede die Diskussion um die Rolle des bürgerschaftlichen Engagements in der Altstadtentwicklung ein wenig erhellen.

Keine der Initiativen weist persönliche oder organisatorische Bezüge zu Akteuren der Heimatschutzbewegung vor dem Zweiten Weltkrieg auf. Vielmehr liegt die Hauptphase ihrer Gründung in den Jahren um 1970, d.h. in der Zeit der Demokratisierung und der Bürgerbewegungen nach 1968 sowie der Ablösung der Nachkriegsmoderne zugunsten einer Wiederentdeckung historischer Strukturen, die auch die Entstehung der staatlichen Denkmalpflege entscheidend motiviert hat. Eine zweite Welle von Gründungen in den letzten Jahren steht wohl nicht zuletzt unter dem Eindruck des neuen Aufschwungs für das Thema Bürgerbeteiligung nach den Protesten gegen das Projekt »Stuttgart 21« (weitere Beispiele wären z.B. die Freunde der Altstadt Landshut e.V. 2013 oder die Altstadtfreunde München 2012).[25] Damit ist auch der anstehende Generationenwechsel angesprochen, da alle älteren Initiativen im Wesentlichen noch von der Generation der damaligen Jungmitglieder getragen werden. Ob dieses Engagement das

Projekt einer Generation bleibt, wird sich zeigen. Eine Übergabe an Jüngere stellt eine große Herausforderung für die nächsten Jahre dar.

Alle Initiativen, mit Ausnahme des Forum Regensburg, unterhalten ein breites und gut angenommenes Programm der Öffentlichkeits- und Vermittlungsarbeit und sensibilisieren für Orts- und Architekturgeschichte. Sie sind damit wichtige Akteure der stadtpolitischen Willensbildung, aber auch wichtige Partner der institutionalisierten Denkmalpflege, die diese Breitenwirkung in der Denkmalvermittlung allein nicht erzielen könnte.

Auch bei Kampagnen für den Erhalt von Denkmälern, der eigentliche Gründungsanlass für alle angeführten Beispielinitiativen und bis heute ein wichtiger Handlungsschwerpunkt, arbeiten diese in Übereinstimmung mit der Denkmalpflege, jedoch oft in stadtpolitischer Opposition. Der allgemeine Aufschwung der Denkmalpflege in den 1970er Jahren sowie viele der ganz konkreten Erfolge bei der Bewahrung bedrohter Denkmäler wären ohne das bürgerschaftliche Engagement wohl nicht in dieser Form möglich gewesen. Darüber hinaus erstreckt sich das Engagement auf nicht geschützte stadtbildprägende Bauten. Der Schwerpunkt lag damals wie heute auf historischen Architekturen (wie oben im Sinne von ›vor der Moderne‹), während die aktuelle Beschäftigung der Denkmalpflege mit der Nachkriegsmoderne in der Regel nicht geteilt wird. Allerdings setzt sich gerade die Stadtbild-Initiative Nürnberg auch für Bauten der frühen Nachkriegszeit ein.

Über den Substanzschutz hinausgehend engagieren sich die Initiativen auch für einen erhaltenden Stadtbildschutz, indem sie gegen aus ihrer Sicht unverträgliche Neubauten opponieren. Stadtpolitisch stößt dies oft auf scharfen Widerstand. Der Vorwurf des ›NIMBYismus‹ greift allerdings nicht, da sie alternativen Lösungen in der Regel zustimmen. Dabei wird nicht eine historisierende Gestaltung vertreten, sondern eher ein Einfügen in Kubatur und Material. Dies betrifft vor allem größere Projekte, während kleinere Baumaßnahmen meist ohne ihre Beteiligung stattfinden. Die Altstadtfreunde Regensburg konnten jedoch über die Altstadtschutzsatzung ihre Vorstellungen in ein detailliertes kommunales Regelwerk einbringen.

Nur im schwer kriegsbeschädigten Nürnberg setzen sich die dortigen Altstadtfreunde für größere Maßnahmen der gestaltenden Stadtbildpflege ein, und zwar im Rahmen von eigenen und eigenfinanzierten Aktivitäten. Mit einigen dieser Maßnahmen und vor allem mit den Teilrekonstruktionen stehen die Altstadtfreunde Nürnberg in bewusster Opposition zum aktuell herrschenden denkmalfachlichen Diskurs. Vollkopien werden bislang jedoch auch hier nicht angestrebt.

Eigene Finanzmittel aus Spenden ergänzen die staatliche Denkmalförderung, und zwar oft mit entscheidender Initialwirkung. Darüber hinaus erlauben diese im Einzelfall auch eigene Akzente im Sinne einer gestaltenden Stadtbildpflege.

Das stadtpolitische Engagement beschränkt sich meist nicht nur auf den engeren Bereich Stadtbild und Denkmalpflege, sondern berührt auch übergeordnete und gesamtstädtische Themen, die die Altstadtentwicklung beeinflussen. Die Altstadtfreunde Coburg und das Forum Regensburg haben hierin sogar einen Schwerpunkt.

In den Strategien zeigt sich ein breites Spektrum, aus dem sich die Initiativen in der Regel mehrfach bedienen: von konkretem Protest, für den gerade in der Anfangsphase einer Initiative auch provokante Aktionsformen gewählt werden können, von juristischen Auseinandersetzungen über allgemeine Öffentlichkeitsarbeit bis hin zu etablierter Kooperation mit Behörden und in Gremien und nicht zuletzt zu eigener Aktivität als Förderer oder Bauherr.

»Altstadtfreunde« hatten und haben also an dem Erhalt, der Weiterentwicklung und nicht zuletzt an der öffentlichen Wahrnehmung von Altstädten einen bedeutenden Anteil. In ihrem inhaltlichen Beitrag zur Altstadtentwicklung sowie in ihren politischen Strategien lassen sie sich jedoch weder allein noch als Gruppe in eines der vorhandenen Klischees pressen. Sie sind beides: konstruktiv-engagiert und ›aufmüpfig‹. Sie sind wichtige Partner der Denkmalpflege, aber ohne mit ihr in allem konform zu gehen. Ihr inhaltlicher Fokus auf historische, vormoderne Architekturen und auf erhaltenden Stadtbildschutz lässt den Zeitgeist der Gründungsjahre um 1970 erkennen, der damals auch von der Denkmalpflege geteilt wurde. Die weitere Entwicklung des Denkmaldiskurses, etwa die stärkere Bedeutung der Substanz und der aktuelle Fokus auf die Nachkriegsmoderne, wurde dagegen nur in Ansätzen nachvollzogen. In dieser Vielgestaltigkeit, manchmal Ambivalenz, erweisen sie sich als typische Vertreter einer lebendigen Zivilgesellschaft.

Nachtrag 2016: Im März 2016 forderten die Altstadtfreunde Nürnberg für die anstehende Sanierung des Pellerhauses »in alle Richtungen zu denken«. Dabei schlugen sie als Option auch eine Rekonstruktion der Hauptfassade vor, was den Abriss des denkmalgeschützten Baus von 1956 zur Voraussetzung hätte, und entfachten damit eine teils vehemente Debatte in der lokalen und fachlichen Öffentlichkeit. Neben der Fassadenfrage waren für die Altstadtfreunde jedoch weitere wichtige Aspekte die aus ihrer Sicht unzureichende derzeitige Nutzung als Archiv- und Bibliotheksgebäude und die gesamte Platzgestaltung des Egidienplatzes. Derzeit (Mai 2016) scheint sich die Debatte auf diese Punkte zu konzentrieren. www.altstadtfreunde-nuernberg.de/aktuelles/aktuelles-einzelansicht/diskussion-um-die-fassade-des-pellerhauses.html, Zugriff am 1. Mai 2016.

1 Siebel, Walter: Wandel, Rationalität und Dilemmata der Planung, in: Zur räumlichen Entwicklung beitragen, hg. v. Klaus Selle, Dortmund 2006, S. 195–209.

2 Altrock, Uwe und Bertram, Grischa (Hg.): Wer entwickelt die Stadt?, Bielefeld 2012.

3 Selle, Klaus: Über Bürgerbeteiligung hinaus: Stadtentwicklung als Gemeinschaftsaufgabe?, Detmold 2013.

4 So unterhalten viele Landesämter eigene Programme für Ehrenamtliche bei der Sicherung und Beforschung von Bodendenkmälern, z.B. in Thüringen, Sachsen, Bayern oder Baden-Württemberg.

5 Kurbjuweit, Dirk: Der Wutbürger, in: Der Spiegel, Nr. 41, 2010, S. 26–27.

6 Die aus den USA stammende Bezeichnung ist eine Abkürzung von »not in my backyard« – übersetzt: nicht in meinem Hinterhof.

7 Wilfried Kretschmann in einem Interview zu Bürgerinitiativen: Politik, Moral und realistische Lösungen. Süddeutsche Zeitung 23. Februar 2015.

8 Bundesministerium für Verkehr, Bau und Stadtentwicklung (Hg.): Miteinander Stadt Entwickeln, Berlin 2010, vor allem S. 6, 7.

9 Wahl, Amelie: Altstadtfreunde, zitert nach: denkmaldebatten.de/engagement/altstadtfreunde/engagement-fuer-das-altstadtensemble (1. November 2015).

10 Vereinigung der Landesdenkmalpfleger (Hg.): Entstaatlichung der Denkmalpflege? Von der Provokation zur Diskussion, Berlin 2000.

11 www.denkmalnetzbayern.de (1. November 2015).

12 de.wikipedia.org/wiki/Coburg (1. November 2015).

13 www.stadtbild-coburg.de/index.php/verein/historie (1. November 2015).

14 www.stadtbild-coburg.de/index.php/archiv (1. November 2015) und Telefoninterview mit dem Vorsitzenden Dr. Eidt am 30. April 2015.

15 www.altstadtfreunde-coburg.de (1. November 2015) und Telefoninterview mit der Vorsitzenden Fr. Minier am 30. April 2015.

16 z.B. die Plakataktion vom Sommer 2015, www.sporton.de/cms/altfreco/files/NP%2011.07.pdf (1. November 2015).

17 de.wikipedia.org/wiki/N%C3%BCrnberg (1. November 2015).

18 Brix, Michael: Nürnberg und Lübeck im 19. Jahrhundert. Denkmalpflege – Stadtbildpflege – Stadtumbau, München 1981.

19 www.altstadtfreunde-nuernberg.de/wir-ueber-uns/geschichte.html (1.November 2015) und Telefoninterview mit dem Vorsitzenden Hr. Enderle am 30. April 2015.

20 stadtbild-initiative-nuernberg.de/ueber-uns (1. November 2015) und Telefoninterview mit Hr. Gulden am 30.4.2015.

21 stadtbild-initiative-nuernberg.de/category/themen/denkmale/fanny-siegel-haus (1. November 2015).

22 de.wikipedia.org/wiki/Regensburg (1. November 2015).

23 König, Eginhard: Bürgerinitiativen und Denkmalschutz. Das Beispiel Regensburg, in: »Zum Teufel mit den Denkmälern«. 200 Jahre Denkmalschutz in Regensburg, hg. v. Arbeitskreis Regensburger Herbstsymposion, Regensburg 2011, S. 67–73 und Telefoninterview mit dem Vorsitzenden Prof. Dr. Morsbach am 30. April 2015.

24 König, Eginhard 2011 (wie Anm. 23) und Telefoninterview mit dem ehem. Vorsitzenden Hr. Wilhelm, der später auch Richter am Bayerischen Verfassungsgerichtshof war, am 30. April 2015.

25 la-rundschau.de/landshut/politik/5513-dieter-wieland-begeistert-von-der-gruendung-des-vereins-freunde-der-altstadt-landshut (1. November 2015).

BILDNACHWEIS

1 Hans-Heinrich Eidt.
2 Archiv Altstadtfreunde Nürnberg e.V.
3 Stefan Meyer, Berlin/Nürnberg.
4 Boris Leuthold.

Autorinnen und Autoren

Uwe Altrock, Prof. Dr.-Ing., forscht und lehrt am Fachgebiet Stadtumbau/ Stadterneuerung der Universität Kassel. Er ist seit 2000 Mitherausgeber des *Jahrbuchs Stadterneuerung* und seit 2003 der Buchreihe *Planungsrundschau* (Berlin). Nach Studium der Stadt- und Regionalplanung und der Mathematik, praktischer Planertätigkeit und einem Städtebaureferendariat bei der Senatsverwaltung für Stadtentwicklung und Umweltschutz in Berlin war er an der TU Berlin, der TU Hamburg-Harburg und der BTU Cottbus tätig. Seine Arbeitsschwerpunkte sind Governance-Forschung, Stadterneuerung, Megacities, Planungstheorie, Planungsgeschichte, Baukultur und Städtebau.

Hélène Antoni, Dipl.-Ing., architecte D.E., ist wissenschaftliche Mitarbeiterin im bi-nationalen, ANR-DFG geförderten Forschungsprojekt METACULT zum Kulturtransfer in Architektur und Stadtplanung Straßburgs 1830–1940. Sie hat Architektur und Geschichte in Strasbourg (ENSAS) und Dresden (TUD) studiert und promoviert am Karlsruher Institut für Technologie (KIT) und der Université de Strasbourg mit einer Arbeit zum Städtebau im 19. und Anfang des 20. Jahrhunderts in Elsass-Lothringen. Zuletzt erschienen: *Servitudes militaires et développement urbain. Quelles continuités entre les régimes français et allemands?*, in: Metacult, H. 1, Strasbourg 2014.

Sigrid Brandt, Prof. Dr. phil., ist Kunsthistorikerin und Assistenz-Professorin an der Abteilung Kunstgeschichte der Paris-Lodron-Universität Salzburg. Seit 2013 ist sie Generalsekretärin von ICOMOS Deutschland. Forschungsschwerpunkte sind Architektur- und Städtebaugeschichte des 19./20. Jahrhunderts sowie Geschichte und Theorie der Denkmalpflege. Zuletzt erschien ihre Monographie *Stadtbaukunst. Methoden ihrer Geschichtsschreibung*, Berlin 2015, und Aufsätze zur städtebaulichen Denkmalpflege nach 1945.

Carmen M. Enss, Dr., Dipl.-Ing. Architektur, wurde an der TU München promoviert und forscht zur Geschichte von Städtebau und Denkmalpflege an der Universität Bamberg. Zuletzt erschienen: *Aufbau-Management in München – die Wiederinstandsetzung der „Altstadt" als Maßnahme zur Stadterneuerung*, in: *Eine neue Stadt entsteht – Planungskonzepte des Wiederaufbaus in der Bundesrepublik Deutschland nach 1945 an ausgewählten Beispielen*, hg. vom Landschaftsverband Westfalen-Lippe, Münster 2015, S. 20–26. Ihr Buch *Münchens geplante Altstadt. Städtebau und Denkmalpflege für den Wiederaufbau ab 1944* erscheint 2016 im Franz Schiermeier Verlag München.

Melchior Fischli, lic.phil., ist Kunsthistoriker in Zürich und bei der Kantonalen Denkmalpflege Aargau tätig. Er promoviert zu einem Thema der städtebaulichen Denkmalpflege um 1900 an der Universität Bern. Seine Forschungsinteressen liegen in der Geschichte von Städtebau, Architektur und insbesondere Denkmalpflege im 19. und 20. Jahrhundert. Wichtigste Publikationen: *Geplante Altstadt: Zürich, 1920–1960*, Zürich 2012; *Die Sanierung der Heimat. Arbeitsbeschaffung, Identitätspolitik und das schweizerische Bauerbe in den Jahren des Zweiten Weltkriegs*, in: *Zeitschrift für schweizerische Archäologie und Kunstgeschichte (ZAK)*, 71. Jg., 2014, Nr. 1, S. 35–60.

Franziska Haas, Dipl.-Ing., ist Denkmalpflegerin und Bauforscherin mit den Forschungsschwerpunkten virtuelle Rekonstruktionen sowie energetische Sanierungen von Baudenkmalen. Sie ist am *Institute for Renewable Energy* der EU-RAC (Europäische Akademie) in Bozen tätig. Davor war sie Assistentin am Lehrstuhl für Denkmalkunde und angewandte Bauforschung der TU Dresden sowie Mitarbeiterin eines Forschungsprojektes im Fachgebiet Informations- und Kommunikationstechnologie in der Architektur der TU Darmstadt. Zum Thema erschienen ist u.a. ihr Tagungsbeitrag zum *Digital Heritage International Congress* in Marseille 2013: *Dresden City Models. On the interrelation of virtual reconstructions and the image of a city*.

Jakob Hofmann, M.A., Institut für Denkmalschutz und Denkmalpflege Düsseldorf, studierte Geschichte und Kultur- und Sozialanthropologie an der Universität Münster. Anschließend absolvierte er in Paderborn und Le Mans den Masterstudiengang Kulturerbe und in Bamberg den Masterstudiengang Denkmalpflege und war anschließend in der Unteren Denkmalbehörde Soest tätig.

You Jin Jang, Dipl.-Ing. Stadt- und Regionalplanung. Studierte an der Brandenburgischen Technischen Universität Cottbus. Promoviert zum Thema „Straßenraum in Seoul als öffentlicher Raum" am Institut für Europäische Urbanistik der Bauhaus-Universität Weimar. Forschungsschwerpunkte sind Städtebau, Raumtheorie, Raumsoziologie und Ethnographie.

Robert Kaltenbrunner, Dr., Dipl.-Ing., Architekt und Stadtplaner, leitet die Abteilung "Bau- und Wohnungswesen " im Bundesinstitut für Bau-, Stadt- und Raumforschung (Bonn u. Berlin). Er ist Mitherausgeber der Zeitschrift *„Informationen zur Raumentwicklung"* (IzR) und hat eine Vielzahl von Beiträgen zu Themen des Planen und Bauens verfasst. Jüngere Veröffentlichungen: *Effizienz oder Kultur? Zu den Untiefen der Energetischen Erneuerung.* In: Forum Stadt – Zeitschrift für Stadtgeschichte, Stadtsoziologie, Denkmalpflege und Stadtentwicklung (Esslingen) 42. Jg. Nr. 1, Febr. 2015, S. 84–90. Retro-Futur. *Nicht alles wird anders sein – oder: Wieviel Hergebrachtes braucht die Zukunft.* In: Informationen zur Raumentwicklung, Nr. 4, Bonn, Okt. 2015. S. 400–413.

Beate Löffler, Dr. phil. Dipl.-Ing. (FH), studierte Architektur, Kunstgeschichte und Geschichte des Mittelalters und leitet die Forschungsgruppe *Urban Systems in East Asia* im Rahmen der IN-EAST School of Advanced Studies der Universität Duisburg-Essen. Forschungsschwerpunkte sind westliche und japanische Baugeschichte, interdisziplinäre Raumtheorie und kulturelle Transfers in Architektur und Stadtbau. Sie publizierte u.a. *Fremd und Eigen. Christlicher Sakralbau in Japan seit 1853 (Berlin 2011)* und *Designing a global city: Tokyo, in: Exenberger, Andreas et al. (eds.): Globalization and the City: Two Connected Phenomena in Past and Present, Innsbruck 2013, S. 191–206.*

Hans-Rudolf Meier, Prof. Dr. phil, ist Kunsthistoriker und hat die Professur für Denkmalpflege und Baugeschichte an der Bauhaus-Universität Weimar inne. Forschungsschwerpunkte sind die Geschichte und Theorie der Denkmalpflege, Architektur hauptsächlich des Mittelalters und der Moderne, Stadtbaugeschichte und die Vorgeschichte der Archäologie in Mittelalter und früher Neuzeit. Er ist Herausgeber der Schriftenreihe Forschungen zum baukulturellen Erbe der DDR und hat zuletzt *Werte. Begründungen der Denkmalpflege in Geschichte und Gegenwart,* Berlin 2013 mitherausgegeben, sowie *Was bleibt? Wertung und Bewertung der Architektur der 1960er bis 80er Jahre.* Forum Stadt 42, 2015/1.

Małgorzata Popiołek, Magister, M.Sc., studierte Kunstgeschichte in Warschau und in Freiburg im Breisgau sowie Denkmalpflege in Berlin. Seit 2012 arbeitet sie an ihrer Dissertation an der Technischen Universität Berlin und an der Universität Breslau zum Wiederaufbau des historischen Stadtzentrums von Warschau nach dem Zweiten Weltkrieg im Kontext der europäischen Denkmalpflege in der ersten Hälfte des 20. Jahrhunderts.

Andreas Putz, Dr. sc. ETH, Dipl. Arch. ETH, Freier Architekt. Bis 2015 wissenschaftlicher Assistent am Institut für Denkmalpflege und Bauforschung der ETH Zürich, wo er zum Thema *Der Bestand der Stadt. Leitbilder und Praktiken der Erhaltung, Zürich 1930–1970* promovierte. Die Arbeit wurde 2016 mit dem Theodor-Fischer-Preis des Zentralinstituts für Kunstgeschichte München ausgezeichnet. Neben seiner Tätigkeit für den Leibniz-Forschungsverbund Historische Authentizität ist er derzeit PostDoc am Institut für Geschichte und Theorie der Architektur der ETH Zürich, Professur Stalder. Forschungsschwerpunkte bilden Geschichte und Praxis der Bauerhaltung sowie die Fachgeschichte der Architektur und historischen Bauforschung.

Achim Schröer, Achim Schröer, Dipl.-Ing. Stadt- und Regionalplanung und Regierungsbaumeister, Mitbegründer und Sprecher des Denkmalnetzes Bayern (www.denkmalnetzbayern.de). Bis 2016 wissenschaftlicher Mitarbeiter an der Professur Stadtplanung der Bauhaus-Universität Weimar, laufende Dissertation zum Thema *Heritage Governance: Bürgerschaftliches Engagement und staatliche Rahmenbedingungen in der Denkmalpflege in Deutschland und England*. Seit 2016 Referent am Thüringer Ministerium für Infrastruktur und Landwirtschaft. Arbeitsschwerpunkte sind die Schnittstellen von Baukultur und Denkmalpflege, von Governance und Zivilgesellschaft und von Nachhaltigkeit in Städtebau und Stadtplanung.

Klaus Tragbar, Univ.-Prof. Dr.-Ing., ist Professor für Baukunst, Baugeschichte und Denkmalpflege an der Universität Innsbruck und Leiter des Archivs für Baukunst. Zuvor lehrte er in Darmstadt, Mainz, Frankfurt am Main und Augsburg und war Geschäftsführer der Deutschen Burgenvereinigung. Er forscht zur mittelalterlichen Baugeschichte (Salzburg, St. Peter; Aquileia, Baptisterium) und zur Architekturgeschichte des 20. Jahrhunderts, i.B. zur Architektur im Faschismus in Italien und der Rolle der historischen Stadt in der Moderne. Er hat am interdisziplinären Forschungsprojekt des Kunsthistorischen Institutes in Florenz

»Die Kirchen von Siena. Der Dom S. Maria Assunta« mitgearbeitet (1990–2006) und ist Mitherausgeber der *architectura*, Zeitschrift für Geschichte der Baukunst.

Gerhard Vinken, Prof. Dr. phil., ist Kunsthistoriker und hat den Lehrstuhl für Denkmalpflege / Heritage Sciences an der Universität Bamberg inne, wo er den Masterstudiengang Denkmalpflege leitet. 2013/14 war er Visiting Scholar an der New York University (NYU). Forschungsschwerpunkte sind Theorie und Geschichte der Denkmalpflege, der Architektur und des Städtebaus, Raumtheorie. Bücher (Auswahl): *Zone Heimat. Altstadt im modernen Städtebau*, München/Berlin 2010; *Denkmal – Werte – Bewertung. Denkmalpflege im Spannungsfeld von Fachinstitution und bürgerschaftlichen Engagement* (Hrsg., mit Birgit Franz), Holzminden 2014; *Das Erbe der Anderen. Denkmalpflegerisches Handeln im Zeichen der Globalisierung* (Hrsg.), Bamberg 2015.

Christiane Weber, Ass.-Prof. Dr.-Ing. M.A., ist Bauhistorikerin und lehrt an der Leopold-Franzens-Universität in Innsbruck. Sie ist Projektleiterin des binationalen, ANR-DFG geförderten Forschungsprojekts METACULT zum Kulturtransfer in Architektur und Stadtplanung Straßburgs 1830–1940 am Karlsruher Institut für Technologie (KIT) und Mitherausgeberin der METACULT Arbeitshefte. Ihre Forschungsinteressen liegen in der Architektur- und Stadtbaugeschichte des 19. und 20. Jahrhunderts mit einem Schwerpunkt auf der Bautechnik sowie der Institutionsgeschichte.

Paul Zalewski, Prof. Dr., Kunsthistoriker und Denkmalpfleger. Seit 2009 Inhaber der Professur für Denkmalkunde und Leiter des berufsbegleitenden Masterstudiengangs »Schutz Europäischer Kulturgüter« an der Europa-Universität Viadrina in Frankfurt (Oder). In den letzten 20 Jahren verschiedene Projekte zur Geschichte des europäischen Städtebaus sowie zur Bauforschung an Profan- und Sakralbauten in Deutschland, Frankreich und Polen. Darüber hinaus Beschäftigung mit der Denkmalvermittlung und mit kulturwissenschaftlichen Grundlagen der Denkmalpflege.

Urban Studies

Andrea Baier, Tom Hansing,
Christa Müller, Karin Werner (Hg.)
Die Welt reparieren
Selbermachen und Openness als Praxis
gesellschaftlicher Transformation

Oktober 2016, ca. 250 Seiten, kart., zahlr. farb. Abb., 19,99 €,
ISBN 978-3-8376-3377-1

Amalia Barboza, Stefanie Eberding,
Ulrich Pantle, Georg Winter (Hg.)
Räume des Ankommens
Topographische Perspektiven auf Migration
und Flucht

Oktober 2016, ca. 216 Seiten, kart., zahlr. Abb., ca. 29,99 €,
ISBN 978-3-8376-3448-8

Ilse Helbrecht (Hg.)
Gentrifizierung in Berlin
Verdrängungsprozesse und Bleibestrategien

September 2016, ca. 250 Seiten, kart., ca. 29,99 €,
ISBN 978-3-8376-3646-8

Leseproben, weitere Informationen und Bestellmöglichkeiten
finden Sie unter www.transcript-verlag.de

Urban Studies

Andreas Thiesen
Die transformative Stadt
Reflexive Stadtentwicklung jenseits von Raum und Identität

Mai 2016, 156 Seiten, kart., zahlr. Abb., 21,99 €,
ISBN 978-3-8376-3474-7

Karsten Michael Drohsel
Das Erbe des Flanierens
Der Souveneur – ein handlungsbezogenes Konzept für urbane Erinnerungsdiskurse

März 2016, 286 Seiten, kart., zahlr. Abb., 29,99 €,
ISBN 978-3-8376-3030-5

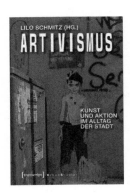

Lilo Schmitz (Hg.)
Artivismus
Kunst und Aktion im Alltag der Stadt

2015, 278 Seiten, kart., zahlr. z.T. farb. Abb., 24,99 €,
ISBN 978-3-8376-3035-0

Leseproben, weitere Informationen und Bestellmöglichkeiten finden Sie unter www.transcript-verlag.de

Urban Studies

Birgit Szepanski
**Erzählte Stadt – Der urbane Raum
bei Janet Cardiff und Jeff Wall**
Dezember 2016, ca. 300 Seiten,
kart., ca. 32,99 €,
ISBN 978-3-8376-3354-2

Michaela Schmidt
Im Inneren der Bauverwaltung
Eigenlogik und Wirkmacht
administrativer Praktiken bei
Bauprojekten
November 2016, ca. 350 Seiten, kart.,
zahlr. z.T. farb. Abb., ca. 39,99 €,
ISBN 978-3-8376-3333-7

Noa K. Ha
Straßenhandel in Berlin
Öffentlicher Raum, Informalität und
Rassismus in der neoliberalen Stadt
November 2016, ca. 300 Seiten,
kart., zahlr. Abb., ca. 34,99 €,
ISBN 978-3-8376-3486-0

Christopher Dell
Epistemologie der Stadt
Improvisatorische Praxis
und gestalterische Diagrammatik
im urbanen Kontext
August 2016, 330 Seiten,
kart., zahlr. Abb., 29,99 €,
ISBN 978-3-8376-3275-0

Antje Matern (Hg.)
**Urbane Infrastrukturlandschaften
in Transformation**
Städte – Orte – Räume
Mai 2016, 218 Seiten, kart.,
zahlr. z.T. farb. Abb., 29,99 €,
ISBN 978-3-8376-3088-6

Johannes Marent
Istanbul als Bild
Eine Analyse urbaner
Vorstellungswelten
April 2016, 284 Seiten, kart.,
zahlr. z.T. farb. Abb., 39,99 €,
ISBN 978-3-8376-3328-3

Manfred Kühn
Peripherisierung und Stadt
Städtische Planungspolitiken
gegen den Abstieg
Februar 2016, 200 Seiten, kart., 29,99 €,
ISBN 978-3-8376-3491-4

Johanna Hoerning
**»Megastädte« zwischen Begriff
und Wirklichkeit**
Über Raum, Planung und Alltag
in großen Städten
Januar 2016, 368 Seiten, kart., 34,99 €,
ISBN 978-3-8376-3204-0

Corinna Hölzl
Protestbewegungen und Stadtpolitik
Urbane Konflikte in Santiago de Chile
und Buenos Aires
2015, 422 Seiten, kart., zahlr. Abb., 39,99 €,
ISBN 978-3-8376-3121-0

*Judith Knabe, Anne van Rießen,
Rolf Blandow (Hg.)*
Städtische Quartiere gestalten
Kommunale Herausforderungen
und Chancen im transformierten
Wohlfahrtsstaat
2015, 274 Seiten, kart., 29,99 €,
ISBN 978-3-8376-2703-9

Dominik Haubrich
Sicher unsicher
Eine praktikentheoretische
Perspektive auf die Un-/Sicherheiten
der Mittelschicht in Brasilien
2015, 378 Seiten, kart., 44,99 €,
ISBN 978-3-8376-3217-0

*Andra Lichtenstein,
Flavia Alice Mameli (Hg.)*
Gleisdreieck/Parklife Berlin
2015, 288 Seiten, Hardcover,
zahlr. z.T. farb. Abb., 34,99 €,
ISBN 978-3-8376-3041-1

**Leseproben, weitere Informationen und Bestellmöglichkeiten
finden Sie unter www.transcript-verlag.de**